U0402775

解码金融

了解金融的逻辑

李国平 著

北京大学出版社
PEKING UNIVERSITY PRESS

图书在版编目(CIP)数据

解码金融：了解金融的逻辑/李国平著. —北京：北京大学出版社，2013.1
ISBN 978-7-301-21840-2
Ⅰ. ①解… Ⅱ. ①李… Ⅲ. ①金融学—通俗读物 Ⅳ. ①F830.49
中国版本图书馆 CIP 数据核字(2012)第 311232 号

书　　名：解码金融：了解金融的逻辑
著作责任者：李国平　著
策 划 编 辑：叶　楠
责 任 编 辑：叶　楠
标 准 书 号：ISBN 978-7-301-21840-2/F・3455
出 版 发 行：北京大学出版社
地　　址：北京市海淀区成府路 205 号　100871
网　　址：http://www.pup.cn
电　　话：邮购部 62752015　发行部 62750672　编辑部 62752926
出版部 62754962
电 子 邮 箱：em@ pup.pku.edu.cn　QQ：552063295
新 浪 微 博：@ 北京大学出版社　@ 北京大学出版社经管图书
印 刷 者：北京大学印刷厂
经 销 者：新华书店
730 毫米×980 毫米　16 开本　15.5 印张　225 千字
2013 年 1 月第 1 版　2013 年 1 月第 1 次印刷
印　　数：0001—6000 册
定　　价：38.00 元

目录 contents

绪 言

金融的逻辑

现代经济越来越金融化，人们的生活离不开金融，越来越多的社会财富通过金融活动创造出来，发达国家都有发达的金融业。

与此同时，金融的破坏力也日益强大。2008 年从华尔街开始的金融危机席卷了全球，在全球造成数十万亿美元的损失，“《财富》500 强”上的很多公司倒闭了，美国的失业率与贫困人口数创下了数十年来的最高纪录，希腊、意大利等国家至今在破产边缘上挣扎。

无论是个人、公司，还是政府，都应该了解金融。

然而，金融异常复杂，金融现象千变万化。

货币、银行与汇率等宏观金融问题常常让政府的决策者们焦头烂额，让政界人士争吵不休。2008 年金融危机爆发后，本·伯南克领导下的美联储将基准利率降低到几乎为零，并增加货币发行量。一些人认为，伯南克让美国避免了重蹈 1929 年“大萧条”的覆辙，而争夺 2012 年美国共和党总统候选人提名的现任得克萨斯州州长里克·佩里却公开指责说，伯南克领导下的美联储实施的货币政策是“叛国行为”。

证券市场的变幻不定等问题让投资者们迷惑不解。股市被普遍视为一个国家宏观经济发展的晴雨表，但是，在中国，股市与宏观经济发展却完全不一致。自 2001 年以来，中国经济每年以大约 10%的速度增长，在全球主要国家中，是经济增长速度最快的国家；而同时，2011 年的中国股市却跌回到了十年前 2001 年的 2 200 点之下，在全球主要国家中，中国股市的表现是最差的。这引发了中国公众与官方媒体之间关于中国股市过去十年是否零增长的大辩论。

公司中的投融资问题则不仅会困扰股东们，而且会让监管部门不得不插手干预。例如，在美国上市公司越来越少地进行现金分红的同时，中国的监管部门却在2011年要求上市公司增加现金分红。

金融市场中的很多现象是我们早已习以为常，并认为理所当然的。我们也许从来没有想过，它们为什么会是这样。

例如，今天在绝大部分国家，只有一家银行——中央银行——能够印发钞票。然而，中央银行并非从来就有的，而印发钞票的权力也并非从来就只属于中央银行，甚至并非从来就只属于政府。那么，中央银行是如何出现的？印发钞票的权力为什么会集中到政府手中，如何集中到了政府手中，并最终由中央银行垄断的呢？由中央银行垄断钞票的发行到底好不好？中央银行印刷的钞票又是如何到了我们的手中呢？

作为普通公众与一般投资者，我们不需要像华尔街的对冲基金经理们那样，使用能够将火箭送上天的数学模型来解释金融市场中的各种现象，或者预测金融市场的千变万化。无论金融市场中的各种现象如何千变万化，它们的背后总有共同或者相似的理由，而这些理由就是金融的逻辑。了解了这些理由，我们就足以认清金融的内在逻辑而不被各种现象所迷惑。

对于个人，了解金融的逻辑，才能知道如何通过金融活动创造财富；

对于公司，了解金融的逻辑，才能在瞬息万变的市场竞争中生存并发展起来；

对于国家，了解金融的逻辑，才能采取措施降低各种金融危机发生的可能，约束金融的破坏力，保证国民经济健康稳定发展。

逻辑之一

资金在跨时间、跨空间的流动中创造财富

金融就是大规模的跨时间、跨空间的资金融通，在资金的不断流动中，财富被创造出来。

在现代社会中，经济已经越来越依赖于金融、越来越金融化，越来越多的社会财富通过金融活动创造出来；而2008年金融危机爆发以来，物价全面上涨，股市一路下跌，让我们对未来生活的安全感越来越低。因此，作为个人，我们要了解金融，才会投资理财；对于公司，要了解金融，才能在瞬息万变的市场竞争中，生存并发展起来；对于国家政府，要了解金融，才能保证国家经济的健康稳定发展，避免陷入经济危机之中。

一、什么是金融

要从事金融活动，我们首先要知道，到底什么是金融。

人们的生活离不开经济活动。经济活动大致可以分为两类。

一类经济活动是商品活动，即生产、销售与消费人们衣、食、住、行所需的产品。例如，衣服、食品，等等。这些产品我们看得见、摸得着，买来可以用、可以吃。这类经济活动是这样进行的：厂家用资金购买原材料与机器设备，雇用工人进行加工生产，然后将产品卖给消费者。产品卖出去后，厂家将资金回笼并可能获得利润，就可以从事下一轮的生产，并且可能生产更多的产品。相应地，商品市场就是从事这些衣、食、住、行所需的产品的生产与交易的场所。人们在商品市场中购买衣、食、住、行所需的各种产品是为了使用。例如，购买衣服是为了御寒。当然，对很多人（尤其是爱漂亮的女性）来说，也是为了美观。

另一类经济活动就是金融活动，金融就是大规模的资金的融通及其相关活动。在日常生活中，我们有时候可能需要向朋友暂时借 100 块钱。我们与朋友之间的这种借贷就是资金的融通，就是金融。借贷就是最基本、最原始的金融活动，在借贷基础上产生了其他很多与资金有关的活动。

在现代社会中，资金的融通及其相关活动常常是大规模地进行的。

金融就是跨时间、跨空间的资金融通

资金的融通既可以是跨时间的，也可以是跨空间的。所以，金融就是跨时间、跨空间的大规模的资金融通。

例如，中国的公司到美国去发行股票，在美国筹集资金，就是跨时间、跨空间的资金融通。“跨空间”这一点，比较好理解，就是从一个地方跑到另一个地方去。中国的公司不远万里，跑到美国去，通过向美国人发行股票来筹集资金，这种跨国界的行为当然是跨空间了。为什么是“跨时间”呢？因为投资者购买公司的股票就是他们现在把钱给公司用，等 5 年、10 年以后公司赚钱了，公司再把钱分给他们。这等于是投资者把自己现在不需要使用的资金转移到 5 年、10 年甚至更长的时间以后。例如，微软公司在 1986 年上市时，投资者购买它的股票，等于是投资者把钱给当时需要钱用来投资的微软使用。后来，微软赚了很多钱，于是从 2003 年开始给投资者分红，把投资者的钱分给投资者。

现代企业的活动涉及很多方面，但只有涉及资金的才是金融活动。例如，一个企业从事生产是需要资金的，那么，从哪里获得所需的资金、从事某种产品的生产是否会赚钱、是不是把赚到的钱分给股东，这些与资金有关的问题就是金融。至于企业生产什么产品、生产多少、怎么生产、怎么降低生产成本、怎么销售产品，这些不是与资金直接有关的问题都不是金融问题，而是管理问题。

从事衣、食、住、行所需产品的生产、销售与消费活动需要资金。那么，用什么方式来解决资金问题呢？解决企业生产经营活动所需要的资金或者个人消费所需要的资金就是融资活动。企业可能有很多可以选择的项目。例如，公司有一块地，可以在上面建一个娱乐中心，也可以盖一栋商务楼。建什么更赚钱呢？这是公司的投资问题。个人也会遇到同样的问题。例如，你有一笔钱，是购买股票好呢，还是存到银行好呢？这是个人的投资问题。融资活动与投资活动都涉及资金问题，也都是金融活动。

金融系统的运行也是金融

企业需要资金的时候，是向银行贷款，还是到股市去向公众发行股票呢？银行、股市都是从事金融活动所需要的场所，即金融市场。银行与股市又都是专门从事资金的融通这一活动的机构，它们被称为金融机构。没有金融市场与金融机构，就不可能进行大规模的资金的融通活动，因此，金融市场、金融机构，以及它们是如何运行的也属于金融的范围。

现代社会中，金融活动的规模越来越大，金融活动的方式也越来越复杂，金融活动越来越重要。金融活动、金融机构、金融市场，以及它们的运行就形成了一个庞大而相互联系在一起的系统，这就是金融系统。一旦金融系统出了问题，整个经济都会出问题，我们每个人都会受到影响。所以，对金融活动、金融机构、金融市场进行有效的监管，以保证它们稳定而高效地运行就必不可少。这样，对金融系统的监管也成了金融的一部分。

二、金融是如何发展起来的

金融是随着货币的出现而出现的。有了货币，才可能有资金的融通。很久很久以前，曾经有过一个没有货币、更没有纸币的时代。那时，人们以物换物，就是用自己的一件物品换取别人的一件物品。例如，用自家的一头牛换取别人的一匹布。后来，人们用黄金、白银作为货币；再后来，出现了纸币。有了货币，社会财富就可以方便地储存、流通起来。可以说，货币是人类历史上最伟大的发明之一。

金融也是随着经济的发展而发展起来的。在原始社会，经济很不发达，人们靠打猎、采摘野果生存。吃了午餐，还不知道晚餐在哪里。自己都吃不饱，就不可能有资金的融通，也就不可能有金融。

随着人类的进步，经济也慢慢发展起来，社会也积累了越来越多的财富。由于有了货币这种很方便的手段，人们便以货币的方式将这些财富储存起来。在没有货币之前，人们用什么方式来储存财富、表示自己富有呢？用实物。例如，用牛，你家的牛越多，你就越富有。用这种方式来储存财富当然很不方便，你得建个牛圈，还要喂养牛。有了货币这种很方便的手段，人们便以货币的方式将这些财富储存起来。

当然，社会财富的拥有并不均匀，有些人开始变得比较富有起来。同时，社会经济的发展也创造了更多的投资与消费机会。于是，就有人向别人借钱，从事生产或者消费活动，而另一些人则愿意把钱借给别人，收取利息，让自己的钱变成更多的钱。这样，就出现了借贷，即“信用”。这就是最原始、最基本的金融活动。

为什么叫“信用”呢？因为借钱的一方是以自己的“信誉”作为担保的，而将钱借出的一方也相信借钱方的信誉，相信他到了规定的时候一定能够还本付息。

有了信用，就自然会产生银行这样的金融机构。有些人很有钱，而另一些人需要钱，于是就有人创建银行，作为中间人，帮助有钱的人将钱借给需要钱的人。这对大家都有利：有钱的人将钱借出去，收取利息，自己的钱变成更多的钱；需要钱的人获得了资金，可以用来做生意；开银行的人则为提供这种牵线搭桥的中介服务而收取佣金，这笔佣金就是利差。例如，有钱的人将钱存到银行，银行给他每年 5%的利息；然后，银行将钱以每年 6%的利息借给别人。那么，这中间 1%的差额就是利差，也就是银行收取的佣金。这 1%的利差就成了银行获得的利润。

有人会问，有钱的人难道不可以直接将钱借给要借钱的人，得到 6%的利息？为什么要通过银行，让银行在中间赚了 1%的利差啊？有钱的人当然可以不通过银行，而是直接把钱借给别人。但是，通过银行进行借贷，是一个对大家都比较方便、比较安全的办法。这一点，我们后面要讲到。

中国很早的时候就已经出现的“钱庄”其实就是早期的银行，虽然“钱庄”后来一直没有能够发展成为现代银行。到清朝的时候，“钱庄”更是非常之多。

现代意义上的银行12世纪前后产生于意大利。世界上第一家银行是1157年创建的威尼斯银行。位于意大利锡耶纳市中心的牧山银行（Monte dei Paschi di Siena）是当今世界上现存最古老的银行，创建于1472年。

图1　意大利锡耶纳市中心的牧山银行总部

图片来源：牧山银行英文官方网站（english.mps.it）。

有了银行，借贷活动就很不一样了。个人与个人之间的借贷虽然常见，但规模一般都比较小。通过银行进行的借贷，常常是大规模的，涉及的金额常常成千上万元。银行在更大规模的基础上从事借贷活动，创造信用。这样，就有了大规模的资金流动，即资金的融通，这就是金融。

借贷是最基本、最原始的金融活动，但是，现代社会中，金融活动已经远不只是借贷活动而已。买卖股票、购买保险等这些与金融相关的交易都是金融活动。经济的发展导致人们对商品需求的增加，于是有人创建企业，从事大规模的商品生产。创建企业、从事大规模的商品生产需要资金，这样就有了以发行股票、债券的方式来筹集资金的融资活动以及购买股票、债券等方式进行的投资活动。

经济的发展又导致跨国贸易与国际投资，这样就有了商品与资金在全球范围内的流动，并因此而产生了汇率、国际收支等国际金融问题。

虽然最初的时候，金融是随着经济的发展而产生的，但是，当经济发展到一定阶段的时候，没有稳定而发达的金融，经济就很难进一步发展了。发达的国家都有发达的金融业，而2008年的金融危机则表明，一旦金融出问题，整个经济都会崩溃。

三、金融的作用

美国、日本等经济发达的国家都有着发达的金融——发达的金融市场、发达的金融机构、发达的金融工具、发达的金融制度以及大量从事金融活动的高级人才，等等。甚至全世界最好的金融学家也大部分在美国。

事实上，没有发达的金融就不可能有发达的经济，社会就不可能繁荣起来。

金融创造财富：为什么中国人勤劳而不富有？

自1978年改革开放以来的30多年中，中国经济的增长速度平均达到9.6%，有时候甚至超过 12%，而美国经济的增长率常常在 2%—3%左右而已。如果美国经济的增长率达到4%，又刚好碰上是大选年，美国总统获得连任几乎是十拿九稳。1992—2000 年，美国经历了和平时期持续时间最长的经济繁荣，但是，就是在这长达8年的经济繁荣中，美国GDP增长率最高时，也就是1999年的4.85%。

可是有一个奇怪的现象，就是在中国，在经济以10%的速度增长的情况下，中国大部分人却并没有感觉自己手中的钱增加了多少，仍然缺乏经济上的安全感。相反，在美国，在经济只有3%的速度增长的情况下，美国人就会感觉自己富有了不少，就敢于放心地消费。

为什么会出现这种奇怪的对比呢？原因自然有很多，但其中一个重要的原因是美国的金融业远比中国发达。美国股市每年上涨的幅度差不多是 GDP 增速的 3 倍。也就是说，在美国，随着 GDP 按 3%的速度增长，美国人的劳动收入差不多也按 3%的年速度增长，但更重要的是，他们在金融市场中的投资可能按照 9%—12%的速度升值，而有 50%的美国家庭在股市里面有投资。因此，在金融业非常发达的美国，公众有两条分享经济增长成果的收入渠道，一个是劳动收入的渠道，当 GDP 增长 3%的时候，他们的收入会相应增长 3%左右；另一个是金融市场投资渠道，这条渠道能给美国公众带来 9%—12%的收入。这样，在 GDP 增长只有 3%左右的情况下，美国公众的收入会增长 12%—15%。所以，在金融业发达的美国，不需要 8%或者 10%的经济增长速度，经济与社会也照样能够欣欣向荣。

在中国，股市还很不完善，股市为公众创造财富的能力还很差，中国老百姓基本上只能依靠工资等劳动收入来获得财富。这是中国人虽然勤劳，却远没有美国人富有的原因之一。

现在，在全球各国，金融活动的规模越来越大，公众的财富越来越多地转移到了股票等金融资产上来，并通过金融活动创造出更多的财富。

全球金融活动的规模已经远远超过衣服、食品等商品的生产与销售活动。按 GDP 计算，美国与日本是当今全世界头两位经济大国。在这两个国家，金融活动的规模都已经远远超过通过衣服、食品等商品的生产与销售活动而获得的收入。例如，2010 年年末，全球股市所有股票的市场价值达到 55 万亿美元，全球期权、期货等衍生金融产品的市场价值达到 600 万亿美元，而 2010 年全球各国 GDP 总共为大约 62 万亿美元；在美国，仅仅是纽约证券交易所所有股票的市场价值就高达 17.2 万亿美元，而作为全球第一经济大国的美国当年的 GDP 总量不过是 14.7 万亿美元而已。作为亚洲金融中心的中国香港地区几乎没有什么生产活动，它的收入几乎全部来自金融活动。

中国的金融业虽然没有美国、日本发达，但也在迅速发展。20 年前，中国还没有股票，但 2007 年 10 月中国股市达到最高点的时候，上海证券交易所与深圳证券交易所股票的总市值曾经高达大约 27 万亿元人民币，而中国全年的 GDP 也就是大约 25 万亿元人民币。

全球越来越多的财富是通过金融活动创造出来的。例如，全球第一富豪沃伦·巴菲特(Warren Buffett)的近 600 亿美元家产全部是通过股市投资这一金融活动赚到的；美国的高盛公司每年不停地制造出千万富翁——2008 年，在美国失业率高达 8%、近 600 万人失业的情况下，高盛公司 3 万员工的平均工资为 34 万美元，但高盛没有一家工厂，也不生产任何产品，它从事的全部是金融活动。

现代经济已经越来越依赖于金融，越来越金融化。金融业创造的产值在各国经济中的比重越来越大；没有发达的金融，就不会有发达的经济。美国纽约的华尔街不过是弹丸之地，但 2008 年华尔街上贝尔斯登（Bear Stearns）、雷曼兄弟（Lehman Brothers）等几家公司的倒闭引发的冲击波就像海啸一样，排山倒海似地冲击全球各个国家。为什么华尔街几家公司的倒闭能产生如此巨大的影响？因为华尔街是全球最主要的金融中心，而全球经济运行所需要的庞大资金量在很大程度上就是通过华尔街这个金融中心来流动的。因此，2008 年的金融危机表明，一旦金融出问题，整个经济都会崩溃。

金融时刻影响着我们每一个人的生活

对于我们一般老百姓来说，最常见也最常参与的金融活动就是去银行存款、取款。在中国老百姓挣的钱中，有多达 20%存在银行里，而在老百姓的金融资产中，70%—80%是银行存款。所以，中国人民银行降低或者提高存款利率，对老百姓会有很大的影响。

有些金融活动看起来似乎与我们并不相干，但实际上也在对我们的日常生活产生很大的影响。例如，2008 年，美国爆发了金融危机，这场危机对美国的影响很大。首先，“《财富》500 强”中很多公司都倒闭了。华尔街的金融巨头雷曼兄弟破产了，贝尔斯登、美林公司为了避免破产而被别人收购，花旗集团与美国国际集团的股票价格都曾跌到 1 美元以下。其次，因为这场危机，美国每年的财政赤字将超过 1 万亿美元。

图 2　2008 年金融危机发生后，美国公众在 2011 年 9 月发起“占领华尔街”运动，抗议华尔街的金融机构过度追求自己的利益引发金融危机

图片来源：newsmatazz.net。

那么，在遥远的美国发生的这场危机对我们中国老百姓有没有影响呢？当然有。

金融危机爆发后，全世界都紧张起来。为了防止从美国发生的这场金融危机导致全世界经济陷入衰退，美国、日本、中国、俄罗斯等国家的领导人已经在一起开了很多次会议。每次会议结束时，这些领导人都一起发表声明，说要一起努力，防止金融危机扩散。在小布什当美国总统的这八年中，因为美国要把反导弹防御系统建到俄罗斯的家门口等问题，俄罗斯与美国的关系一直不怎么好。但当美国爆发金融危机后，俄罗斯也顾不得与美国在这些问题上的争吵了，而与美国一起努力拯救全球经济。中国领导人也一再表示，将尽中国的能力，帮助全世界恢复经济。

2011 年 8 月 5 日，信用评级公司标准普尔公司将美国政府的信用评级由 AAA 级降至 AA+级，导致全球股市暴跌。由美国、日本等七个发达国家组成的七国集团（G7）的财政部长与央行行长发布联合声明，将采取一切举措维持金融市场稳定。

那么，美国爆发金融危机、美国信用等级被降级，为什么会把全世界拖下水？中国国内有很多人说，为什么美国发生金融危机，要让全世界来买单？为什么美国有病，要让全世界吃药？为什么不袖手旁观，让美国垮掉，正好可以结束美国的霸权？因为全球化，美国发生的金融危机，已经不仅仅是美国的问题。

两百多年前的1793年，受英国政府之命，英国人乔治·马嘎尔尼来到中国，要求与中国进行商品贸易。[①]当时的清朝皇帝乾隆在由马嘎尔尼带给英国国王乔治二世的信中说，“我们中国是世界的中心，地大物博，无所不有，不需要与你们这些没受教化的西洋人进行贸易；只是因为我们中国所生产的茶叶、瓷器、丝锦等东西是你们西洋各国必不可缺的东西，我才动了怜悯之心，准许卖给你们”。那时的中国，男耕女织，自给自足，确实不用和别人贸易。当然，以“天朝上国”自居、狂妄自大的大清王朝很快受到了惩罚。不久之后，英国人就用枪炮逼迫清朝皇帝与他们进行贸易。

图3　乾隆皇帝正式接见马嘎尔尼使团

图片来源：来自 Arnold Toynbee 的著作 *A Study of History*。
原画绘于1793年，作者不详。

---

① 1792年9月26日，英国政府任命乔治·马嘎尔尼为正使，以祝贺乾隆皇帝八十大寿为名出使中国，谋求与中国通商。这是西欧各国首次向中国派出正式使节。1793年9月14日，乾隆皇帝正式接见马嘎尔尼使团。马嘎尔尼的一名随从用绘画记录了这一事件。马嘎尔尼在日记中说，大清皇朝如同一艘破旧不堪的船子，随时可能沉没。

此一时，彼一时。2009 年的世界与乾隆时候的世界已经完全不一样了。现在，中国的经济严重依赖出口，而美国又是中国的第一大出口地。2007 年，中国总共出口了 1.2 万亿美元的商品，而根据美国的统计，2007 年中国出口到美国的金额高达 3 210 亿美元，2008 年增长到 3 370 亿美元。2007—2008 年，由于美国发生金融危机，美国减少了对中国商品的进口，结果是中国很多出口企业很难生存下去。中国沿海地区的很多出口企业关门倒闭了，在这些企业中打工的农民工也就失业了。所以，2009 年以来，中国政府把农民工的就业问题当作了一件大事。而且，中国每年要维持 8%以上的经济增长率，中国国内的失业率才能得到控制。中国的出口受阻，中国经济的增长率就会下降，中国国内的失业率就会上升。2009 年，中国国内大学毕业生就业压力大，很多人找不到工作就与美国金融危机有关。所以，中国政府才提出 2009 年的经济工作目标是"保八"，就是争取经济增长率达到 8%，并且提出了一个总额为 4 万亿元人民币的刺激经济增长的方案。这个 4 万亿元人民币的经济刺激方案虽然帮助中国实现了"保八"的目标，帮助很多人解决就业问题，却也造成了严重的负面影响，即导致了严重的通货膨胀。自 2009 年年末以来，中国的通货膨胀率就一路上升，中国老百姓饱受通货膨胀之苦。2010 年年末，通货膨胀率达到 5%；2011 年 7 月，通货膨胀率达到 6.5%，创下了 37 个月来的最高点，而经济学家一般认为，通货膨胀率达到 5%就是严重的通货膨胀了。

2009 年中国的农民工就业、大学毕业生就业、通货膨胀率再次持续上涨等问题，都同从美国华尔街开始的金融危机有关。所以，美国的金融危机不仅是美国的问题，它影响着中国每一个老百姓的就业、住房等日常生活中的基本问题。

金融的破坏力

金融具有强大的创造财富的能力，但是，万一金融出了问题，也会造成巨大的破坏。

2008 年从美国爆发的金融危机席卷了全球。在这场金融危机中，美国家庭的财富损失了四分之一，而全球遭受了数十万亿美元的损失。

在 2008 年金融危机中，全球股市下跌。上海证券交易所综合指数从 6 200 点下跌到 2 000 点，导致中国老百姓在股市里面损失了大约 10 万亿元人民币。据估计，每个中国股民平均损失了大约 7 万元人民币。2007 年的股市暴跌不是股市的第一次暴跌了。历史上，股市暴跌已经发生了很多次。2000 年股市就暴跌过一次。

不仅股市会出问题，银行也可能出问题。在 1929 年“大萧条”中，美国倒闭的银行有 9 000 多家，而在 2008 年金融危机中，美国的银行倒闭了大约 1 500 家。银行倒闭的话，问题就大了。老百姓辛辛苦苦存起来的钱突然都没了，老百姓就要上街游行抗议。更严重的是，各行各业是通过银行联系起来的，银行一倒闭，各行各业没有了资金，也会跟着垮掉。

图 4　女生物医学家 Tracy Postert 参与 2011 年的“占领华尔街”运动。后来，她被华尔街的一家金融机构聘为分析师

图片来源：www.fourbluehills.com。

货币也可能出问题。货币在国内会贬值，就是通货膨胀。历史上，很多国家发生过非常严重的恶性通货膨胀。例如，1923 年，德国发生严重的恶性通货膨胀，员工早上到公司，要求老板先付工资，然后给他们半小时时间去购物，然后再上班。为什么这样呢？因为到下班的时候，物价已经完全不一样了。货币在国外也会贬值，就是货币危机。在1997年亚洲金融危机中，东南亚各国货币贬值了30%左右。

股市、银行、货币都属于金融。那么，金融为什么会出问题呢？在出现这些问题时，政府与老百姓该怎么办呢？怎么防止出现这些问题？所以，政府与老百姓都需要知道金融是怎么回事，要知道金融是怎么运行的。

如果我们对金融有所了解，就可以采取措施防止金融出现问题，也就可以约束金融的破坏力。

四、金融教给我们什么

虽然金融很早就存在了，却一直没有人去认真研究它，因为大家觉得股市这样的金融市场和赌场差不多，不值得研究。因此，也就没有金融学这门学问。

例如，如何投资股市是金融的一个重要部分，但是，80多年以前，大家认为，买股票跟赌博掷色子一样，全靠运气。虽然大家知道股市中风险很大，却不知道风险到底有多大，更不知道怎么控制风险。英国大经济学家约翰·凯恩斯在他1936年写的那本著名的《就业、利率与货币通论》中就是这么看的。他说，不存在股票到底值多少钱这个问题，只要大家觉得股票值多少钱，那它就值多少钱。

直到20世纪50年代，这种状况才开始改变。1950年，美国经济学家哈里·马科维茨创建了“现代资产组合理论”。有了他的这个理论，我们不仅知道怎么衡量风险的大小，而且知道怎么来控制风险。这样，就有了现代金融学。

在随后的60年中，保罗·萨缪尔森、威廉·夏普、罗伯特·莫顿、迈伦·斯科尔斯这些金融学家们解决了金融中的很多关键问题。这样，在金融学这门学问迅速发展起来的同时，全球的金融业也以几何级数增长。

但是，金融中很多问题仍然没有确切的答案。例如，金融危机、金融泡沫为什么会发生、怎样发生的？因此，各国政府也就无法完全避免金融危机、金融泡沫的发生。每当金融危机、金融泡沫发生时，各国政府与人民也就不可避免地要遭受很大的损失。对于通货膨胀的原因到底是什么，大家的看法也不一样，因此，通货膨胀也时常发生。所以，如果大家都来了解金融，懂得金融中最浅显易懂的原理，我们就能在金融活动中减少风险，控制损失，从而创造出更多的财富。

那么，从金融学中，我们能够学到什么呢？

金融离不开货币，但是，货币太多了不行，会造成通货膨胀；太少了也不行，会造成通货紧缩。那么，货币是如何发行出来的，它的发行量是如何确定的呢？2008 年金融危机爆发后，出现了全球性的通货膨胀，于是，一些人主张重新使用黄金作为货币。那么，我们能否回到大家都使用黄金作为货币的时代呢？

自 2005 年以来，人民币与美元的汇率成为中美两国经济关系中的主要问题，美国一再要求中国将人民币升值。人民币与美元之间的汇率是怎么确定的？人民币与美元之间的汇率为什么会变化，而这些变化对中国、美国经济，并最终对我们的日常生活会产生什么样的影响？现在中国对美国的贸易顺差高达差不多每年 2 000 亿美元，手里的美元越来越多，到 2011 年 6 月，中国政府手中的外汇已经达到了 3.1 万亿美元之多。如此之多的外汇对中国到底好不好？

股市投资是金融的一个重要部分，股票的价格是怎样确定的，怎么判断风险的大小，怎么降低风险？当上海证券交易所的综合指数在 2007 年 10 月达到 6 200 点时，很多人说，股市已经高得离谱，成了泡沫了。当中石油的股票价格卖到 48 块钱一股时，很多人说，这个价格太高了。金融学会告诉我们，怎么判断股市是不是泡沫，股票价格是多少才是合理的，我们凭什么说中石油股票卖 48 块钱太贵了。

在现代金融学中，有一个领域是专门研究公司如何赚钱、赚了钱后怎么办、如何对公司高管进行约束这些公司中的重大问题的。这个领域叫做公司金融。了解了公司金融，我们就可以知道，一个公司的股票是否值得我们投资。

金融学的研究告诉我们，一个国家经济的发展需要发达的金融市场与金融机构。那么，怎么建立发达的金融市场与金融机构？银行、股市、货币都可能出问题。银行可能倒闭；股市可能出现泡沫，然后暴跌；货币可能贬值。那么，为什么会出现这些问题呢？怎么防止这些问题出现？如何保证银行与股市安全而高效地运行？

逻辑之二

资金的流动需要金融市场、金融机构与金融工具

金融业是否运行良好、金融业是否发达取决于金融市场、金融机构与金融工具的健康与发达程度。

在金融市场中，个人与金融机构使用金融工具，从事金融活动，从而导致资金的大规模流动。当然，个人的金融活动要通过金融机构来进行。因此，金融的运行离不开金融市场、金融机构、金融工具与金融产品。

一个国家的金融业是否运行良好、金融业是否发达的标准之一就是要看资金的流动是否畅通无阻，是否既安全，又有效率。

一、金融市场是资金流动的场所

当我们在沃尔玛、家乐福这些商场购物时，衣服、食品这些商品就从商家手中流入我们的手中。沃尔玛、家乐福这些商场就是商品流动的场所，是专为商品的流动创建起来的，它们能够让商品的流动更有效率。

金融市场是人们从事金融活动、资金进行流动的场所

与商品的流动需要商场一样，资金的流动也需要场所。银行、股票交易所、证券公司等都是资金流动的场所，它们都是金融市场的一部分。例如，当我们把钱存入银行后，资金就从我们手中流入了银行。但是，流入银行后，我们的资金也不会躺在银行的保险柜里睡大觉。银行会把我们的资金借给企业，这样，资金又从银行流入了企业。通过银行，资金就从我们手中最终流入了企业。证券公司也是资金进行流动的场所。当我们在证券公司开户，购买中石油公司的股票时，资金就通过证券公司，从我们手中流入了中石油公司。

银行、股票交易所、证券公司等都是我们从事金融活动的地方，也是我们让资金流动起来的地方。我们要去银行存款取款、在证券公司开户买卖股票，而存款取款、开户买卖股票都是金融活动。同时，通过这些活动，资金从我们的手中流入银行或者证券公司，然后，又从银行或者证券公司流入企业。

银行、股票交易所、证券公司、保险公司等等，它们联系在一起，形成一个庞大的网络。通过个人与公司的金融活动，资金在这个网络中，不断地进行大规模的流动，而这个庞大的网络就是金融市场。金融市场能够让资金的流动具有更高的效率。

我们通常打交道的是资金市场

金融市场主要分为三大类：黄金市场、外汇市场与资金市场。黄金市场是专门从事黄金等贵重金属交易的市场，外汇市场是专门从事外汇交易的市场。我们一般人主要是同资金市场打交道。

资金市场是专门从事资金的融通活动的场所，银行、股市、债券市场都属于资金市场。例如，我们创办公司，需要资金，那么我们可以去资金市场筹集资金。在资金市场，筹集资金的方式有三种：一是向银行申请贷款，二是到股市发行股票，三是到债券市场发行债券。

资金市场分为货币市场与资本市场两种。

货币市场就是经营短期信用的市场，即短期内的资金融通，而短期是指一年或者一年以下。如果企业需要短期的资金，可以到货币市场去筹集资金。例如，大型超市需要的资金常常是短期的，因为超市的销售具有很强的季节性。在春节、端午节、中秋节这样的节日前，超市需要储存货物，需要资金。这时，沃尔玛这些超市就可以在货币市场发行期限为 6 个月的商业票据，也就是它们向大家借钱，6 个月之后归还。节日过完，超市手中有钱了，就可以还清借款。银行与银行之间也会相互借钱，叫做“同业拆借”。银行之间相互借钱的这个市场也是货币市场。中国法律规定，中国国内银行与银行之间相互借钱的期限不得超过 4 个月。中国国内银行业同业拆借利率在上海银行业同业拆借市场形成，这个利率被称为“Shibor”。

资本市场就是经营长期信用的市场，即期限在一年以上的资金融通。例如，股票市场就是资本市场，因为公司发行的股票是永久性的。你花1万块钱购买了中石油公司的股票，你的这1万块钱就永久性地是中石油公司的了，你没有权力要求中石油公司把你买股票的这1万块钱归还给你，中石油公司也没有义务把钱还给你。你要拿回钱的话，就只有把股票卖掉。在借贷市场中，期限在一年以上的贷款是长期借贷市场，也是资本市场。

金融市场对经济发展的作用

一个国家经济的发展离不开发达的金融市场，因为发展经济需要资金，而只有发达的金融市场才能够提供充足的资金。美国的经济是全球最发达的，而全球的金融中心恰恰就在美国纽约的华尔街。在美国成为全球经济老大之前，英国是全球经济最发达的，而当时全球的金融中心就是英国的伦敦。当今所有经济发达的国家都有发达的金融市场。改革开放30年来，中国经济的巨大发展是与中国金融市场的从无到有分不开的，而中国经济在现有成就上能否更上一层楼，前提之一就是中国金融市场能够发展到什么程度。经济的发展与金融市场的发达这二者之间的关系绝不是偶然的。

那么，金融市场能够给经济发展、人们生活带来什么好处？金融市场有什么必要性、重要性呢？金融市场对经济的发展有很多好处，最主要的有三个：

第一，它能够筹集充足的资金，提供给能高效使用资金的人。

任何经济活动都是需要资金的，厂家需要资金来从事产品的生产与销售，而老百姓需要资金来进行消费。无论是生产资金不够，还是消费资金不够，经济都很难运行起来。假如我要创建一个企业，需要1 000万元美元的资金。我哪有这么多的资金呢。怎么办？

第一个解决办法是靠原始的信任，向亲戚朋友借。但是，靠这个办法筹集资金有个大问题。即我的亲戚朋友们也都是贫下中农，都是“房奴”，正在吃力地偿还银行的住房抵押贷款，他们自顾不暇。就算碰巧我有几个已经摆脱了“房奴”身份的亲戚朋友，他们借钱给我，帮我创建了公司，但我以后可能要扩大生产规模，需要更多的资金。那时，他们也无能为力了。因此，除非我有比尔·盖茨或者沃伦·巴菲特这样的富豪亲戚，否则，靠向亲戚朋友借钱来筹集资金是不行了。

第二个解决办法就是到金融市场去融资，金融市场中存在的庞大资金额可以帮助我解决问题。有两种方式，可以在金融市场融资。

一种方式是向银行贷款。虽然银行自己并没有多少资金，但银行可以吸引储户的存款，再将资金借给需要钱的人。因此，银行的资金非常雄厚。例如，2009年、2010年两年里，中国的商业银行每年新发放的人民币贷款总额就分别高达9.63万亿元、7.95万亿元；2010年，中国居民国内存款高达30万亿元人民币。因此，对于银行来说，我需要的1 000万美元不过是九牛一毛而已。只要我符合条件，银行可能就能够帮我解决这1 000万美元的资金问题。

另一种方式是到股市去发行股票。银行可能拒绝给我贷款，因为我没有资产做担保（银行是出名的嫌贫爱富，你越有钱，它越追着你的屁股要借钱给你；你越穷，它越不会借钱给你）。那么，我可以去证券市场发行股票，就是我用我公司的股份换取你们的资金，你们就和我一样，成了公司的股东，以后公司赚的钱也就有你的份。证券市场上潜在的资金有多少？2007年，中国国内公司通过上海、深圳两个证券交易所发行的股票金额是8 680亿元人民币。也就是说，国内的公司通过发行股票在市场上筹集了8 680亿元的资金。我还可能跑到美国去，在纽约证券交易所向全球所有人发行股票。因此，在证券市场上，我需要的1 000万美元更是沧海一粟了。

资金的所有人将钱存在银行，而银行将资金再借给别人。通过银行进行的融资叫做间接融资，因为借款人是通过银行而间接地同资金的所有人完成交易的。在这一交易中，借款人与资金所有人都不知道对方是谁，也没有必要知道。

通过证券市场筹集资金的方式叫直接融资。因为资金的使用者与资金的提供者是直接打交道的，双方都知道对方是谁。比如，你购买我公司的股票，我们俩是直接打交道，而且知道对方是谁。

但是，资金是稀缺资源，金融市场并不是给任何人都提供资金，而是要把资金提供给能够最高效使用资金的人。这就是金融市场的资源配置功能，它是金融市场最基本的功能。关于这一点，我们会在逻辑之五关于利率的部分讲到。

第二，它能够降低交易成本。

交易成本就是为了完成某项交易本身而付出的成本，它不包括交易物品本身的价格。

假如我通过房地产中介，租一套月租 2 000 元的房子，我一次性付给房地产中介 1 000 元。那么，我完成租房这一交易的交易成本就是付给房地产中介的那 1 000 元。如果我不是通过房地产中介找房子，而是自己挨家挨户去问谁有房子出租，然后找到了房子，因此不用付给中介 1 000 元，是不是就没有交易成本了呢？当然有。我要花很多时间、精力挨家挨户去问、找房子。这些时间、精力就是我的交易成本，因为我本来可以用这些时间、精力去挣钱。如果我本来可以用这些时间、精力去挣 800 元，那么我的交易成本就是 800 元。

交易成本太高的话，会有什么样影响？结果是交易量会减少，市场会萎缩。例如，如果上述房地产中介公司狮子大开口，要收取我 5 000 元的中介费，我就很可能不去找他们，而是自己挨家挨户去问有没有房子出租。如果别的要租房的人也像我这样挨家挨户去问的话，房地产中介公司就没有生意可做了。这样，首先，整个房地产中介这个行业也就不会存在了；其次，没有了房地产中介，房东出租房子就会更困难，而要租房子的人也更难租到房子，这对双方都不好。因此，房地产中介收取的中介费要合理，也就是交易成本要合理，这对大家都有好处。

在中国，交易费过高造成经济损失的例子非常多。例如，2012 年年初，有报道说，海南省的香蕉大丰收，0.1 元钱一斤也没人要，只好烂在果园里；而与此同时，在北京，香蕉卖 4 元钱一斤。那么，为什么没有人把香蕉从海南运到北京来呢？原因就是，交易费太高，而这个交易费就是从海南到北京，包括高速公路路桥费与汽油、柴油费等在内的各种费用。有人估计，这些费用总共要好几千块钱。2012 年 3 月，全国“两会”上，来自广东省的人大代表黄细花说，如果老老实实交路桥费，也不超载，从广州运一卡车蔬菜到北京，不但赚不了钱，反而会亏损。因为交易费太高，自然没有人愿意从海南运香蕉到北京，海南的香蕉就只能烂在果园里，果农损失惨重；而在北京呢，大家却不得不吃贵香蕉。

推而广之，降低交易成本对经济的发展非常重要，而金融市场的存在可以大幅度降低金融活动中的交易成本。

在上述例子中，我需要 1 000 万美元来创建一个公司，而盖茨有的是钱，他想投资。但是我们两人八竿子打不着。就算我想方设法最后和他取得了联系，我们可能要花费很多的时间与精力。例如，盖茨住在美国西雅图，我就要坐飞机到西雅图去和他见面。来回的机票费用以及往返时间就是我们的交易成本。盖茨也不知道我的信誉状况。因此，他得请人调查我是否可靠，有没有能力还本付息，会不会赖账不还。然后，他借我 1 000 万美元，我付给他的利率应该是多少呢？我们还要花时间，在这个利率问题上讨价还价。最后，盖茨借给我 1 000 万美元之后，他还得花时间、精力来监督我，或者请人监督我，防止我携款潜逃。盖茨与我为完成这一交易而花费的时间、精力、金钱都是我们的交易成本。

有了金融市场，事情简单很多，交易成本也低很多。例如，盖茨可以将钱存入花旗银行，而我也不用满世界去找盖茨，只要到位于北京中央商务区的花旗银行北京分行申请贷款就可以了。花旗银行有专业人员调查我的信用状况，并监督我获得贷款后的行动。这些专业人员对这些事情轻车熟路，不费什么力气就可以弄清我的信用状况，就可以了解我拿到贷款后在做些什么。盖茨就可以专心去管理他的微软公司或者他的慈善基金，他也不用知道花旗银行把他的钱借给谁了。

第三，它能够转移风险与分摊风险，增强整个社会抗风险能力。

任何经济活动都是有风险的，而我们绝大多数人都厌恶风险。金融市场可以帮助我们把风险转移到别人头上，或者让很多人一起承担风险，从而增强整个社会的抗风险能力。

假如我直接找到盖茨，他借给我1 000万美元办公司，而我拿到钱后，跑到太平洋的某个小岛上躲了起来，从此不再露面，或者我的公司垮了，盖茨的1 000万美元也就没了。虽然对于盖茨来说，1 000万美元不过是九牛一毛，但不管怎么有钱，谁也不愿意平白无故地损失了1 000万美元。因此，盖茨和我直接打交道的话，他要承担很大的风险。

如果我们通过金融市场进行交易，情况就很不一样了。盖茨将钱存入花旗银行，而我通过花旗银行获得1 000万美元的贷款。如果我以后不愿或者没有能力偿还花旗银行的这笔贷款，结果会怎样呢?

首先，花旗银行每年发放的贷款有成千上万笔，虽然它发放给我的这1 000万美元亏损了，但它会在别的贷款上赚钱。这样，除非遭遇2008年这样的金融危机，一般情况下，花旗银行总体上并不会亏损。

其次，只要花旗银行不倒闭，盖茨就可以向花旗银行要回这1 000万美元的存款。因此，遭受1 000万美元损失的是花旗银行，而不是盖茨。这样，盖茨就将风险转移到了花旗银行头上。

最后，花旗银行遭受了1 000万美元的损失，但这1 000万美元的损失将由花旗银行的所有股东来承担，即银行所有的股东按他们的持股比例分摊这一损失，而不是由某一个人全部承担。花旗银行的股东成千上万，这样，成千上万的股东一起分摊亏损1 000万美元的风险，每个人的损失就非常有限了。一个人可能承担不了损失1 000万美元这么大的风险，但很多人就可能承担得起来。分摊风险等于是增强了整个社会的抗风险能力。

从上述三个方面的优点中，我们就知道银行为什么很重要了，也知道为什么有钱的人通过银行将钱借给需要钱的人对大家都比较方便、比较安全。银行是金融市场的一个部分。金融市场的其他部分，例如股市、保险公司起着与银行类似的作用，有着类似的好处。

二、金融机构是金融活动的参与者与中间人

资金不会自己进入金融市场，更不会自动地从一个人的手里流入另一个人的手里。资金只有通过人们各种各样与资金有关的活动才能进入金融市场，才能流动起来。这些与资金有关的活动就是金融活动。例如，当我们把钱存入银行后，资金才会从我们手中流入银行。银行把我们的资金借给企业，资金才从银行流入企业。只有通过我们的存款、银行的贷款这些金融活动，资金才会流动起来。我们在银行存款取款、银行给企业提供贷款这些活动都同资金有关，因此，都是金融活动。

资金是通过个人或者机构的活动才进入金融市场并流动起来的，因此，金融的运行需要人们的参与。改革开放之前，中国老百姓几乎没有钱可存，很多人一年到头都不用和银行打交道。所以，那时中国的金融业极不发达。不过，个人的存款取款、购买股票这些活动涉及的资金数量一般比较有限，大规模的资金流动往往是通过公司等机构来进行的。在金融市场中，有很多专门提供资金、从事各种金融活动的机构，它们就是金融机构。通过这些金融机构的活动，大量的资金迅速地在全国甚至全球范围内流动。

金融机构既是金融市场的中介，也是直接参与者

金融活动与资金的流动常常是通过金融机构来进行的。作为金融市场的中介，金融机构在资金的供应方与资金的需求方之间牵线搭桥，从而降低交易成本，提高效率。

银行是历史最悠久的金融机构，而银行就是储户与企业之间的中介。储户将钱存入银行，银行再将钱借给需要资金的企业。没有银行这个中介的话，需要资金的企业也许仍然能够找到资金，但要花费更多的时间精力。例如，在上面的例子中，我需要 1 000 万美元创建企业。如果没有银行，我就只好花大量的时间与精力，满世界去寻找比尔·盖茨这样的富翁。

而且，大规模的资金流动通常只能通过金融机构才能完成。例如，2005年，中海油准备收购美国的石油公司尤尼科，收购价格为 125 亿美元，全部是现金。2008 年，中国铝业以 195 亿美元的现金投资澳大利亚的力拓矿业公司。中海油、中国铝业从哪里能够得到如此之多的美元现金呢？当然是从银行等金融机构那里获得的。

一旦银行这样的金融中介机构倒闭，资金的供应方与需求方之间的链接就会被切断，需求资金的企业就得不到资金，无法从事生产，就可能关门，从而导致经济陷入衰退。

有些金融机构也常常直接参与金融活动，为自己的股东创造财富。例如，最近数年，中国国内出现了很多私募基金。私募基金的目的不是作为中介，而是集中投资者的资金，进行投资，然后将赚到的钱分给投资者。

银行业金融机构与非银行业金融机构

金融机构分为两大类，一类是银行业金融机构，另一类是非银行业金融机构。

银行业金融机构就是能够从事存款、贷款及其相关业务的金融机构。这类金融机构得到了政府有关当局的许可，可以吸收公众的存款，并且可以将公众的存款作为贷款借给他人使用。在中国，任何一个机构要获得从事存款、贷款业务的资格，必须得到中国人民银行的批准。虽然存款、贷款业务是最原始、最基本的金融活动，但是只有银行业金融机构可以从事这种业务。其他的任何人、任何单位从事这些活动都是违法的。在很多地方，特别是江浙等沿海地区有很多“钱庄”、“台会”等地下银行，这些地下银行都是非法的。

提到银行业金融机构，我们很容易想到的就是“银行”。例如，门口总是排着长队、等着叫号去存款取款的中国工商银行。但是，实际上，“银行”也有很多种，主要可以分为三种，即中央银行、商业银行与政策性银行。这三类银行的作用是完全不一样的。

中央银行是银行的银行，它的作用就是负责货币的发行，以及监管其他所有的银行的。一个国家最多只能有一个中央银行。中国的中央银行就是中国人民银行。

商业银行的目的就是营利。商业银行吸收老百姓的存款，然后作为贷款借给别人使用。中国工商银行、中国建设银行等都是商业银行。老百姓平时打交道最多的就是商业银行。

政策性银行是由政府出资创办的，目的不是为了赚钱，而是为了扶植某些国家战略性产业的发展或者某些项目的建设，帮助政府实现经济发展目标。在一个国家中，有一些行业或者项目不赚钱，甚至会亏损，但是，这些项目的建设对于国家经济的发展与老百姓的生活又必不可少。怎么办呢？于是，国家就创建了政策性银行，让政策性银行来为这些项目提供资金。中国原来有三个政策性银行：国家开发银行、中国农业发展银行、中国进出口银行。不过，国家开发银行已经在2008年转变成商业银行了。

非银行业金融机构从事的也都是金融活动，但是它们不能从事存款、贷款这些只有银行才能从事的业务，因此叫非银行业金融机构。金融资产管理公司、信托公司、保险公司、财务公司、金融租赁公司、投资银行、证券公司、基金等，都是非银行业金融机构。

关于金融机构，我们还将在逻辑之四和逻辑之五中说到。

三、金融活动要使用金融工具

我们说，金融就是资金的大规模融通，就是资金从一个人手中转移到另一个人手中。那么，什么是资金呢？资金是一个抽象的概念，看不见，摸不着，更没有办法转移。所以，要让资金能够流动起来，让它能够从一个人的手里转移到另一个人的手里，我们就必须让资金成为一种可以用来进行转让的东西。这种东西就是金融工具。例如，银行给企业提供资金时，银行就是用现金这种形式把资金转移到了企业手中。资金的流动要借助于金融工具才能进行。现金就是最基本、最原始的金融工具。

在现代社会中，现金已经远远满足不了金融活动的需要。为什么呢？一是金融活动的发展需要大量的资金，而现金的数量常常满足不了金融活动对资金的需要；所以，有时候需要在现金之外创造出来一些可以临时性地充当资金使用的工具；二是有时候现金用起来很不方便，也不安全。这样，为了满足金融活动的需要，并且方便资金的流动，在现金这一最基本的金融工具之外，人们创造了很多其他的金融工具。

此外，在金融市场中，人们买卖的不是衣服、食品这些买来就可以用的商品，而是具有一定价值的某种权利。“权利”这么抽象的东西怎么买卖呢？怎么把它从一个人手中交给另外一个人呢？我们使用金融工具来买卖这种权利。股票就是最常见的金融工具之一。

当你买了某个公司的一股股票，等于是买来了一个权利，什么权利呢？就是这个公司所有的财产以及所赚的每一分钱中，你都有权利分得一份。假如公司总共有 1 000 股股票，而你买了其中的一股，那么公司所有的财产里面，你都有权利分得千分之一；公司所赚的钱里面，你也有权利分得千分之一。当你把股票卖给别人了，你就是把这个权利卖给了别人。这一权利的买卖就是通过股票这一金融工具的买卖来进行。

什么是金融工具？

那么，到底什么是金融工具呢？

金融工具就是一个合同，一旦合同签订了，合同的一方就得到了向合同的另一方索取某项资产或者其他东西的权利，当然，也要承担相应的责任。怎么理解这个定义呢？

首先，金融工具是一个合同。股票是最常见、最基本的金融工具之一，你购买了中石油的一股股票，就等于你和中石油签订了一个合同。这个合同的内容有些是由国家的法律规定的，有些是由中石油的公司章程规定的。例如，按照中国的《证券法》与《公司法》规定，你购买了中石油的股票，你就是中石油的股东，而股东是有权获得公司的分红的。所以，如果中石油分红，你就有权利得到其中的一份。如果中石油给别人分红而没有给你分红，中石油就违反了合同，你就可以把它起诉到法院。

除了有权得到分红外，你还获得了其他权利。例如，你有权参加中石油的股东大会，有权投票选举中石油的董事，有权查看中石油的账目以及中石油董事会的会议决议，等等。如果中石油召开公司股东大会而没有通知你参加，中石油就违反了合同，你也可以把它起诉到法院。

其次，金融工具是一个合同，但是，合同是关于金融资产的，而不是关于商品或者劳务的。

那么什么是金融资产呢？金融资产包括两类：第一类是现金，所有的现金都是金融资产。第二类是向别人索取现金或者某种金融资产的权利。例如，股票就属于这一类的金融资产。你买了中石油的股票，股票本身并没有价值，不过是上面印有某些文字或者图案的纸张而已。但是，你买了中石油的股票，你就是中石油的股东，中石油赚的钱中就有你的份额。如果你买了中石油 10%的股份，那么，中石油赚的钱中，你就有权拿走其中 10%的份额；中石油的厂房、机器设备等所有财产里面，你也占 10%的份额。此外，你还有权参加中石油的股东大会，等等。股票所代表的这些权利就是金融资产。

假如你和一位律师签了合同，根据这个合同，律师将为你提供两年的法律顾问服务。那么，你和律师签的这个合同是不是金融工具呢？不是，因为律师提供的法律顾问服务是关于劳务的，而不是关于金融资产的。所以，你和律师签的这个合同就是劳务合同，而不是金融工具。再如，两家企业签订了一项购销合同，合同规定，购货方同意在 6 个月后购买一定数量的小麦，并在交货日支付 10 万美元。因为这个合同是关于小麦这一商品的，而不是关于金融资产的，这个合同也不是金融工具。

最后，金融工具这个合同让你在取得了权利的同时，也可能让你承担相应的责任。例如，法律规定，你购买了中石油 10%的股票，中石油赚的钱中，你就有权拿走其中的 10%。但是，法律也同时规定，中石油所有的债务中，你也要承担 10%的份额。

所以，金融工具代表的是某种权利或者义务。通过金融工具，我们就可以在金融市场中买卖这些权利与义务。当你购买了某个金融工具时，你就获得了某种权利或者义务；当你卖掉这个金融工具时，你就是把这种权利或者义务卖给了别人。

金融工具的种类

金融工具是金融资产，而资产当然有价值，所以金融工具是有价值的。按照金融工具的价值是如何确定的，我们可以将金融工具分为两大类。

一类叫现金金融工具。这类金融工具本身就有价值，因此市场能够直接而容易地确定它的价值。例如，股票就是现金类金融工具，你购买了公司的一份股票，公司挣的钱里面，你就有权获得一份。只要知道公司挣了多少钱，股票价值就很容易确定。

另一类叫衍生金融工具。衍生金融工具本身没有价值，它的价值取决于别的资产。例如，期权就是衍生金融工具。

衍生金融工具

1995 年 2 月 26 日，世界金融界发生了一件很不好的大事。英国的巴林银行倒闭了，被荷兰的一家银行用 1 英镑的象征性价格买了下来。在世界银行业历史上，巴林银行的倒闭被很多人看作是一个转折点。

在西方国家，银行倒闭是常有的事情，为什么巴林银行的倒闭这么重要、让全世界都关注起来呢？原因有很多，第一，巴林银行创建于 1762 年，到 1995 年倒闭，有着 233 年的历史，是英国历史最悠久的批发性商业银行。1803 年，美国第三任总统托马斯·杰弗逊用总价 1 500 万美元从法国手中购买 215 万平方公里的路易斯安纳地区，使美国的国土面积增长一倍，而为美国筹集资金的就是巴林银行。第二，从英国国王乔治五世开始，巴林银行和英国皇家的关系一直很密切；英国国王和法国皇帝拿破仑打仗时，就是巴林银行给英国政府提供资金的；巴林银行倒闭前，英国国王女王伊丽莎白二世在它那里开有户头；此外，1997 年去世的英国王妃戴安娜就是巴林银行创建人巴林家族的后代。第三，巴林银行居然是让一个年仅 28 岁、名叫尼克·利森的员工一个人给搞垮的。第四，巴林银行的倒闭是与衍生金融工具有很大关系的。

那么，28 岁的利森是怎么利用衍生金融工具，单枪匹马地搞垮了一个有着 233 年历史的银行呢？衍生金融工具又是什么呢？

1992 年，巴林银行把利森派到新加坡，从事套利交易，就是同时买进卖出，赚取差价。不久，他觉得套利交易虽然没有多大风险，但赚钱慢，不够刺激。于是，他迷上了投机交易。他怎么进行投机交易呢？就是利用“日经 225 指数”期货进行赌博性交易。结果，他损失了 2 万英镑，但他不甘心，想扳回损失，于是进行了更大规模的投机。他觉得“日经 225 指数”肯定会上涨，于是大量买进“日经 225 指数”期货。但是，1995 年 1 月 17 日，日本的工业中心、主要城市之一的神户发生 7 级大地震，导致“日经 225 指数”在一个星期内下跌了 1 000 点。结果，他损失了 14 亿美元，而当时巴林银行自己的资本总共只有 9 亿美元，巴林银行就只能倒闭了。

巴林银行倒闭了，利森的故事却还没有完，不过，我们留到本章后面再说。

我们先看看“日经 225 指数”与“日经 225 指数期货”是怎么回事。“日经 225 指数”是日本东京股票交易所的一个指数，也是日本最主要的股市指数。与美国的道琼斯工业指数、纳斯达克指数，英国的金融时报指数，香港的恒生指数一样，“日经 225 指数”也是全球主要股市指数之一。“日经 225 指数期货”则是在日本大阪股票交易所交易的一种股市指数期货。股市指数期货是期货的一种，而期货是一种衍生金融工具。

巴林银行的倒闭是利森利用“日经 225 指数期货”这个衍生金融工具进行投机交易导致的。因此，在巴林银行倒闭后，很多人认为，都是衍生金融工具惹的祸。大家开始讨论衍生金融工具到底是恶魔还是天使，要不要使用衍生金融工具，怎么控制衍生金融工具的风险？当时，中国才刚刚开始对外实现金融开放，很多人还从来没有听说过衍生金融工具，因此，中国的报刊上就发表了大量关于衍生金融工具的文章。

那么，什么是衍生金融工具呢?

股票、债券这些是最基本的金融工具。以这些最基本的金融工具为基础，人们创造出了很多别的金融工具。这些金融工具叫衍生金融工具。

衍生就是派生，就是从某个东西身上派生出来。衍生金融工具就是从某个金融工具身上派生出来的另一个金融工具，因此，衍生金融工具本质上也是关于金融资产的合同。期权、期货就是常见的衍生金融工具。

我们以期权、期货这两种最常见的衍生金融工具来说明什么是衍生金融工具，以及衍生金融工具是如何运作的。

那么，期权又是怎么回事呢?

我们前面已经说了，股票是一种很常见的金融工具，期权就是以股票为基础而创造出来的，也就是从股票的身上派生出来的。那么，它是怎么派生出来的呢?

假如，今天，即 2012 年 8 月 15 日，中石油的股票是 15 块钱一股。我对你说，我们俩签个合同吧，合同有效期是 3 个月，你现在付给我 0.5 块钱，我卖给你一个权利。这个权利就是在未来的 3 个月内，你有权随时按每股 20 块钱的价格从我这里购买 1 股中石油的股票。我们之间的这个合同就是期权，而且，这种期权叫“看涨期权”。

我们再看看这个看涨期权的结果会如何。

首先，我们要注意的是，我卖给你的是一个“权利”，而不是义务。也就是说，你可以行使这个权利，也可以不行使这个权利。但是，如果你行使这个权利，我就必须履行合同。也就是说，不管中石油股票的价格如何，我都必须按 20 块钱一股的价格卖给你 1 股中石油的股票。

其次，在什么情况下，你会行使这个权利或者应该行使这个权利呢？因为按照我们的合同，你按 20 块钱一股的价格从我手里购买股票，此外，你还花了 0.5 块钱从我手里购买这个权利，所以，如果你行使这个权利的话，你的总成本就是 20.5 块钱。这样，只要中石油股票的价格超过 20.5 块钱一股，你就赚了，你就可以行使这个权利。当然，根据金融学理论，有一个行使这一权利的最优时间。

假如2012年9月10日，中石油股票的价格上涨到105块钱一股，这时，你就可以行使这个权利。这样，按照我们之间的合同，你就可以按20块钱一股的价格，从我手里购买1股中石油的股票。虽然现在中石油股票的价格已经上涨到了105块，但我也必须按照20块钱的价格卖给你。这样，你就赚了85块钱，扣除购买这个权利花的0.5块钱，你就净赚84.5块钱，而我则相应地亏了84.5块钱。另一方面，如果在合同有效的3个月中，中石油的股票价格始终没有超过20块钱，你当然不会行使这个权利。等3个月的有效期一结束，我们之间的这个合同就自动解除了。你的亏损就是购买这个权利时花的0.5块钱，而我则赚了0.5块钱。

另一种常见的期权就是“看跌期权”。看跌期权与看涨期权刚好相反。

假如，今天，即2012年8月15日，中石油的股票是15块钱一股。我对你说，我们俩签个合同，合同有效期是3个月。按照这个合同，你现在付给我0.5块钱，我卖给你一个权利。这个权利就是，在未来的3个月内，你有权随时按每股12块钱的价格卖给我1股中石油的股票。我们之间的这个合同就是期权，而且，这种期权叫“看跌期权”。

我们再看看这个看跌期权的结果会如何。

首先，我们要注意的是，与看涨期权一样，看跌期权也是一个“权利”，而不是义务。

其次，在什么情况下，你会行使这个权利或者应该行使这个权利呢？假如到2012年9月10日，中石油股票的价格下跌到只有3块钱一股。这时候，你就可以行使这个权利了。按照我们之间的合同，你就可以按12块钱一股的价格，卖给我1股中石油的股票。虽然现在中石油股票的价格已经下跌到了只有3块钱，但我也必须按照12块钱的价格从你手里买来。这样，你就赚了9块钱，扣除你购买这个权利花的0.5块钱，你就净赚8.5块钱，而我则相应地亏了8.5块钱。另一方面，如果在合同有效的3个月中，中石油的股票价格始终在 12 块钱以上，你当然不会行使这个权利。等 3 个月的有效期一结束，我们之间的这个合同就自动解除了。你的亏损就是购买这个权利时花的 0.5 块钱，而我则赚了 0.5 块钱。

期货是另一种常见的衍生金融工具。那么，期货又是怎么回事呢?

期货也是一种合同，就是双方现在签订合同，约定在未来的某个时候进行交易。举个例子来说。假如我是一个种小麦的农场主，你是一个从事食品加工的生产厂商。现在是 2012 年 8 月，冬小麦还没有播种，但是我们俩签订一个冬小麦购销合同。按照这个合同，我在收割冬小麦后，在 2013 年 6 月 10 日，按照每吨 3 000 美元的价格，卖给你 10 吨冬小麦。我们之间的这个合同就是期货合约，而这个合同里面涉及的小麦就是小麦期货。

在期货合约中，合约到期的时候，合约的双方都必须履行权利与义务。这与期权是不一样的。因此，在上面的小麦期货合约中，如果到 2013 年 6 月 10 日，市场上新收购的冬小麦价格只有 2 500 美元一吨，你可不可以不毁约呢? 当然不行。你必须履行合约，按照合约规定的 3 000 美元一吨的价格，从我手里购买 10 吨冬小麦。当然，我也不能毁约。

我们回头再看看 “日经 225 指数期货”是怎么回事。前面我们已经说了，“日经 225 指数”是一个股市指数，但是它也像股票一样可以进行买卖。这样，有人就利用它开发出一种期货，就是股市指数期货。假如，2012 年 8 月 15 日，“日经 225 指数”的价格是 1 000 美元一份，我跟你说，我们俩签个合同。什么合同呢? 就是一年之后，也就是 2013 年 8 月 14 日这一天，我按 1 200 美元的价格卖给你一份“日经 225 指数”。我们俩签的这个合同就是“日经 225 指数期货”。因为“日经 225 指数期货”是从“日经 225 指数”派生出来的，因此，“日经 225 指数期货”是衍生金融工具。

与股票一样，期权、期货这些衍生金融工具也是一种权利，因此，也有价值。那么，衍生金融工具的价值是怎么确定的呢?

同确定股票这些金融工具的价值相比，确定衍生金融工具的价值要困难很多。股票是由公司发行的，我们只要知道发行股票的公司的经营业绩怎么样，基本上就可以估算出该股票的价值。

但是，期权是从股票身上派生出来的，它的价值除了受到股票价值的影响外，还受到很多其他因素的影响，比较难以确定。

1973 年，美国的两位经济学家罗伯特·莫顿与迈伦·斯科尔斯发明了一个叫做“BS 模型”的公式，有了这个公式，期权等衍生金融工具的价值就比较容易确定了。这两位经济学家因为发明这个公式而在 1997 年获得了诺贝尔经济学奖。

因为影响期权机制的因素更多，所以，同股票相比，衍生金融工具的风险就更大，一旦被滥用或者用作投机交易，就可能导致巨大的损失。沃伦·巴菲特将衍生金融工具称为“大规模杀伤性武器”。巴菲特说，有些衍生金融工具是“疯子”发明出来的。

1994 年，莫顿与斯科尔斯创建了著名的对冲基金 LTCM。在投资中，LTCM 大量地使用了衍生金融工具。最终，LTCM 在 1998 年夏天因为巨额亏损而几乎破产。莫顿与斯科尔斯这两位以研究衍生金融工具而获得诺贝尔奖的金融学家都栽在衍生金融工具上，可见衍生金融工具的风险多么难以控制。

因为进行衍生金融工具的投机而遭受巨大损失的例子非常多。利森因为进行衍生金融工具的投机而搞垮了巴林银行。事实上，除了巴林银行的倒闭外，很多其他公司也在衍生金融工具的交易上吃过大亏。例如，1996 年，日本的住友集团在铜期货市场亏损了 18 亿美元。2004 年，中国航油集团下属的新加坡分公司在石油期货市场亏损了 5.5 亿美元。

2007—2008 年美国金融危机就同衍生金融工具有关：一是衍生金融工具的泛滥，美国公司不加节制地使用衍生金融工具；二是很多公司大量使用衍生金融工具来投机。2007 年，全球衍生金融工具的总市值高达大约 700 万亿美元，而全球 GDP 总量不过 60 万亿美元。更严重的是，很多衍生金融工具的风险非常之大，而投资者在根本不知道它们的风险有多大的情况下，大量购买这些衍生金融工具。结果，当房地产抵押贷款市场这个环节出了问题时，整个金融系统就像多米诺骨牌似地倒塌。

衍生金融工具的风险这么大，导致这么多公司栽了大跟斗，那么，它们是不是就是一群魔鬼呢？也不是，衍生金融工具也有很多很好的用途。什么用途呢？衍生金融工具不仅可以用来投资，也可以用来进行风险管理。我们用期权来说明衍生金融工具的作用。

首先，如同股票一样，期权也可以用来进行投资。例如，在上面的看涨期权例子中，如果中石油股票的价格从 15 块钱一股上涨到了 105 块钱一股，你就可以从我手里按每股 20 块钱的价格购买中石油的股票，扣除 0.5 块钱购买这个期权的成本，你净赚 84.5 块钱。

其次，期权可以用来管理风险。如何用期权来管理风险呢？假如我用每股 15 块钱的价格买了 100 股中石油的股票。中石油的股票可能上涨到 105 块钱一股，但也可能下跌到只有 3 块钱一股。那么，怎么避免中石油股票下跌到 3 块钱一股而遭受损失呢？我可以购买 100 个看跌期权，以使我可以用 12 块钱的价格将股票卖给别人。假如每个看跌期权的价格是 0.5 元，我总共花 50 块钱购买这些看跌期权。结果怎么样呢？有两种结果。第一种结果是，股票上涨了，这些看跌期权就没有用了，我就让它们作废，我的亏损就是购买这些看跌期权时花的 50 块钱。第二种结果是，股票真的跌到 3 块钱一股。我就把这 100 股股票按 12 块钱一股的价格卖给别人。这样，我的总损失就是（15−12）×100＝300 块钱。如果我没有购买看跌期权的话，那么，当股票价格从 15 块钱下跌到 3 块钱时，我的总损失就是（15−3）×100＝1 200 块钱。显然，通过购买看跌期权，我将损失从 1 200 块钱降低到了 300 块钱。

中华民族的祖先在 2 000 多年前曾经警告说，“夫兵，犹火也，弗戢，将自焚也”。[①]这句话的意思就是，烈火的益处不可胜数，但玩火者必将自焚；战争就如同烈火一样，可以用来保家卫国，但不加控制而穷兵黩武，就会自取灭亡。这句话用到衍生金融工具身上，也再恰当不过了。所以，对于衍生金融工具，用得好，它就是你的天使；用得不好，它就成了你的魔鬼。

最后，我们回头再看看，那个一手搞垮巴林银行的利森结果怎么样？知道自己闯下大祸后，利森偷偷坐飞机离开新加坡，去了德国。不久，他在德国被捕，引渡到新加坡，被判了 6 年半徒刑。坐牢期间，他写了一本自传，书名就是《流氓交易员》。当然，“流氓”这个词在这里的意思是指那些违反

① 引自《左传·隐公四年》。

规定进行投机，给公司造成巨大损失的交易员。接着，有人把他的自传改编成了电影。因为在狱中表现良好，加上健康原因，他于 1999 年被提前释放。一无所有的利森回到英国，立即成了名人。报刊连载了他的自传《流氓交易员》，付给他不少的版税。经常有人请他演讲，讲他的个人经历。很多公司请他去现身说法，讲如何进行风险管理。2006 年，他受爱尔兰的一个足球俱乐部聘请，做了那个俱乐部的 CEO。不久，他辞去了 CEO 的职务，重操炒股的本行。不过，现在他是用自己的钱炒股了。

图 5　尼克・利森所著《流氓交易员》的封面

图片来源：www.amazon.com。

四、金融产品与金融创新

在金融市场中，人们交易的是金融产品。人们购买一般商品主要是因为它们对我们有用。例如，我们购买食品，是因为食品可以让我们充饥。与一般商品不同的是，金融产品给人们带来的是财富上的收益，就是让人们的钱能够变成更多的钱。

银行存款就是最原始、最基本的的金融产品。例如，银行推出的一年期定期存款就是一个金融产品。储户将 100 万元作为一年期定期存款存入银行时，等于购买了银行的一年期定期存款这一金融产品。在这一交易中，储户付出的代价是，在未来的一年中将自己这 100 万元资金的使用权交给银行，从银行得到的是一笔利息。

自 2008 年金融危机以来，人们经常提到“金融创新”这一名词。什么是金融创新呢？

从宏观角度看，金融史上的重大历史性变革就是金融创新，整个金融业的发展史就是一部不断创新的历史。例如，货币、银行、股票与股份制公司等的出现，都是金融创新。因此，没有金融创新就没有金融业的发展，世界经济也就不可能发展得这么快。

中观上的金融创新，是指新的金融制度、金融技术的创造。例如共同基金、对冲基金的出现，以及对于商业银行资本充足率的要求，都是金融创新。

微观上的金融创新，是指金融工具与金融产品的创新。在金融创新中，期权、期货这样的衍生金融工具被创造出来。利用这些新的金融工具，人们创造出了很多新的金融产品。

例如，“资产支持证券（ABS）”是 20 世纪 80 年代初创造出来的一种新的金融产品。在各种资产支持证券中，“住房抵押贷款支持证券（MBS）”是影响最大的一种。

图 6 第一份 MBS 开发人 Lewis Ranieri[1]

图片来源：http://news.harvard.edu。

① 1981 年，Lewis Ranieri 在华尔街投资银行所罗门兄弟公司开发出第一份住房抵押贷款支持证券（MBS）。2004 年《商业周刊》称他是“过去 75 年中最伟大的创新者之一”。2009 年《时代周刊》则将他视为“2008 年金融危机罪魁之一”。

那么，住房抵押贷款支持证券是如何创造出来的？它有什么作用？

我们用一个例子来说明。在2004—2007年美国的房地产泡沫中，佛罗里达州的迈阿密是房地产上涨最厉害的地方之一。假如2004年，美国花旗银行在迈阿密发放了10 000笔住房抵押贷款，期限都是30年，总金额是40亿美元。一般情况下，因为期限是30年，花旗银行要到2034年才能全部收回这40亿美元。假如2006年的时候，花旗银行就想一次性地把这40亿美元全部收回来，它就可以用这10 000笔住房抵押贷款的还款作抵押，发行债券。因为这些债券是以住房抵押贷款作担保的，所以叫做“住房抵押贷款支持证券”。如果债券发行成功，这40亿美元的债券全部被投资者购买了，那么，花旗银行就一次性全部回收了这40亿美元贷款。投资者购买了债券，当然就有权利按时得到利息与本金，而这些利息与本金就来自这10 000笔住房抵押贷款的还款。花旗银行与这10 000笔住房抵押贷款基本上没有关系了。以后花旗银行的责任只是：当借款人将住房抵押贷款还给花旗银行时，花旗银行转手将它们交给购买债券的投资者。如果以后这些借款人破产了，没有能力偿还这些住房抵押贷款，那么，遭受亏损的就是购买债券的投资者。可见，“住房抵押贷款支持证券”这一新的金融产品，一方面可以帮助银行加快资金的回收，增强资金的流动性，并将借款人可能违约不还款的风险转移到购买债券的投资者身上；另一方面，它为投资者提供了新的投资产品。

当然，在2008年金融危机前，有些衍生金融工具与金融产品被滥用于投机，结果成为金融危机爆发的原因之一。

有了金融市场、金融机构与金融工具，投资者就可以买卖金融产品了，金融就可以运行起来了。但是，要让金融能够良好地运行起来，不出问题，而且高效率地运行，我们还需要两个关键的东西：一个是利率，另一个是有效的监管。在后面的章节中，我们会说到利率与监管在金融的运行中起着什么样的关键作用。

逻辑之三

“货”与“币”必须平衡

“货币”中的“货”指商品与服务，“币”指钞票。一个国家能够生产出多少商品与提供多少服务，它才可以印发多少钞票。商品少，而钞票印发多，就会造成通货膨胀。政府拥有印发钞票的特权，但绝不可以滥发钞票。

在现代社会中，人们的生活已经离不开货币。在中国，没有人民币，中国的经济就不可能运转。金融也是随着货币的出现而诞生的。

历史上，黄金曾经被用来作为货币。现在全球没有一个国家在使用黄金作为货币，因为在现代经济中，直接用黄金作为货币存在很多的缺点，很难行得通。

现在各国使用的货币叫“法币”。法币是由政府统一发行的纸币，而且，政府下令，所有人都只能使用政府统一发行的这种纸币。由于政府控制货币的发行权，政府想发行多少就可以发行多少。但是，负责任的政府是不会这么做的，它会根据经济发展的需要增加或者减少货币的供应量。

一、货币的产生

很久很久以前，曾经有过一个没有货币、更没有纸币的时代。那时，人们以物换物，就是用自己的一件物品换取别人的一件物品。例如，用自家的一头牛换取别人的一匹布。后来，大家发现这样很不方便。你总不能从北京牵着一头牛，千里迢迢地到广州去换只有广州才有的某种布吧。于是，大家开始使用贝壳、黄金、白银之类的比较稀少、贵重的东西作为交换的中介与计价的工具。这样，你可以在北京的市场上把自家的一头牛卖掉，买牛的人给你一块金子，然后，你可以拿着金子到广州去买布。因为交易是通过使用贝壳、黄金、白银之类的东西来进行的，我们把这类可以让交易得以进行的东西叫做“货币”。

从黄金到法币

有了黄金、白银这样的货币后，买卖方便了很多，但还是有问题。黄金、白银之所以贵重的原因之一就是它们的产量很有限。如果遍地都是黄金、白银，它们也就不值钱了。一般老百姓到哪去弄黄金、白银呢？没有黄金、白银，一般老百姓就只好又用最原始的办法进行交易——牵着自家的牛去换取别人的布。为了解决黄金、白银不够用的问题，人们就用铁、铜之类的产量比较高的金属来制造货币。中国在春秋战国时代就有了这种金属货币。在中国历史上，最常见的是用铜铸造的货币，就是铜钱。

再后来，人们发现铜钱、铁钱有时候也不方便。北宋时，1 000 个铁钱曾经重达 25 斤。于是，有人发明了用纸张制造的货币，这就是纸币。中国在北宋宋真宗皇帝（998—1022 年在位）的时候就有了纸币，当时叫“交子”。“交子”最初是由四川的富商们私人发行的，不是由朝廷发行的。清朝时候市面上大量流行的“银票”实际上就是纸币，不过也都是私人“钱庄”发行的。虽然清朝的官钱局也发行“银票”，但官钱局实际上是皇家私人的。

图 7　北宋时期四川地区出现的交子，它被普遍认为是世界上最早的纸币

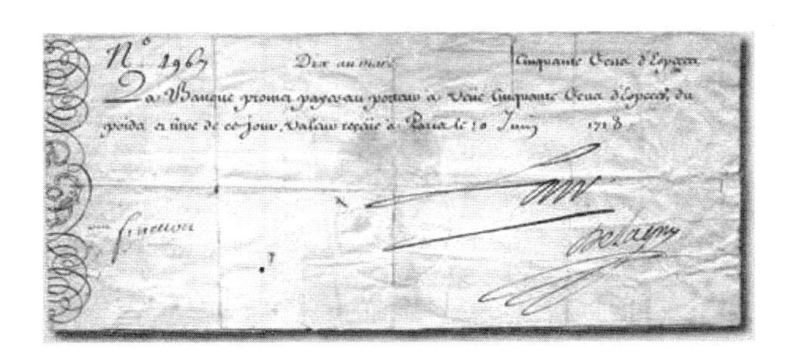

图 8　法国国王路易十五的财政总监约翰·劳（1671—1729 年）
在法国发行的纸币

图片来源：www.wikipedia.org。

再到后来，纸币统一由政府发行，并且政府下令，大家必须而且只能用政府统一发行的纸币来购物、还债，这种纸币被称为“法定货币”，即“法币”。中国在元朝忽必烈皇帝（1271—1294 年在位）的时候，就发行过法币。这可能是世界上最早的法币。

从 1971 年开始，全球所有国家的货币都是“法币”。我们现在使用的“人民币”就是由中国政府发行的“法币”。

货币是人类历史上最伟大的发明之一

货币是人类历史上最伟大的发明之一。没有货币，经济就不可能发展到今天，人类也不会像今天这样，享有种种自由。获得 1974 年诺贝尔经济学奖的弗里德里希·哈耶克说，“货币是人类发明的最伟大的自由工具之一。”例如，在古代，货币经济不发达的时候，人们要给政府服劳役，就是每年要为政府无偿干一两个月的活，算是向政府缴税；后来货币经济发达了，人们手里有了钱，就可以用货币代替劳役。无论是对政府还是百姓，用货币代替劳役，都方便多了。

货币的用途很多。

首先，我们要用货币进行买卖，即用它来作为交易的中介。在中国，我们就是用人民币来购物的。没有货币，人们就只能以物易物。

其次，我们用货币来衡量一个物品的价值，即用它来作为计价的工具。

这就是货币的价值尺度功能。例如，一件商品到底有多大的价值呢？我们说它值 10 块人民币。我们就是用人民币这种货币来表示这一商品的价值。

最后，我们用货币来储存财富，这就是货币的储存财富手段的功能。例如，股神沃伦·巴菲特家产有 600 亿美元。巴菲特就是用美元这一货币来储存他的个人财富的。当然巴菲特也可以不用货币来储存他的财富，而是用土地、房子来储存他的财富。他可以在全世界买下很多农场，就像新中国成立前中国的土财主一样，挣了钱就在家买地，买成千上万亩地；或者像现在国内很多人一样，在北京这些大城市买房子，买下几十、上百套房子。但是，现在社会中，用牛、买地、买房子的方法来储存个人财富存在很多问题，显然没有用货币来储存财富方便。

二、从“金本位制”到“法币”

最初的时候，人们用黄金、白银、铜等金属铸造成一个个金币、银币与铜钱。我们把这种金币、银币、铜钱叫做铸币。

使用铸币有很多缺点，特别是要到很远的地方去做大笔生意时，带着大量的铸币很不方便。例如，据《宋史》记载，北宋时期，四川地区使用的铁钱一贯重达 25.8 斤，买一匹丝绸，要付 130 斤重的铁钱。

于是，人们想出了一个聪明的解决办法，就是使用与黄金、白银等贵金属挂钩的纸币。这种货币制度叫做贵金属本位制。在很长的一段时间，全球很多国家的纸币是与黄金挂钩的，这就是“金本位制”。

什么是“金本位”？

那么，纸币如何与黄金挂钩？什么是“金本位制”呢？

“金本位制”就是银行或者政府发行纸币，但是这种纸币是以黄金为依据的，银行或者政府保证纸币与黄金之间的自由兑换。

这样，金本位制就具有两个特点：第一，纸币的发行量是以政府拥有的黄金量为限的。在发行纸币前，政府确定一个纸币与黄金间的价格，然后按这个价格发行纸币。例如，假如美国政府确定纸币与黄金之间的价格为 100 美元比 1 盎司（大约 28.4 克）黄金，而美国政府总共有 10 000 盎司黄金，那么，美国政府最多能够发行的纸币数量为 1 000 000 美元。除非美国政府手中的黄金数量增加了，它才可以多印钞票；否则，绝对不能多印钞票。在黄金拥有量没有增加的情况下，美国政府要多发行钞票的话，就只有重新确定黄金与美元的比价，也就是把纸币贬值。例如，将黄金与美元的比价更改为 150 美元比 1 盎司黄金，那么，美国政府就能多发 500 000 美元的钞票。

第二，银行或者政府保证，纸币与黄金之间是可以自由兑换的。也就是说，老百姓随时可以拿着纸币到银行或者政府那里去换成黄金。

北宋时候在四川地区出现的“交子”最初很可能就是金、银或者铜本位制下的货币，而且很可能就是世界上最早的本位制下的纸币。最初，持有“交子”的人可以按事先规定的比率，将“交子”兑换成一定数量的金、银或者铜。清朝时候流行的“银票”就是以白银作为依据的纸币，这是银本位制，银票的持有人随时可以拿着银票到开出银票的钱庄兑换成白银。

1717 年，根据著名物理学家牛顿的建议，英国将黄金与英镑这一纸币之间的比价固定下来，从而在英国实行金本位制。英国是西方主要国家中最早实行金本位制的国家。此后西方国家断断续续地实行着金本位制。美国在 1834 年事实上开始实行金本体制，1900 年又通过法律规定实行金本位制。

图 9　艾萨克·牛顿

图片来源：Sir Godfrey Kneller 绘，现藏于英国伦敦 National Portrait Gallery。

1929年，“大萧条”席卷全球。1931年9月21日，英国正式宣布放弃金本位制，其他欧洲国家也先后放弃金本位制。为了应对“大萧条”，即使是当时黄金拥有量居全球之首的美国也逐渐提高黄金的价格，从20美元一盎司提高到35美元一盎司。实际上，也就是将美元贬值。

图10 1797年英国抗议小威廉·彼特政府停止英镑与黄金间自由兑换的漫画①

图片来源：http://goldnews.bullionvault.com。

1944年，第二次世界大战结束前，在英国经济学家约翰·凯恩斯的领导下，44个国家聚集在美国新罕布什尔州的布雷顿森林举行会议，并最终达成协议，建立了一个叫做“布雷顿森林体系”的国际货币体系。“布雷顿森林体系”在1973年正式结束。这样，在1944—1973年间，全球处于“布雷顿森林体系”下的金本位制时期。“布雷顿森林体系”下的金本位制就是将美元与黄金挂钩——美元与黄金的价格确定为35美元一盎司黄金，而各国的货币与美元挂钩。这样，各国的货币事实上都与黄金挂钩。关于“布雷顿森林体系”，

① 1797年，因为法国军队在英国登陆的谣传，英国人纷纷前往银行兑换黄金，导致黄金不足。2月26日，英国首相小威廉·彼特下令停止英镑与黄金之间的自由兑换，这一禁令直到1821年才解除。英镑成为没有黄金含量的“法币”。漫画中男性为彼特，老妇人为英格兰银行。漫画意在表达对停止英镑与黄金间自由兑换的不满。此后，英格兰银行又被称为“老妇人”。

我们在汇率那一章里面还要说到。

在很长一段时间，金本位制具有很大的积极意义。在货币的发行权集中到政府手中之后，政府可以通过滥发钞票、制造恶性通货膨胀来搜刮老百姓的财富。在金本位制下，钞票的发行量受到黄金拥有量的限制，因此，金本位制可以限制政府以滥发钞票的方式来制造通货膨胀，搜刮百姓。例如，从1750年到1914年英国暂停金本位制这长达165年的岁月中，英国的总体物价水平只上涨了48%。从1800年到1930年的130年是美国完成工业化的巨变时期，但是，在金本位制的保证下，在这长达130年的时间中，美国的总体物价水平只上涨了27%。

金本位制被各国的普遍采用让各国货币间的汇率变得简单而稳定，这为国际贸易的发展创造了条件。从1815年拿破仑战争结束到1914年第一次世界大战爆发，全球经济与贸易经历了100年的繁荣，而经济与贸易的繁荣也创造了持续近100年的世界和平。

但是，随着经济的发展和贸易的扩大，金本位制的缺点也渐渐显现出来了。

首先，黄金的产量很有限，这就限制了货币的发行数量；而且，黄金的分布很不均衡。据世界黄金理事会的估计，到2010年年底，人类开采出来的黄金总量只有20万吨。即便按照2 000美元一盎司黄金的价格，那么，全世界总共能够发行的货币数量大约为15万亿美元。这一数量的货币远远满足不了经济发展的需要。仅仅在美国，目前市场中流通的美元和银行存款的数量就达到8.3万亿美元。金本位制限制了货币的供应量，从而导致经济发展所需要的资金严重不足，引发通货紧缩，导致物价下跌，它与通货膨胀一样，具有很大的危害性。

其次，大部分经济学家都相信，中央银行可以通过增加货币的供应量来减轻经济衰退的影响，但金本位制限制了中央银行根据经济发展的需要调整货币供应量，从而调节经济的能力。当经济处于衰退的时候，中央银行刺激经济发展的一个常用手段就是增加货币的供应量，也就是多发钞票。为什么要多发钞票？因为钞票一多了，企业就容易筹集到资金进行生产，老百姓也容易到银行借钱来消费。这样经济就会慢慢地重新启动起来。但是，在金本位制下，货币的发行量是由中央银行手中的黄金拥有量决定的，只有在黄金的拥有量增加的情况下，中央银行才能增加货币的发行。而黄金的拥有量是不可能随时增加的。有些经济学家还发现，在1929—1933年“大萧条”中，谁最先放弃金本位制，谁的经济就恢复得越快。例如，英国在1931年就放弃了金本位制，法国直到1936年才放弃，英国经济的恢复速度就远远快于法国。为什么会出现这种现象呢？因为放弃金本位制后，这些国家就可以根据经济发展的需要，增加货币的发行量，刺激经济的发展。中国基本上没有受到“大萧条”的影响，原因之一是中国当时使用银本位制，而不是金本位制。事实上，从1929年到1937年这一段时间是近现代中国经济发展的一个黄金时期，当时的中国经济是很繁荣的。

最后，大部分经济学家都相信，货币政策是中央银行调节经济的重要手段。中央银行通过增加或者减少货币的供应量来防止通货膨胀或通货紧缩，保持经济稳定健康发展。金本位制下，货币政策完全由黄金产量的波动决定，黄金产量的波动会导致货币供应量的大起大落，从而造成通货膨胀或者通货紧缩。而黄金产量的变化不是中央银行所能控制的，因此，中央银行事实上完全丧失了制定货币政策的主动权。

1973年，“布雷顿森林体系”解体，美元与黄金不再挂钩，各国的货币与黄金也就没有关系了。现在全球没有一个国家在使用金本位制，不是因为黄金被“妖魔化”了，而是在现代经济中，直接用黄金做货币或者使用金本位制存在很多的缺点，很难行得通。

“法币”是政府强制公众使用的纸币

金本位制结束后，现在各国使用的货币叫“法币”。那么，什么是“法币”呢？法币就是“法定货币”，是由政府统一发行的纸币。但是，更重要的是，政府下令，所有人都只能用政府统一发行的这种纸币来购物，顾客用这种纸币购物时，商店不得拒绝这种纸币；所有人也只能用这种纸币来偿还债务，欠债的人用这种纸币还债时，债主不得拒绝这种纸币。因为它是政府通过法律，强制大家使用的货币，所以叫“法币”。

法币也是纸币，但它与金本位制时的纸币有根本的区别。

首先，金本位制时的纸币是以黄金为依据的，是有含金量的，人们可以拿着纸币到银行去要求兑换成黄金。法币与黄金没有任何关系，它没有任何含金量，我们不能拿它去银行兑换黄金。

其次，在金本位制下，纸币的发行量受到黄金量的限制。在法币制度下，其发行量不受这种限制。如果政府不负责任的话，它可以想印刷多少钞票就印刷多少钞票。

法币没有任何含金量，因此，本质上，法币几乎毫无价值，与一张废纸差不多。那么，为什么大家都使用法币呢？

首先，是因为政府规定，大家只能使用它，是政府强制性地要求大家使用它。例如，《中国人民银行法》第 16 条规定：“中华人民共和国的法定货币是人民币。以人民币支付中华人民共和国境内的一切公共的和私人的债务，任何单位和个人不得拒收”。

其次，是因为大家相信政府，相信政府会采取措施维持这种纸币价值的稳定，不会滥发钞票，不会让钞票贬值。因为法币依赖于公众对政府的这种信用，所以，它也叫信用货币。一旦公众不再信任政府，认为政府会滥发钞票，没有能力或者不愿维持币值的稳定，大家就会抛售法币、抢购黄金等，结果，钞票就会贬值，出现货币危机。过去 10 年中，国际市场上黄金价格之所以从 250 美元一盎司一路狂涨到 1 900 美元一盎司，主要原因就是各国政府滥发钞票，导致全球各国人民对本国货币失去信心。所以，政府一定要让公众相信，它会保证币值的稳定，不会滥发钞票。

元朝忽必烈做皇帝的时候，中国就开始使用法币。但是，后来元朝朝廷滥发纸币，老百姓不愿意使用纸币。所以，虽然中国最早使用了法币，但法币作为一个货币制度始终没有在中国真正建立起来。直到 1935 年，国民党政府在中国进行货币改革，废除了银本位制，发行法币。后来，因为战争的原因，法币贬值得非常厉害，买一斤大白菜，要花几百万块钱。

三、货币供应量是如何确定的

前面说到，在法币制度下，货币的发行量不受黄金、白银或者其他任何贵金属拥有量的限制，政府想发行多少货币就可以发行多少。但是，负责任的政府是不会想发行多少货币就发行多少的。为什么呢？因为市场上的资金太多了不行，太少了也不行。钱太多了，会造成通货膨胀，经济会陷入混乱。钱太少了，企业找不到资金来生产，消费者找不到资金来消费，经济也会发展不起来。

现在已经不知道历史上，是谁最先使用“货币”这个词。中文“货币”这个词创造得非常好。“货币”中的“货”指商品，“币”指钞票。“货币”这个词告诉我们，“货”与“币”必须平衡，即一个国家能够生产出多少商品，它才可以印发多少钞票。商品少，而钞票印发多，就会造成通货膨胀。

政府拥有印发钞票的特权，但绝不可以因为拥有这一特权而滥发钞票。政府必须做到“货”与“币”的平衡。

中央银行调节货币供应量的三个手段

那么，政府会怎么做呢？负责任的政府会根据经济发展状况来决定货币的供应量。在市场中资金不够用的时候，因为很难找到资金，投资就会减少，也就是我们常说的经济“太冷”了。这时，政府会把资金注入到市场中，增加市场中货币的供应量。相反，在市场中资金太多的时候，投资就会太多，可能发生通货膨胀，也就是我们常说的经济“过热”。这时，政府就会像抽水机一样把资金从市场中抽出来，减少货币的供应量。调节货币供应量的工作一般是由中央银行来负责的。根据经济发展的需要来增加或者减少货币供应量是中央银行货币政策的主要内容之一。

中央银行用什么手段来调节货币供应量呢？中央银行有三大主要工具可以用来调节货币供应量，它们分别是：法定存款准备金率、再贴现率与公开市场操作。这三大工具叫做中央银行的货币政策工具。

第一个工具是法定存款准备金率。

前面我们说过，中央银行设定法定存款准备金率的目的本来是保证储户来银行取钱时，银行有钱让储户取走。但是，法定存款准备金率多了一个目的，即用它来调节货币的供应量。

这个比率到底是多少呢？中央银行可以随时调整。中央银行可以通过调整这个比率来调整货币供应量。例如，如果中央银行将存款准备金率从 15% 提高到 20%，那么你存在银行的 1 000 元中，银行必须存在中央银行的准备金从 150 元增加到 200 元，它能够用来借给别人的金额就从原来的 850 元减少到了 800 元，在市场上流通的钱也就将减少 50 元。而且，假如中国工商银行手里总共有 1 000 亿元的资金可以用来发放贷款。在存款准备率是 15% 的时候，中国工商银行把这 1 000 亿元中的 150 亿元存放在中国人民银行，把其余的 850 亿元全部作为贷款，发放给了企业。现在，中国人民银行将存款准备金率提高到了 20%。那么，中国工商银行就必须再把 50 亿元放到中国人民银行。可是中国工商银行剩余的 850 亿元已全部作为贷款发放给企业了。怎么办？中国工商银行就只能从企业手中追讨 50 亿元的贷款，缴存到中国人民银行。这就导致企业手中的钱减少 50 亿元。

法定存款准备金率对货币供应量具有极强的影响力，力度大、速度快、效果明显，是一个比较有效的货币政策工具。但是，这一工具强制性地要商业银行把资金存入中央银行，从而迫使资金从市场中退出，并返回到中央银行，因而，它可能引发一系列的追讨资金。

第二个工具是再贴现率。

中央银行是银行的银行。因此，当商业银行需要资金的时候，就可以找中央银行借。商业银行从中央银行借款的利率叫再贴现率。

商业银行是怎么向中央银行借钱的呢？假如今天是 2012 年 8 月 15 日，你手里有一张面值 10 000 元的国库券，2013 年 8 月 14 日到期。但是，你今天急需钱用，要现金。怎么办呢？你就拿着这张国库券到中国工商银行，把它换成现金。中国工商银行可以给你换成现金，但是，它不会给你 10 000 元，可能只给你 9 950 元。为什么少给你 50 元呢？是不是中国工商银行欺负你呢？当然不是，在本书后面，我们要说到这个问题。你到中国工商银行把一张还没有到期的债券换成现金，这叫做贴现。中国工商银行少给你 50 元，也就是少给你 10 000 元的 0.5%，这个 0.5%就是商业银行的贴现率。

中国工商银行也有缺钱的时候。当它缺钱的时候，就可以拿着这种从你手里换来的国库券到中国人民银行去换成现金，中国人民银行不会给它 9 950 元，可能只给它 9 900 元。因为你拿着国库券到中国工商银行换现金时，这张国库券已经贴现过了，当中国工商银行拿着这张国库券再到中国人民银行去换现金时，就是再贴现。中国人民银行少给中国工商银行的 50 元，即 9 950 元的 0.503%，就是再贴现率。

那么，中央银行是如何使用再贴现率这个工具来调节货币的供应量呢？商业银行的贷款利率是以中央银行的再贴现率为基础的，因此，中央银行就可以通过调整再贴现率来调节货币的供应量。中央银行提高再贴现率，也就是我们所说的加息，那么，货币就会减少；中央银行减息的话，货币就会增加。

我们用例子来说明。假如 2012 年 8 月 15 日，中国人民银行的再贴现率是 2%，这个利率很低，中国工商银行就向中国人民银行借 100 亿元人民币，然后把这 100 亿元借给中石油，但是，工商银行当然不会按 2%的利率借给中石油。工商银行觉得，利率必须是 6%，自己才能赚钱。于是以 6%的利率把这笔 100 亿元的资金借给中石油。2012 年 9 月 1 日，中国人民银行把再贴现率从 2%提高到 5%。这时，工商银行就要认真考虑，还要不要向中国人民银行借钱了。这是因为如果再向中国人民银行借钱的话，工商银行再把这笔钱借给企业的时候，贷款利率就要从 6%提高到 9%，工商银行才能赚钱。但问题是，如果工商银行把利率从 6%提高到 9%，还会不会有企业来贷款？因为银行利率提高到 9%后，企业可能就很难赚钱了。企业很难赚钱的话，它们就会减少投资，也就不会去银行贷款了。这样，进入到市场中的资金就会减少。这样，中国人民银行提高再贴现率的结果就是，企业减少投资，以银行贷款的方式进入市场的资金就减少了。

中央银行决定的就是这个再贴现率。因为各商业银行是以这个再贴现率为基础，来确定自己的贷款利率的，这个再贴现率就是一个基准利率。在美国，这个基准利率叫贴现率。除了这个贴现率外，美联储影响货币供应量的另一个基准利率叫“联邦基金利率”。“联邦基金利率”就是商业银行与商业银行之间相互拆借资金的利率。通过影响“贴现率”与“联邦基金利率”，美联储也可以影响货币的供应量。通常情况下，美联储“联邦公开市场委员会”每七个星期召开一次会议，确定“贴现率”与“联邦基金利率”。

在中国这个再贴现率叫再贷款利率。不过，在利率那一章中，我们将谈到，美国与中国不一样。在美国，利率由市场决定，因此美联储只决定这个再贴现率，它不决定商业银行的存贷款利率。在中国，利率由中央银行决定，中国人民银行不仅决定这个再贴现率，而且直接决定商业银行的存贷款利率。

第三个工具是公开市场操作。

公开市场操作就是中央银行在市场上买进或者卖出债券。很多企业或者大机构手里有闲散的资金，它们就把这些钱用来购买政府债券。中央银行就可以通过买进或者卖出债券来调节货币供应量。

比如，中国财政部发行了很多国债。中国工商银行有10亿元的闲散资金，中国建设银行有90亿元的闲散资金，于是这两个银行就把这总共100亿元的闲散资金全部购买了国债。现在，中国人民银行觉得市场资金吃紧，企业找不到生产用的资金，需要向市场注入100亿元的资金。中国人民银行就可以对中国的公司、银行与其他大机构说，我现在准备购买100亿元国债，你们谁愿意卖的话，就卖给我。于是，中国工商银行、中国建设银行就把手里的国债全部卖给了中国人民银行，中国工商银行手里就有了10亿元的现金，中国建设银行手里则有90亿元的现金。这两个银行就可以用这些现金来发放贷款了。这总共100亿元的现金就进入到了市场，市场中的货币总量就增加100亿元。另一方面，假如中国人民银行觉得市场中的资金太多了，可能会出现通货膨胀。那么，中国人民银行就可以进行反向操作，即卖出国债。

四、中央银行货币政策的失灵

中央银行的货币政策也有失灵的时候。比如，中央银行降低利率，希望这样可以鼓励公司向银行贷款，进行投资；鼓励老百姓向银行贷款，用来消费，可是，公司与老百姓就是不愿意贷款。或者中央银行提高利率，希望这样可以阻止公司与老百姓向银行贷款，可公司与老百姓就是半夜在银行门口排长队，向银行贷款。

中央银行货币政策为什么会失灵呢？

在 20 世纪 90 年代，日本因为经济泡沫的破裂而停滞不前。为了刺激经济的发展，鼓励日本的公司向银行贷款进行投资，鼓励日本的老百姓向银行贷款进行消费，日本的中央银行日本银行曾经将利率降低到 0.1%。这与零利率几乎没有区别，等于银行白给公司、老百姓钱用。但是，日本的公司就是不愿意贷款投资，日本的老百姓就是不愿意贷款消费。为什么会出现这种现象呢？一个很重要的原因是日本的公司与老百姓对未来没有信心。公司担心借款来生产，结果生产出来的产品没人买，不仅赚不了钱，反而赔更多。老百姓不敢向银行贷款，因为他们担心自己未来可能找不到工作，收入没保障。

中国则出现了相反的情况。例如，在中国股市最火爆的 2007 年，中国人民银行连续 10 次提高存款准备金率，导致存款准备金率高达 20%。本来，中国人民银行希望通过提高存款准备金率给股市降降温。但是，10 次中有 7 次中国股市不但不下跌，反而上涨。这是很反常的现象。

再如，1998 年以后，中国人民银行曾经连续 8 次降息，希望通过降息鼓励老百姓多消费，不要存钱。结果，中国国内居民在银行的存款总额不减反增，从 1998 年的大约 4.6 万亿元人民币增加到 2010 年的 30 万亿元人民币。为什么会增加呢？一个很重要的原因，就是中国的老百姓有很多的后顾之忧：养老、医疗、孩子教育、住房等等都需要钱，而且需要很多钱，所以，老百姓平时不敢乱花钱，不能不存钱。

逻辑之四

不同的金融机构起着不同的作用

在金融市场与金融活动中，不同的金融机构起着不同的作用。发达的金融业需要健康运行的金融机构。

金融机构分为两大类：一类是银行业金融机构，另一类是非银行业金融机构。

一个国家中，有很多的银行业金融机构。例如，在中国，有中国人民银行、中国工商银行、中国建设银行、中国进出口银行、中国农业发展银行，等等。这些银行可以分为三类，有着各自不同的作用。中国人民银行是中国的中央银行，它负责货币的发行；中国工商银行与中国建设银行是商业银行，它们与一般的公司没有本质上的区别，目的就是赚钱；中国进出口银行与中国农业发展银行是政策性银行，它们的目的是帮助国家实施产业政策。

非银行业金融机构也是金融机构，从事的也都是金融活动，但是，它们不能吸收公众的存款，即从事存款这样只有银行才能从事的业务。非银行金融机构有很多种，包括投资银行、基金、证券公司、资产管理公司、信托公司、保险公司、财务公司、金融租赁公司，等等。它们的作用各不一样。

一、中央银行是银行的银行

中央银行的目的不是为了赚钱，而是为了保证一个国家货币的稳定与金融系统的安全。中国的中央银行就是中国人民银行，美国的中央银行是美联储，日本的中央银行是日本银行，英国的中央银行是英格兰银行。一般认为，始建于 1694 年的英格兰银行是世界上最早的现代中央银行。使用欧元的 17 个欧洲国家有一个共同的中央银行，即欧洲中央银行。现在，世界上绝大部分国家与地区都有自己的中央银行。一个国家中，最多只能有一个中央银行。

图 11　1694 年 7 月 27 日，英国政府签署特许经营权，授权创建英格兰银行

图片来源：Edward Matthew Ward 作。

中央银行的出现

中央银行的出现远远晚于商业银行。那么，中央银行是如何出现的呢？

美国央行波澜起伏的历史

美国的中央银行——美国联邦储备系统无疑是当今世界上最有影响力的中央银行，它的创建很具有戏剧性，所以，我们看看美国的中央银行是如何创建起来的。

图 12　美联储在华盛顿特区的总部大厦

图片来源：www.wikipedia.org，AgnosticPreachersKid 摄。

对于权力，不管是政治权力，还是经济权力，尤其是权力集中在一个人或者一个机构手中，美国人天生持敌视态度。所以，在美国，政治上有总统、国会、最高法院的三足鼎立，相互制衡，谁也不能一个人说了算；各州有州权制衡联邦权力，联邦政府无权对州政府发号施令。经济上，美国人反垄断是各国中最坚决的。美国人拆散了石油大王约翰·洛克菲勒创建的标准石油公司，拆散了美国电报电话公司（AT&T），还逼迫盖茨将微软的 Windows 操作系统与网络浏览器 IE 分开。美国人对权力的这种敌视导致美国的中央银行建立了，又废除；再建立，再废除；最后，又建立起来。美国最终下决心建立一个中央银行，既得益于一个金融巨头的恩泽，也是出于对这个金融巨头的恐惧。

1783 年，通过独立战争，美国获得了独立。对于美国是否需要建立一个中央银行，在美国的开国元勋中存在两种不同的看法。一方以美国第一任财政部长亚历山大·汉密尔顿为首，他认为，美国要成为一个发达的工业国家，必须建立中央银行。另一方以《独立宣言》主要起草者之一、第三任总统托马斯·杰弗逊与《美国宪法》主要起草人、第四任总统詹姆斯·麦迪逊为首，强烈反对在美国建立中央银行。他们认为，英国通过它的中央银行英格兰银行来控制北美殖民地的金融业，对北美殖民地进行压迫，正是导致美国独立战争的直接导火索。银行业是一个国家的经济命脉，让一个银行垄断货币发行，那就等于让这个银行垄断了银行业，控制了国家的经济命脉。这是这些开国元勋们极不愿意看到的。

杰弗逊总统非常敌视中央银行。他曾经说："我真诚地相信，银行对自由的威胁比荷枪实弹的军队还要大。它们已经培养了一个蔑视政府的货币贵族阶层。应该把发行货币的权力从银行手中收回来，并将它归还给人民，因为发行货币的权力本来就属于人民。"

最后，双方达成妥协。1791 年 2 月 25 日，美国第一任总统乔治·华盛顿授权建立了一个中央银行，叫"第一美国银行"。但是，"第一美国银行"受到很多限制。首先，它获得的授权只有 20 年。20 年到期后，必须重新申请授权；其次，它是一个股份制银行，而且，有外国人持有股份，其中 1995 年被

28 岁的尼克·利森单枪匹马搞垮的英国巴林银行就是它的大股东之一；最后，它没有货币发行的垄断权力，而是只负责 20%的钞票发行量，其余的 80%由各州的银行发行。

1811 年，第一美国银行的 20 年授权期结束时，麦迪逊没有延长它的授权。这样，在随后的 5 年里，美国没有中央银行。

1812 年，美国与英国又爆发了一场战争，而这场战争让麦迪逊认识到，需要一个银行帮政府筹集资金。于是，1816 年，麦迪逊授权重建中央银行，这就是"第二美国银行"，授权期也是 20 年。第二美国银行差不多就是第一美国银行的翻版。

图 13　位于费城的第二美国银行遗址

图片来源：www.wikipedia.org，Peter Clericuzio 摄。

1827 年，安德鲁·杰克逊当选美国第七任总统，这是最后一位参加过美国独立战争的总统。对第二美国银行，这位总统几乎没有丝毫的好感。与当时很多人一样，杰克逊相信，只有黄金与白银才是真正的货币；更加重要的是，杰克逊认为，让一家银行拥有太多的特权是产生通货膨胀、投机与其他罪恶的根源，而老百姓也会受到这家银行的欺压。

1832 年，获得连任后，杰克逊说：“我已经让人注意了你们（第二美国银行的银行家们）很长时间，我相信你们在用银行的资金在食品市场中进行投机。如果我没收放在你们银行的存款，并吊销你们的执照，我会毁掉 1 万个美国家庭，这是你们的罪过；但是，如果我让你们继续干下去，你们将毁掉 5 万个美国家庭，那将是我的罪过。你们是一窝毒蛇与窃贼。”1832 年，美国国会准备给予第二美国银行重新授权，但被杰克逊否决；1833 年，杰克逊与第二美国银行的行长尼古拉斯·比德尔进行了一场较量。杰克逊将联邦政府的钱全部从第二美国银行取了出来，比德尔马上进行报复。他怎么报复呢？就是减少货币供应量。由于货币供应量减少，美国企业得不到资金，结果，美国经济于 1837 年陷入了衰退。

图 14　描绘 1833 年美国总统安德鲁·杰克逊与第二美国银行进行“银行战争”的漫画之一①

图片来源：www.wikipedia.org，Edward W. Clay 绘。

在美国历史上，杰克逊对第二美国银行的大肆抨击以及他与比德尔之间的斗争被称为“银行战争”。这场战争在美国造成了巨大的政治后果：它让中央银行这个问题成了整个 19 世纪 30 年代美国总统大选中的主要问题之一，

① 图中穿黑色衣服的是杰克逊，他试图消灭妖魔，而左边的妖魔是第二美国银行，最右边的是欢呼妖魔被消灭的美国公众。

对美国两党制的形成产生了重大的影响。

图 15　描绘 1833 年美国总统安德鲁・杰克逊与第二美国银行进行“银行战争”的漫画之二①

图片来源：www.wikipedia.org，H.R. Robinson 绘，现藏于美国布朗大学图书馆。

首先，为了与杰克逊的民主党对抗，第二美国银行的支持者们拼凑成了辉格党。美国第一任总统华盛顿、第二任总统约翰・亚当斯曾努力试图避免的政党政治在美国出现了，这促进了美国政党政治的形成。

其次，“银行战争”中，作为民主党的杰克逊代表着美国中下层民众，反对拥有特权的第二美国银行，同富裕的工商业阶层对抗，为民主党树立了延续至今的代表中下层民众的形象。

在随后将近 80 年的时间里，美国人过着没有中央银行的日子，没少担惊受怕，因为美国银行业不断出问题。出什么问题呢？就是发生了很多次银行恐慌，也就是挤兑。1873 年、1893 年、1907 年，美国发生了几次严重的银行恐慌。

① 图中左侧持法杖的是杰克逊，他试图消灭多头蛇，而多头蛇为第二美国银行总裁比德尔。

图 16　描绘 1837 年美国经济衰退的漫画①

图片来源：www.wikipedia.org。

1893 年发生的这场恐慌，最严重的时候是在 1895 年。当时，美国联邦财政部的黄金储备快用完了，联邦政府都要关门了。当时的美国总统格罗弗·克利夫兰只好向一个人求助。这个人是谁呢？他就是金融巨头老约翰·摩根。摩根不仅富有，而且在华尔街人缘极好。摩根在华尔街找了一帮银行家，组成了一个财团，向联邦财政部提供了价值 6 500 万美元的黄金，挽救了联邦财政部。

然而，好景不长，1907 年，银行恐慌再次袭击美国。而且，这次危机的严重程度前所未有。这一次，又是摩根挺身而出，力挽狂澜。

1907 年 10 月 18 日，一个家伙在股市坐庄失败，导致一家金融机构倒闭。消息传出，迅速引发银行挤兑，到 10 月 24 日，一连串的银行倒闭了。一场美国历史上前所未有的银行危机发生了。

危机发生后，正在外地的摩根迅速赶回纽约，并召集华尔街的银行家们，对银行系统注入资金。在短短的几天里，摩根组织了三次注资。

① 1837 年美国总统安德鲁·杰克逊与第二美国银行进行的“银行战争”导致经济衰退。图中左侧的男子已经失业，饥饿的小孩等着他买食品，而最右边的两个男子是前来向他讨债的房东等人。

图 17　1907 年美国的一幅漫画[①]

图片来源：Puck Magazine 作，现藏于美国国会图书馆。

到 11 月 2 日，在摩根的果断干预下，虽然市场已经稳定下来，但又一个巨大的危机迫在眉睫，一个叫做 TC&I 的公司很可能破产，而这个公司破产将导致一家很大的证券经纪公司破产，从而引发新的危机。摩根再次召集 140 多位银行家召开紧急会议，最后大家决定由美国钢铁公司收购 TC&I。美国钢铁公司是怎样一个公司呢？它是约翰·摩根在 1901 年通过合并几个钢铁公司而创建起来的，是美国历史上第一个价值超过 10 亿美元的公司。由美国钢铁公司收购 TC&I 可以避免这场危机，但问题是收购 TC&I 会让美国钢铁公司变得更加庞大无比，形成垄断。当时的美国总统西奥多·罗斯福恰恰就是以打击垄断而出名。11 月 3 日是星期日，当天晚上，摩根连夜派人，带着收购方案去找老罗斯福。等到摩根的人通过找关系、走后门，找到老罗斯福时，距离 11 月 4 日星期一股市开盘只有一个小时。老罗斯福当即和他的国务卿一起，审阅收购方案，并在股市开盘前几分钟同意了收购方案。消息传出，美国股市开盘狂涨。1907 年银行危机终于结束了。

1907 年的银行危机对美国的打击异常沉重，导致美国的生产降低了 11%，进口减少了 26%，失业率从 3%上涨到 8%。1907 年移民到美国的人数多达 120 万，1909 年减少到了 75 万。

---

① 图中右边身材魁梧的人是华尔街银行家老约翰·摩根，左边身材瘦小的人代表美国。这副漫画用来说明当时摩根在美国的巨大影响力。

1907 年的银行危机让很多美国人认识到，美国需要一个中央银行。在没有中央银行的这些日子里，摩根一个人起了中央银行的作用。联邦政府没钱了，找他解决问题；华尔街出了问题，找他要资金；大公司出了问题，也来找他帮忙。摩根的作用如此之大，以至于 1910 年 2 月 2 日，当美国讨论创建中央银行的时候，一个刊物在它的封面上刊登了摩根将美国大大小小的公司收入怀中的漫画，旁边的说明文字就是："建立中央银行？摩根大叔已经干起了中央银行的活，美国还用得着再建一个中央银行吗？"

图 18　1910 年美国一漫画刊物的封面

图片来源：Puck Magazine 作，现藏于美国国会图书馆。

然而，靠摩根一人之力终究不是长久之计。而且，经过 1907 年的危机，摩根的势力更大了，这让美国人害怕起来。于是，美国开始考虑创建中央银行。民主党与共和党经过 4 年的讨价还价，1913 年 12 月 22 日美国国会通过了《联邦储备法》，创建美国联邦储备系统，也就是美国的中央银行，总统伍德罗·威尔逊当天签字，法案当即生效。美国联邦储备系统由联邦储备委员会、12 家联邦储备银行、联邦公开市场委员会三部分构成。

在 1907 年的这场危机中，摩根挺身而出、力挽狂澜，他为此付出了损失

2 100 万美元的代价，但他成了美国的英雄。不过，摩根被看作美国“英雄”的好日子没几天，美国人就开始担心他日益膨胀的势力。首先，美国人这时发现，摩根的人马在 112 家公司担任董事，在纽约股票交易所上市的公司差不多都被他的人控制了。其次，虽然现在钢铁业在美国已经没落，但在 100 年前的 1907 年，钢铁业方兴未艾。钢铁业被看作工业的粮食，控制了钢铁业，就等于扼住了工业的咽喉。因此，摩根那巨兽般的美国钢铁公司让美国人越来越感到害怕。于是，危机结束不久，美国国会就成立了一个专门委员会，对他展开调查，调查他是否利用了危机谋取私利。这位已经 70 多岁、疾病缠身的金融巨头经常被叫到国会去问话。

1913 年 3 月 31 日，75 岁的摩根在罗马去世。当天，他的家人就收到 4 000 多封唁电，华尔街下半旗向他致哀。当他的遗体经过华尔街时，纽约股票交易所为他停止交易 2 个小时。这在华尔街的历史上是绝无仅有的。

英国央行的创建史

英国中央银行的创建过程与美国中央银行的创建过程很不一样。美国的中央银行是由国会授权、联邦政府直接创建的，而英国的中央银行则是由英格兰银行演化而来的。

1690 年 7 月 10 日，在英吉利海峡上与法国的一场海战中，英国海军几乎全军覆灭。英国国王威廉三世急于重建海军，以与法国争夺霸权，而当时英国的财政状况十分糟糕。而且，1689 年，英国议会通过的《权力法案》限制了英国政府征税的权力。1694 年，苏格兰人威廉·佩特森向威廉三世建议，创建一家股份制银行，由银行向英国政府提供贷款，帮助重建海军，但英国政府要给予银行发行钞票的权力。英国政府接受了这一建议，创建了英格兰银行。

创建之初，英格兰银行也是私有商业银行，与其他私有商业银行并没有区别。但是，在以后的两百多年中，英格兰银行逐渐从英国议会取得了现代中央银行所拥有的各种特权。1826 年，英格兰银行取得了在伦敦周围 65 英里范围内发行钞票的垄断权力。1870 年，英格兰银行取得了确定利率的特权。1928

年，英格兰银行成为整个英格兰唯一有权发行钞票的银行。1946 年，英国政府将英格兰银行收归国有，这样，英格兰银行完全成为了英国政府的中央银行。

1920 年，布鲁塞尔国际经济会议建议，各国都应尽快建立中央银行，以稳定国际金融。这样，中央银行开始作为一种普遍制度沿袭下来。

中央银行的作用

中央银行创建起来后，它发挥什么作用呢？

中央银行的目的不是为了赚钱，而是为了保证一个国家货币的稳定与金融系统的安全。它是银行的银行。那么，它究竟做些什么事、起什么作用呢？

作用之一：银行的银行

首先，中央银行也提供存贷款业务，但只对银行提供。

中央银行不接受一般公众的存款，也不对一般公众贷款。那么，公司可以吗？也不行。为什么你有钱要存到中央银行，它也不接受呢？是它傻吗？当然不是，因为它是银行的银行，它只接受银行的存款，也只对银行进行贷款。如果中国工商银行有 10 亿美元要存起来，就可以找中国人民银行去存了，或者中国工商银行要借 10 亿美元，也可以找中国人民银行去借。由于中央银行不与公众或者公司直接打交道，所以你几乎见不到它的网点。

中央银行为什么不办理对一般公众和公司的存贷款业务呢？因为中央银行代表的是政府，银行这个行业里的各种规章制度都由它制定，因此，如果它也从事存贷款业务，就好比它既是裁判员也是运动员，其他的运动员还能玩得过它吗？而且，也只有中央银行有权发行货币，它没钱了的话，就可以开动机器，印刷钞票，因此，它永远不会倒闭。公众把钱存在中央银行永远是最保险的。这样，其他的银行（例如中国工商银行、中国建设银行）还有活路吗？因此，中央银行就只制定游戏规则，让别的银行去公平竞争。

作为银行的银行，中央银行很重要的一个作用就是在其他银行出现资金短期等危机情况的时候，中央银行会出手救援。例如，哪天中国工商银行的储户来取钱，可是工商银行手头没有钱，它可以向中国人民银行借。

老百姓需要钱的时候，可以找商业银行借，而商业银行缺钱的时候，可以找中央银行借。中央银行的这一作用被称为“最后的贷款人”。

作用之二：维护金融系统的安全

当你把钱存到银行去后，银行要付给你利息，但是银行还要把你的钱借给别人，否则银行哪来钱付给你利息啊。如果借出去的钱收不回来怎么办呢？银行就会倒闭，你的存款也就没有了。中国工商银行是中国市值最高的商业银行，有 1 亿多个人客户和 400 多万公司客户。如果工商银行倒闭了，这么多的储户能善罢甘休吗？社会还能和谐吗？更严重的是，一旦这个消息传出去，其他银行的门口就会排起长队，因为大家都害怕到明天银行可能都出问题，自己的存款都没了。如果大家在同一时间去取款，银行就会真的没钱了。这就是挤兑。挤兑的结果是本来好好的银行也可能倒闭了。在 1929 年美国“大萧条”倒闭的 9 000 多家银行中，很多本来经营很好的银行也是因为挤兑而倒闭。

所以，中央银行的第二个作用就是维持金融系统的安全，保护储户利益。中央银行怎么防止这种现象发生、怎么保护储户的利益呢？

一是加强对这些银行的监管。中央银行可以随时对这些银行的经营进行检查。如果这些银行严重违法，中央银行可以吊销它们的营业执照。同时，对办银行进行严格的限制。中国现在还没有民营银行，是因为中国现在不允许随便办银行，办银行必须得到中国人民银行的批准。为什么对办银行管得这么严？原因之一是为了防止不符合条件的人办银行，结果银行倒闭，引发挤兑。

当然，现在有一些国家（例如中国），中央银行已经不负责对商业银行的监管，而是另外设立专门机构，负责监管。

二是为储户的存款提供保险。如果中央银行为储户的所有存款提供保险，就算商业银行真的没钱了，储户还可以找中央银行要回自己的部分或者全部存款。这样，大家就可以放心了，不会在同一时间去商业银行去取款，发生挤兑的可能性就会下降很多。美国建立了“联邦储蓄保险公司（FDIC）”，为储户的储蓄保险。按照美联储的规定，储户的存款保险额是 10 万美元。就是说，如果你在纽约的花旗银行有 5 万美元的存款，花旗银行倒闭了，你可以向美联储要回你的 5 万美元存款。但是，如果你的存款额是 100 万美元，你最多可以从美联储那里要回 10 万美元。2008 年，美国发生金融危机，为了防止挤兑导致银行大量倒闭，美联储将保险额临时提高到了 25 万美元。欧洲的一些国家则干脆全额保险。这样，如果你的存款是 10 亿欧元，而银行倒闭了，你可以从各国的中央银行要回全部的 10 亿欧元。中国人民银行也已经在考虑建立存款保险制度。

三是为银行设定一个法定准备金。中央银行规定，银行不能把储户的存款全部贷出去，借给别人，必须按比例将其中的一部分作为准备金，强制性地存放在中央银行，以防万一储户来取款时，银行有钱付给他。这个比例到底是多少呢？中央银行随时可以调整。例如，在 2010—2011 年间，中国人民银行曾连续 10 多次提高这个比例，到 2011 年 6 月，这个比例曾经达到了 23%。这意味着你把 1 000 元存入中国工商银行，工商银行必须将其中的 230 元存在中国人民银行，只能将其余的 770 元借给别人。我们可能会想，工商银行只留了 230 元，万一你要把全部存款 1 000 元取走呢？没关系，别的储户在工商银行的存款中，工商银行也留了 23%。只要不是所有的储户都同时来把存款全部取走，工商银行就可以把给别人留的法定准备金付给你。所有储户同时到银行取钱——就是上面说过的“挤兑”——这种事情有没有可能发生呢？当然有可能。如何防止这种事情的发生以及如何应付这种事情的发生就是商业银行与中央银行要考虑的一件很重要的事情。上面提到的存款保险就是办法之一。

金融业是一个国家经济的命脉。一旦金融业出了问题，整个国家的经济都可能出问题。2008 年美国金融危机对全球的影响让我们知道了保证金融业稳定的重要性。对金融业进行监管、保证金融业稳定的责任就是由中央银行来承担的。不过，这一点在不同的国家情况不一样。在中国，除了中央银行中国人民银行外，还专门建立了银行业监督管理委员会、保险业监督管理委员会、证券监督管理委员会分别对银行业、保险业、证券业进行监管。

作用之三：发行货币，并保证币值稳定

一个国家中，只有中央银行有权印刷钞票，发行货币。法律赋予中央银行发行货币的特权，其他任何银行都没有这个权力。

发行货币的权力并不是从一开始就只属于中央银行的。货币的发明与发行起源于民间，后来发行货币的权力从民间转移到了政府，并最终由中央银行垄断。

中国是世界上最早使用货币的国家之一。在中国，最初货币也是由民间铸造的，而且很多人就是通过铸造货币而成为大富翁的。大约2200年前，也就是西汉初年的时候，有一位富甲天下的大富豪，他就是汉文帝刘恒的宠臣邓通。根据司马迁的《史记》记载，邓通出生在今天的四川，本来是一位船夫，后来机缘巧合，得到了汉文帝的宠信。有一天，一位善于看相的大臣在给邓通看相后说，邓通会因为贫困而饿死街头。汉文帝不信，生气地说，“我可以让邓通成为全国最富的人，他怎么可能饿死街头呢”。于是，汉文帝将位于今天四川省荥经县宝峰乡的一座铜矿赐给邓通，让他开采铜矿，铸造铜钱。邓通造出的铜钱很快就遍布全国，就有了“邓通钱，遍天下”的说法，而邓通也从铸造铜钱中获得了大量财富，成为富甲天下的大富豪。汉文帝去世后，他的儿子刘启做了皇帝，就是汉景帝。汉景帝在做太子的时候就很厌恶邓通，做了皇帝后，便下令禁止民间铸造钱币。邓通却仍在私自铸造，被人告发。汉景帝就抄了邓通的家，把邓通的家产全部没收。邓通最后饿死街头。邓通铸造的铜钱也被收集起来，全部熔毁。因此，曾经遍布天下的“邓通钱”，后世很少能够见到。

还有一个例子就是刘邦的侄子吴王刘濞。刘邦做了皇帝后，把今天江浙一带的地方封给刘濞，让他在那里称王，就是吴王。刘濞也在自己的王国内开采铜矿，铸造货币。通过铸造铜钱而非常富有的刘濞在王国内招兵买马。公元前154年，刘濞领头，纠集另外六个封国的藩王，起兵造反，史称“七国之乱”。在被朝廷的军队击败后，刘濞被杀。

西汉初年，由于朝廷允许民间自由铸造钱币，货币非常混乱。一些权势人物，在铸造铜钱的时候，偷工减料，常常在铜内加入铅、铁等杂物，铸造出成色不足、重量不足的劣币，谋取暴利。虽然西汉朝廷一再禁止和打击这种行为，但因为有利可图，劣币屡禁不止。据史书记载，汉武帝时，有一年，朝廷抓捕了数十万铸造劣币的人，但民间铸造劣币之风仍然盛行。

西汉货币混乱、劣币充斥市场的情况直到公元前 113 年，才彻底改变。那一年，汉武帝下令，货币统一由朝廷设立的专门机构铸造，禁止民间铸造货币。汉武帝的这次币制改革是中国历史上第一次将铸造货币的权力完全收归中央政府。

汉武帝将货币铸造权收归朝廷断绝了很多人的财路，因此很多儒家书生反对汉武帝的这一做法。这些儒生认为，由朝廷垄断货币的铸造是朝廷“与民争利”。公元前 81 年，汉武帝的儿子汉昭帝诏令，从全国各地召集了 60 名儒生来到首都长安，在丞相田千秋的主持下，朝廷官员们与这些儒生之间进行了中国古代历史上第一次大规模的关于朝廷财经政策的大辩论，这就是有名的“盐铁会议”。大辩论的主要内容之一是食盐、铁器是否应该由政府垄断，实行政府专卖专营（与今天烟草由政府专卖专营一样）；内容之二是货币是否只能由朝廷铸造。辩论的结果是政府停止食盐、铁器的专营专卖，但货币继续由朝廷统一铸造。从此，在中国货币由政府统一铸造的做法就一直被沿用下来。

北宋时期出现的纸币“交子”，最初是由民间的富商私人发行的，“交子”与黄金、白银、铜钱之间是可以自由兑换的。但后来发行“交子”的富商经常出问题，例如，有些发行“交子”的富商家道中落，无力将“交子”兑换成白银、铜钱等，而有些富商干脆耍赖、拒绝兑换，从而导致民间官司不断。于是，北宋政府就把“交子”的发行权收归政府。直到 1935 年民国政府的币制改革，纸币一直没有成为主要货币，所以政府并没有重视纸币的发行权。

再看国外。英格兰银行创建于 1694 年，那时，英国的各家银行都可以发行货币。1826 年，英格兰银行从英国议会取得了在伦敦周围 65 英里范围内发行钞票的特权。1928 年，英格兰银行才成为整个英国唯一有权发行钞票的银行。

中央银行发行货币，它也就相应地承担了保证币值稳定的责任。一旦中央银行把钞票发行出去，钞票到了你手里，中央银行就有责任保证你手里的钞票不贬值。你拿到 1 元钱的人民币，那么，中国人民银行就有责任保证你用这 1 元钱的人民币能够买到价值 1 元钱的东西。如果你的 1 元钱去年能买一个红富士苹果，今年只能买到半个，那就说明中国人民银行没有尽到它的责任，没有做到让人民币保持稳定的价值。

物价不稳定对于一个国家的经济与人民的生活都会造成很大的危害。物价不断上涨不好，因为你手中的钱越来越不值钱了。物价不断下跌也不好，因为物价不断下跌的话，厂家就没法赚钱了，就不会生产商品了。因此，物价要稳定。

中央银行怎么保持币值的稳定、物价的稳定呢？中央银行可以通过控制货币的供应量来保持币值的稳定、物价的稳定。如果市场上的货币太多，物价自然就会上涨。这时，中央银行就会减少货币的供应量。中央银行有三个手段来控制货币的供应量，我们前面介绍过这三个手段，这里不再赘述。

中央银行拥有发行钞票的特权，因此可以从钞票发行中获得收入，这一收入叫铸币收入，或者叫铸币税。在铸币时代，铸币收入就是中央银行制造货币的成本与货币的面值之间的差额。例如，1999 年美国发行了一套 25 美分的硬币，这套硬币总共 50 枚，代表美国的 50 个州。每枚硬币的制造成本只有 10 美分，全套硬币的成本不过 5 美元，但是按 12.5 美元一套的价格发行。因此，美联储每发行一套就赚了 7.5 美元。美国联邦财政部估计，美国政府从这套硬币的发行中已经获得了 46 亿美元的收入。

发行法币也有铸币税。我们知道，政府印发出来的每一元钱钞票都是政府的负债，因为政府有责任保证任何人手中的每一元钱的钞票能够买到价值一元钱的商品。不管是谁，每拿到一元钱的钞票就等于拿着政府写的一张欠条，就可以随时用这张欠条向政府索取价值一元钱的商品。我们都知道，别人向我们借钱是要付利息给我们的。但是，无论我们把钞票拿在手里多久，政府都没有付任何利息给我们。因此，我们手中每拿着一元钱的钞票等于是在向政府提供一元钱的无息贷款，而政府不用向我们支付的这些利息就是它从我们手中拿走的财富。这笔财富就是政府向所有拿着钞票的人征收的铸币税。

按净利润来算，美联储可以说是世界上最赚钱的机构之一。2008 年、2009 年、2010 年与 2011 年，美联储的年度净利润分别达到 355 亿美元、534 亿美元、817 亿美元与 789 亿美元，其中大部分收入就是铸币收入。

由于中央银行可以从货币的发行中取得铸币收入，有些国家的政府就通过滥发货币来获得收入。据报道，非洲国家津巴布韦在罗伯特·姆加贝当总统的这几年中，中央银行不断地印刷钞票，政府超过 50%的收入来自发行钞票的铸币收入。当然，结果是物价暴涨——物价每 24.7 小时就涨一倍。

作用之四：作为政府的银行，为政府管钱

中央银行是政府的银行。作为政府的银行，中央银行的职责首先是代理国库。政府也要挣钱，用来解决政府的开支问题。政府挣的钱从哪来？最主要的来源是税收。政府挣的钱由财政部来管，但财政部不能把钱放在财政部的办公大楼里，也是要存到银行去。财政部把钱存到哪个银行呢？财政部只能把钱存入中央银行。财政部的收入与开支就是通过它在中央银行开设的各种户头来进行的。例如，财政部要给地震灾区拨款，就是通过中央银行来转账的。

此外，作为政府的银行，中央银行还负责国家的外汇储备、黄金的管理，并代表政府参加国际金融活动。

中央银行货币政策的目的

中央银行的主要工作就是实施它的货币政策。中央银行货币政策包括货币政策的终极目标、货币政策的中介目标与货币政策工具三个主要方面。

货币政策的终极目标一般有五个可供选择，即保证币值稳定（稳定物价）、实现充分就业、促进经济增长、平衡国际收支和维护金融稳定等。

但是，要同时实现上述五个目标是不可能的；而且，这五个目标有时候会相互冲突。例如，要实现充分就业与促进经济增长，通常需要增加钞票的发行量，而钞票的发行量增加可能导致通货膨胀，导致物价上涨。因此，在具体实施中，中央银行通常会选择其中的一个或者两个作为终极目标。

1998 年实施的《英格兰银行法》规定，英格兰银行的目标就是将英国的通货膨胀率控制在 2%左右，如果英国的通货膨胀率高于 3%，英格兰银行行长必须书面向英国政府的财政大臣解释原因，并说明将采取什么措施予以纠正。2007 年 4 月 27 日，英国的 CPI 达到 3.1%，英格兰银行行长首次就通货膨胀率比 2%的目标高 1.1%而公开向英国政府作出了书面解释。

第一次世界大战结束后，德国曾经遭受过人类历史上最严重的恶性通货膨胀，因此，1957 年制定的《德意志联邦银行法》第 3 条明确规定，德意志联邦银行的货币政策的目标只有一个，即保证德国马克币值的稳定。在随后的几十年中，德国的通货膨胀率非常之低，德国马克的币值相应地也非常稳定。在 1999 年放弃马克、使用欧元前，德国马克曾经是全球最坚挺、最受欢迎的货币之一，其在国际上受欢迎的程度仅次于美元。

《中国人民银行法》第 3 条规定，中国人民银行的“货币政策目标是保持货币币值稳定，并以此促进经济增长”。因此，中国人民银行的货币政策目标有两个：即控制通货膨胀与促进经济增长。从字面来看，控制通货膨胀应该是中国人民银行的首要目标。在实施过程中，当这两个目标发生冲突的时候，中国人民银行应该以控制通货膨胀为首要目标。但实际上，中国人民银行往往是为了追求经济增长，而牺牲人民币币值的稳定，从而引发通货膨胀。此外，根据媒体报道，中国人民银行行长周小川不止一次地说，中国人民银行的货币政策是要同时实现上述五个目标。

中央银行不能随便听政府的

我们经常听说，中央银行要独立。这是什么意思呢？意思就是中央银行不能随便听政府的，要独立于政府。在美国，美联储不能随便听从总统的；

在英国，英格兰银行不能随便听从首相的。

中央银行是政府的银行，为什么却不能随便听从政府的呢？要是中央银行听从政府的，中央银行就可能在政府的要求下，利用发行货币的垄断权力而滥发钞票。

举个例子来说。美国总统要和伊拉克打仗，但是打仗需要钱。如果美国财政部每年通过征税而获得了很多财政收入，他就可以用财政部的财政收入去打仗。如果他的财政部长说，这几年经济不景气，没收到多少税，财政部没钱了。那么，美国总统可以让财政部以发行国债的方式，向美国老百姓借钱来打仗。美国老百姓购买国债等于借钱给美国政府。他甚至可以要财政部到欧洲去发行国债，向欧洲的老百姓借钱来打仗。但是美国总统不能向美联储伸手要钱来打仗——不管是向美联储借钱，还是强行拿，或是要美联储发行钞票，都不行。

向美联储要钱打仗不行，要钱做其他的事可不可以？比如，美国总统对美联储主席说，美国南方遭受严重水灾，你拿点钱来，让我去救济灾民。美联储可以给他钱吗？也不行。美国总统要花钱的地方多得很，今天打仗要花钱，明天派探测器到火星上去要花钱，后天要把所有美国人的医疗费全部由政府包了（这样美国人民一高兴，就会让自己再当 4 年总统）也需要花钱。如果美联储听从美国总统的，和美国总统穿一条裤子，美国总统要钱花，美联储就给他钱，最后钱不够花，美联储就只能开动机器，无限制地印刷美元。结果就是美元太多，美元贬值，与废纸一样，物价暴涨，美国的经济也就麻烦大了。

非洲国家津巴布韦最近这几年就是这样，它的中央银行听从总统罗伯特·姆加贝的，姆加贝要钱用，中央银行就给他钱，于是中央银行不断印刷钞票。结果到 2008 年年底，物价每 24.7 小时就涨一倍，一个月涨 7.96 亿倍，只好发行面值为 100 万亿元的大钞票，弄得民不聊生。

图 19　2009 年津巴布韦恶性通货膨胀中，政府发行的面值为 100 万亿元的钞票

中央银行的独立性具体表现在哪些方面呢？表现之一是中央银行的工作目标是如何确定并得到实现的。这在不同的国家，情况不一样。

在有些国家，中央银行可以完全不受政府的干扰，自行确定自己的工作目标以及如何实现自己的工作目标。美国就是这样。美国 1913 年制定的《联邦储备法》规定，美联储独立制定并执行其政策；未经美国国会授权，美国总统不得对美联储发号施令。美国总统的主要工作目标之一是促进美国经济高速发展。美国经济高速发展了，老百姓很高兴，就可能支持总统连任，让他当 8 年总统；而美国总统则希望通过发展美国经济而让自己连任，并在自己当了 8 年总统后，自己的副总统还可以接着当总统。但是，经济高速发展常常会导致比较严重的通货膨胀。美联储为自己确定的目标只有一个，即控制通货膨胀。至于美国经济增长率是多少，并非美联储最关心的事情。1979—1980 年间，美国的通货膨胀率曾达到 13%。自那以后，美联储就将把通货膨胀率控制在 2%以下作为自己的工作目标。除非美国出现 2008 年这样的金融危机，否则，美联储是不会去关心美国经济增长率的。美国总统不能对美联储主席说，你别管通货膨胀，给我把 GDP 增长率搞到 8%，让我能够连任总统。

在另一些国家，政府确定中央银行的目标，但怎么实现这个目标，就完全是中央银行的权力。英国就是这样做的。英国政府的财政大臣为英国的中央银行英格兰银行确定工作目标，但具体怎么实现这个目标就完全由英格兰银行的管理层——行长及理事会——决定。

那么，怎么保证中央银行的独立性呢？当然是靠制度来保证。这些制度包括中央银行归谁管、中央银行的负责人由谁任命、政府官员是否有权参与中央银行决策，等等。

在美国，中央银行对国会负责，而不是对美国总统负责。也就是说，美国的中央银行直接由美国国会管，而不是由总统管。美国中央银行的行长（也就是美联储主席）的任期是四年，与美国总统的任期错开两年。美联储主席一旦上任，就几乎没有谁能够撤换他。现在的美联储主席本·伯南克是在 2010 年 1 月由美国总统奥巴马提名并获得国会批准后上任的。在 2012 年美国总统大选中，共和党的总统候选人罗姆尼对伯南克很不满意，并曾多次声称，如果他当选总统一定会换掉伯南克。那么，就算罗姆尼当选了，最早也要等到 2014 年才能找人来取代伯南克。对于让谁担任美联储主席，美国总统也只是有权力建议，而没有权力任命，因为最后必须要美国国会批准才算数。小布什还是总统的时候，前美联储主席艾伦·格林斯潘在 2006 年退休了，让谁来接任呢？小布什对美国国会说，我建议让伯南克来接任美联储主席，你们去审查吧。如果他们最后没有批准让伯南克来接任，那么，小布什就要另外找个人，让国会再进行审查。这样，一直到国会的议员们满意为止。美联储主席是向美国国会——而不是向美国总统——汇报自己的工作，每年汇报两次。平时，还可能不时地被美国国会叫去问话。

图 20　美联储主席本·伯南克在美国国会接受质询

在职权范围内，美联储主席可以不听美国总统的。例如，美联储开会讨论是否提高利率时，美国总统没有权力干涉。小布什的父亲老布什在1989—1992年间只当了一届的总统就下台了。老布什竞选连任失败在一定程度上，就是因为当时的美联储主席格林斯潘没有好好配合他。1990 年，伊拉克前总统萨达姆突然入侵海湾地区盛产石油的小国家科威特，当时的美国总统老布什在1991 年 1 月派兵去援助科威特。在这场战争中，美国军队干净利索地将萨达姆的军队赶出了科威特。战争结束时，老布什在美国的民意支持率高达92%，因此当时大部分人相信在1992年的美国总统大选中，老布什连任总统是十拿九稳了。可是，当时的美联储主席格林斯潘觉得美国可能会出现通货膨胀，于是提高了利率。结果，美国经济在战争结束后就陷入衰退，很多人失业。在 1992 年 11 月进行的总统选举中，当了 8 年副总统、4 年总统的 60 多岁的老布什也因此输给了当时才40岁出头的比尔•克林顿。

在全球主要国家中，德国中央银行德意志联邦银行的独立性是最强的，比美联储的独立性还强。《德意志联邦银行法》第 12 条明确规定，在货币政策问题上，德意志联邦银行可以不接受德国政府的任何指令。德意志联邦银行几乎完全独立于德国政府，德国的通货膨胀率也非常之低，德国马克的币值相应地也非常稳定。德国马克成为战后德国经济奇迹的象征。

在英国、日本，虽然中央银行都由财政部[①]管，但它们的财政部或首相实际上很少插手中央银行的决策。英格兰银行的货币政策委员会拥有决定利率的绝对权力。虽然英国财政部保留着“在公众利益与极端经济环境需要的情况下”对该委员会发出指令的权力，但财政部对该委员会的指令必须在28天内得到英国议会的批准，否则会被视为无效。所以，英国、日本的中央银行的独立性也是比较强的。

在中国，中国人民银行是国务院下属的一个部门，它的决定还要由国务院来批准。《中国人民银行法》规定，中国人民银行“在国务院的领导下”，

---

① 日本财政部在1999年以前叫大藏省，1999年改称财务省。

制定货币政策；中国人民银行“作出的决定，报国务院批准后执行”。因此，中国人民银行的独立性相对较弱。

二、商业银行的作用是“造钱”

我们打交道最多的银行业金融机构是商业银行。在中国，中国工商银行、中国建设银行、中国银行、中国交通银行、北京银行等都是商业银行。

世界上第一家商业银行是1157年创建的威尼斯银行，而世界上现存最古老的银行是位于意大利锡耶纳市中心的牧山银行（Monte dei Paschi di Siena），它创建于1472年。

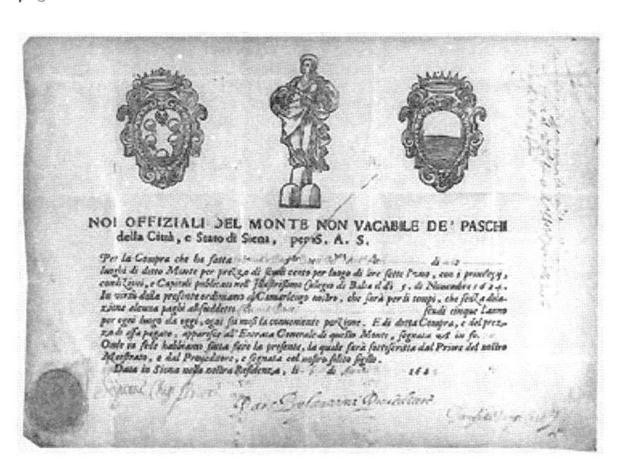
NOI OFFIZIALI DEL MONTE NON VACABILE DE' PASCHI
della Città, e Stato di Siena, per S. A. S.

Data in Siena nella nostra Residenza

图21 牧山银行的经营许可证

图片来源：牧山银行英文官方网站（english.mps.it）。

在一个国家的金融系统中，商业银行处于核心的地位，因为它们为各行各业的企业提供资金。商业银行不仅能够将社会上闲散不用的资金集中起来，提供给需要资金的企业，转化为生产性资金，而且能够“造钱”。与一般的公司倒闭不一样，银行倒闭的后果更严重，它可能引发银行挤兑。因此，各国对商业银行的监管都比较严格。

可以吸收公众存款是商业银行区别于其他金融机构的最基本特征。中国法律规定，未经中国人民银行批准，任何单位与个人不得从事吸收公众存款等业务。当然，现在的商业银行从事的业务已经远远不止存贷款业务了，它们提供很多其他中介服务。而且，在包括房地产中介、证券经纪公司等在内的所有的金融中介中，商业银行对国家经济发展的作用可以说是最重要的。

那么，作为中介机构，商业银行有什么作用呢？

商业银行的作用

作用之一：将社会闲散资金转化为生产性资金

商业银行的中介作用之一是在存款人与借款人之间搭桥，将社会上闲散不用的资金集中起来，提供给需要资金的企业，转化为生产性资金。

首先，我们看商业银行是如何将社会上的闲散资金转化为生产性资金的。

随着经济的发展，老百姓手中渐渐有了闲置资金，虽然不多，但留在手中、捂在被子下发挥不了什么作用，这个时候我想办个企业，但又没那么多钱，怎么办？银行就起作用了。

老百姓可以把这些闲钱存到银行里，银行每年给他们一定的利息，比如8%，然后银行把钱借给我办公司，也向我收取一定的利息，比如 9%。这样，通过银行，看似很少的闲置资金，集中到一起就发挥了大作用。在这个资金链中，老百姓收获了利息，而我也有钱办公司、生产产品了。当然，银行也从中间赚了 1%的利差。

这就是银行的中介功能。把闲散的资金集中起来，借给需要资金的企业使用，从而将它转化为可以用于生产的资金。

通过银行将闲散资金转化为生产性资金还有一个好处，就是它可以帮助控制通货膨胀。假如现在全中国所有的钱加起来是 1 000 元，其中 800 元已经用于办企业、生产产品，其余的 200 元是大家手中暂时不用的闲散资金。现在，有人要办一个企业，需要 200 元。怎么办呢？解决办法之一，是中国人民银行印 200 元的钞票。这个办法解决了办企业需要的资金问题，但是很可能导致通货膨胀。因为全中国所有的钱加起来变成了 1 200 元，多了 200 元。钱多了，物价很可能会涨。另一个解决办法，就是大家把手中闲置的 200 元存在银行，银行再将它借给办企业的人。这样，在全国资金总数 1 000 元没有变化的情况下，办企业所需资金的问题解决了，而物价上涨的可能性却会低很多。

作用之二："造钱"

商业银行的中介作用之二，就是"造钱"。为什么这么说呢？商业银行又是如何"造钱"的呢？

在逻辑之三我们讲过，商业银行不能把储户的钱全部用做贷款，其中的一部分作为法定准备金要存在中央银行。假如中国的法定准备金率是 20%，那么，一个储户将 10 000 元人民币存入中国工商银行后，工商银行必须将其中的 2 000 元存到中国人民银行，以确保这个储户来取钱时，他能够取到钱。

由于 2 000 元存在中国人民银行，工商银行能够用来做贷款的就只有 8 000 元。现在，有个人来工商银行借了 8 000 元，他用这借来的 8 000 元到商场买了一个苹果公司的平板电脑 iPad。商场把收到的这 8 000 元钱存入中国建设银行。建设银行收到这 8 000 元钱后，也要将其中的 20%即 1 600 元存入中国人民银行，剩余的 6 400 元可以用做贷款。这时，另一个人到建设银行贷款 6 400 元，然后去商场买了一个苹果公司的智能手机 iPhone。商场收到这 6 400 元钱后，将它存入交通银行。交通银行收到这 6 400 元钱后，也要按规定将 20%存入中国人民银行，它可以将 5 120 元用于贷款。这时，第三个人到交通银行贷款 5 120 元，然后去商场买了一个 Sharp 的平板电视。商场收到 5 120 元钱后，存入北京银行。

这样一直持续下去，最后那个储户存入中国工商银行的 10 000 元钱经过商业银行系统的不断扩大，变成了多少钱呢？工商银行新增加了存款 10 000 元，新增加贷款 8 000 元；建设银行新增加了存款 8 000 元，新增加贷款 6 400 元；交通银行新增加了存款 6 400 元，新增加贷款 5 120 元……整个银行系统账面上的新增存款总额是 50 000 元，新增贷款总额是 40 000 元，货币总量增加了 50 000 元，法定准备金是 10 000 元。

有人可能觉得这只是个数字游戏而已。但是，这绝不是简单的数字游戏，因为在这个过程中，有一个厂家卖出了一个 iPad、另一个厂家卖出了一个 iPhone，第三个厂家卖出了一个 Sharp 的平板电视等等。一个 iPad 需要 8 000 元，一个 iPhone 要 6 400 元，一个 Sharp 的平板电视需要 5 120 元，仅这三件商品就要 19 520 元，而最初储户的资金只有 10 000 元。没有商业银行多造出来的 9 520 元钱，iPhone 与 Sharp 的平板电视就可能还会在商场的柜台里，等人来买。因此，这里每一个环节、每一个商业银行都在创造财富。在中国人民银行没有多印一张钞票的情况下，商业银行"造"出这么多钱，也就是我们常说的银行创造货币供给功能。它既帮助了消费，又不会造成通货膨胀。

从这个例子中，我们可以看到：

第一，没有商业银行的"造钱"作用，经济就很难运转起来。没有商业银行的"造钱"，iPhone 与 Sharp 可能就会在商场的柜台里，卖不出去，而 iPhone 与 Sharp 的生产厂家可能就会倒闭，工人就会下岗。

第二，如果有一天大家都不去银行存钱，赚一分钱就花掉一分钱，或者把钱从银行取出来，放在家里捂着，那么，经济也会运转不起来。2008 年美国金融危机爆发的一大原因就是美国人很少存钱，消费，甚至提前贷款消费是很大一部分美国人的生活观念。到 2009 年 6 月底，中国已经借给了美国政府 8 000 亿美元，成了美国最大的债主。

第三，如果有一天大家都变成"小财迷"，把自己挣的每分钱都存进银行，而且上午挣了一分钱，下午就去银行存起来，那也不行。那就只有生产，而没有消费了。厂家生产出来的商品堆放在商场没人买，经济也会垮掉。2008 年中国国民的储蓄率高达 50%。这意味着中国老百姓挣的钱中，有将近一半存进了银行，而不去商场买东西，造成中国国内消费不足，中国的厂家就只好把生产出来的产品卖到国外去。这样，中国经济的发展不得不过度依赖出口。这是中国经济的一大严重问题——如果外国人们不买我们生产的东西，我们的出口很可能会出问题，中国经济就有麻烦了。在 2008 年金融危机中，中国企业就遇到了这样的麻烦，很多依靠出口的企业不得不关门。

第四，在2008年金融危机这样的时候，谁都可能破产，而且，今天我可能还好好的，明天就可能破产了。这时，要分清谁可能破产、谁不会破产就比较困难。由于分不清谁可能破产、谁不会破产，银行干脆对谁都不发放贷款，让资金躺在银行里睡大觉。这就是银行的“惜贷”。银行的“惜贷”会导致生产与消费资金匮乏，有个专业术语来形容这种情况，即“流动性紧缺”。“流动性紧缺”会导致经济陷入停顿，因为经济的运转是需要资金的——企业需要资金来从事生产，老百姓需要资金来进行消费。这时要解决的问题是如何让银行重新放心地发放贷款。

第五，在这个例子里面，法定准备金率是20%，货币总量从最初的10 000元增长到50 000元。如果商业银行管理得好，效率高，让中央银行相信10%的法定准备金率就足够应付储户的取款了，那么商业银行只用5 000块钱，而不需要10 000块钱，就能造出50 000块钱。也就是说，中央银行只要印刷5 000块钱的钞票，商业银行就能造出50 000块钱。从这里，我们看到商业银行管理效率的重要性。

商业银行传统收入来源：利差

商业银行的目的是尽可能多地赚钱。那么，作为中介机构，商业银行是怎么赚钱的呢？

传统上，商业银行的收入主要来自利差，即存款利率与贷款利率之间的差额。例如，你把10 000块钱存到银行，银行给你6%的年利率，即银行每年付给你600块钱的利息。然后，银行把你的存款借给我，向我收取8%的年利率，即每年向我收800块钱的利息，这中间的2%的差额就是银行的利差，通过利差获得的收入就是银行的利息性收入。

在利率市场化的西方国家，现在银行间的竞争越来越激烈，银行不得不提高存款利率来吸引公众的存款，同时降低贷款利率来吸引客户向银行贷款。而且，随着股市的发展，公司可以不用向银行贷款，而是到股市去发行股票，筹集资金，或者通过其他途径获得资金。这也迫使银行降低贷款利率，以吸引客户来银行贷款。这些变化导致银行的利差空间越来越小，利息收入越来越少。因此，在西方国家，商业银行的利差收入占银行全部收入的比例在40%左右，但是在中国商业银行的收入中，利差收入占了80%左右。

银行越来越依靠中间业务收入

现在银行越来越依靠中间业务来赚钱。中间业务就是银行以中介人或代理人身份提供的各类金融服务。

例如，现在很多商业银行帮保险公司卖保险、帮基金公司销售基金，这就是银行的中间业务，银行从中收取手续费。商业银行为客户提供的担保也是中间业务。例如，我的公司需要向另外一个公司购买一批货物，中国工商银行对卖方说，如果我拿到货物后，没有能力或者不愿付款，中国工商银行将支付货款。这就是中国工商银行的信用担保中间业务。当然，中国工商银行要向我收取费用。现在，西方商业银行经营的中间业务种类繁多，据不完全统计已达2万多种。近几年来，在中国的外资银行的中间业务量发展迅猛，平均已占到整个银行业务量的30%左右，有的已达到40%。从中间业务的收入看，中国商业银行中间业务收入占总收入的比重一般在10%以内，平均为7%—8%，有的仅为1%—2%。西方商业银行的中间业务收入占比一般为40%—50%，个别如花旗银行则达到了80%。随着中国银行业全面对外开放，银行业的竞争会越来越激烈，银行将越来越难依靠利息收入生存。因此，中国的商业银行应该在开发、提供高质量的中间业务方面同外资银行进行竞争。

在商业银行的业务里面，信用卡业务占的比例越来越大。中国的商业银行也在努力开发信用卡业务市场。

在美国等发达国家，人们现在很少使用现金购物，而是使用信用卡购物，几乎所有的商店都接受信用卡付款。使用信用卡购物非常方便，信用卡就是商业银行给持卡人提供的小额贷款，加上商业银行的大力推销，信用卡因此非常流行。2003 年，美国人平均每人有 4 张信用卡；到 2005 年，平均每人拥有 5 张信用卡。2007 年，美国每个家庭因为信用卡消费而拖欠商业银行的债务金额平均为 7 300 美元，有 76% 的家庭因为信用卡消费而欠下商业银行债务。美国的商业银行很大一部分收入来自老百姓的信用卡消费。

在用信用卡消费后，如果没有按时还清所有欠款，发卡银行就会向你收取巨额利息，欠款加利息会滚雪球似地越滚越大，给你造成巨大的债务负担。习惯用信用卡消费的很多美国人因为信用卡消费过度而破产。这就是为什么信用卡业务已经成为商业银行最赚钱的业务之一。

年轻人，尤其是大学生，是美国信用卡公司极力推销信用卡的一个群体，因为他们没有收入，又不懂如何管理个人财务。很多美国大学生一个人有十几张信用卡，基本上靠信用卡生活，这导致美国大学生毕业时债务非常沉重。美国很多民间组织、大学管理人员一直在呼吁解决这个问题。

2006 年，美国拍了部很卖座的纪录片《刷爆信用卡：艰难岁月、容易得到的贷款与掠夺性放债人》，专门教育美国老百姓如何避免陷入信用卡消费的陷阱之中。2009 年 4 月 24 日，美国新任总统奥巴马将 14 个主要信用卡发行公司的负责人召集到白宫，要求他们减轻信用卡消费者所欠的债务。5 月 22 日，奥巴马签署了《信用卡持卡人权利法案》。该法案对信用卡的费用等方面进行了限制。

中国银监会在 2009 年 7 月 19 日下令，禁止向 18 岁以下未成年人发行信用卡，可以说是防患于未然。

银行为什么会倒闭？

我们经常听说银行倒闭。海南发展银行曾经因为盲目“做大”而出了问题，最后在 1998 年 6 月被中国人民银行勒令关闭，这是 1949 年以来，中国内地第一家也是迄今唯一一家倒闭的银行。在国外，银行倒闭是常有的事。1929 年的大萧条中，美国倒闭的银行有 9 000 多家；2008 年金融危机以来，美国已经有大约 1 500 家银行倒闭，其中包括华盛顿互惠银行这样的大银行。

图 22 “大萧条”期间（1933 年 2 月 28 日）储户对一家美国银行的挤兑

图片来源：www.wikipedia.org。

与一般的公司倒闭不一样，银行倒闭的后果更严重。为什么呢？因为从前面讲到的银行的作用中，我们已经看到，资金是通过银行来流动的，银行是经济的枢纽。银行倒闭了，资金流动的渠道就被切断了，不仅存款人的钱没了，会导致社会不和谐，而且企业得不到资金，跟着就会倒闭。

银行容易倒闭是由银行的特点决定的。

那么银行有什么特点呢？我们在前面讲了1907年的美国银行危机。约翰·摩根这个金融巨头一向不愿接受记者采访，但是，在 1907 年的那次危机中，他破例对记者说，“只要大家放心地把钱放在银行，一切都会好的。”石油巨头约翰·洛克菲勒亲自把自己的 1 000 万美元存入银行，然后，专门打电话给著名的新闻机构美联社的负责人说，他愿意将自己一半的家产存入银行。这两个巨头的目的很明显，就是要大家相信银行，相信自己的钱存在银行不会有问题，而这就体现了银行的第一个特点，即银行的运行是建立在信用之上的，银行靠的就是储户对它的信任。储户愿意把钱存在银行里，因为他们相信银行的信誉，也就是相信自己要取钱时，银行有钱让自己取出来。银行把储户的钱借给别人时，也是相信借款人的信誉，相信借款人不会赖账，相信借款人有能力按时还本付息。因此，借款人的信用对银行非常重要，而银行的信用又对储户非常重要。

银行的第二个特点是在银行所有的资金中，属于银行自己的只占很少一部分。假如一个银行总共有 10 000 块钱，其中可能只有 8%即 800 块钱是银行自己的，其他的 9 200 块钱全部是储户的。其实，这第二个特点也是从第一个特点中产生的，因为储户相信银行，放心地把钱存在银行，让银行去借给别人，所以银行用储户的资金就行了，自己不需要有很多资金。

因为这两个特点，银行就很容易出问题。假如银行把 9 000 块钱作为贷款借给了五个人，结果，其中两个借款人不讲信用，赖账不还，导致 1 000 块钱的贷款收不回来了，也就是成了我们常说的银行呆账，呆账就是银行的损失。这 1 000 块钱的损失谁来承担呢？当然不是储户，因为储户只是把钱暂时存放在银行而已，银行到时要全部还给储户的。因此，银行只能自己来承担这 1 000 块钱的损失。但是，在银行所有的 10 000 块钱中，属于银行自己的只有 800 块钱。这样，就算银行把自己的 800 块钱全部赔进去，还差 200 块钱。银行把自己的钱全赔了，也就倒闭了。因为银行自己的资金很少，而对借款人的信用状况，银行又很难准确地知道。还有，就算借款人今天讲信用，明天他可能就不讲信用了。因此，银行一不小心，贷款就可能成为收不回来的呆账，银行就会倒闭。

一家银行倒闭还不是太可怕，可怕的是一家银行的倒闭可能引发连锁反应，形成挤兑，造成大量银行倒闭。银行能够运行起来靠的就是储户对它的信任，而一家银行的倒闭则可能导致其他银行的储户对银行失去信心，担心自己的钱也不安全，于是慌不择路地去银行要把存款全部取出来，这就是对银行的挤兑。一旦挤兑发生，本来好好的银行也会被挤垮。

那么，怎么防止银行倒闭呢？首先，在发放贷款的时候，银行自己要小心，要能够分清哪个借款人的信用好，哪个借款人的信用比较差，并避免把钱借给信用差的人。其次，银行自己要管理好风险。银行每年借出去的钱数以百亿元计。2010 年，中国的商业银行每年新发放的贷款大约有 7.95 万亿元，这其中出现一些呆账是不可避免的。银行要做的就是，把呆账的比例控制在尽可能低的程度。最后，政府要对商业银行加强监管。怎么监管呢？我们将在逻辑之十一中专门讲到。

三、投资银行其实并非银行

约翰·摩根在1913年去世时给他的儿子留下了巨大的家业，其中就有他创建的J. P. 摩根公司。1935年，J. P. 摩根公司被迫分拆成两个公司，一个还叫J. P. 摩根公司，另一个叫摩根斯坦利公司。这两个公司有什么区别呢？为什么要把J. P. 摩根公司拆成两家公司呢？

这两个公司的区别就是，J. P. 摩根公司是商业银行，是银行业金融机构，而摩根斯坦利公司是投资银行，是非银行业金融机构。非银行业金融机构也是金融机构，从事的也都是金融活动，但是，它们不能从事存款、贷款这样只有银行才能从事的业务。非银行金融机构有很多种，包括投资银行、基金、证券公司、资产管理公司、信托公司、保险公司、财务公司、金融租赁公司，等等。它们的作用各不一样。

在这里，我们看看投资银行与基金是怎么回事，它们有什么作用？是如何运作的？

投资银行的传统业务是证券承销与财务顾问

投资银行虽然名字叫投资银行，其实并不是银行，因为它不能吸收公众的存款，不能从事存款业务。我们说过，只有银行才能从事存款业务。

最近的几十年中，投资银行曾经是华尔街最赚钱的公司。美国商学院的MBA毕业生们曾经蜂拥进入华尔街的投资银行。但是，在2008年金融危机中，华尔街五家最大的投资银行中，贝尔斯登公司、雷曼兄弟公司、美林公司这三家不是倒闭，就是为了避免倒闭而让别人收购了。剩下的两家——高盛公司、摩根斯坦利公司也改头换面了，变成了银行控股公司。这样，华尔街就没有独立存在的投资银行了。

当然，华尔街还有投资银行，只是这些投资银行都变成了一个大公司的一部分。例如，美林公司被美洲银行收购后，成为美洲银行的一部分，仍然从事投资银行的业务。此外，在美国与全球各地，还有很多独立存在的投资银行，只是这些投资银行没有贝尔斯登、雷曼兄弟、高盛这么有名而已。

中国也有投资银行，中国国际金融公司（简称“中金公司”）曾经是中国国内最标准的投资银行。中信证券、银河证券等证券公司（通常称为券商）其实也都是投资银行，只是沿用了日本的说法，才把它们叫做证券公司。在中国，由于投资银行是最近十几年才有的事情，因此，同国外的投资银行相比，中国的投资银行在国际上的竞争能力还不怎么强大。

美国的第一个投资银行 Alex Brown & Sons 是在 1800 年建立的。经过 200 年的演变，现在的投资银行与以前的投资银行已有很大的区别。现在的投资银行从事的业务非常广泛，几乎包括除存贷款以外的所有金融业务。但是，投资银行传统的、最基本的业务是证券承销与财务顾问。这也是投资银行与其他金融机构的区别。

图 23　美国最早的投资银行 Alex Brown & Sons[①]

图片来源：www.wikipedia.org。

---

① 美国最早的投资银行 Alex Brown & Sons，1800 年创建于美国马里兰州巴尔的摩市，1999 年被德意志银行收购。其所在地现已列入美国历史文化遗址。

什么是证券承销与财务顾问业务呢？公司发行股票是一件很复杂的事情。首先，股票的价格定在多少合适呢？2007 年 10 月，中石油的股票在上海上市，每股价格定在 16.7 元人民币；而 2000 年 4 月，中石油的股票在香港上市时，每股价格只有 1.27 港元。为什么同一个公司的股票有两个价格，而且不一样，差别还这么大？谁帮助定的价呢？其次，公司要发行股票，可能没有人来买，结果股票卖不出去。这是一件比较丢脸的事情，对公司的影响很不好。因此，需要有人来帮助公司推销股票。投资银行就是专门帮助公司确定股票发行价格、帮助公司推销股票的。这就是投资银行的证券承销业务。

一家公司可能想把另一家公司买下来，这叫公司收购与兼并，简称“购并”。购并也是很复杂的事情。例如，收购价格定在多少比较合适呢？如何筹集收购所需要的资金呢？投资银行有这方面的专家，他们能够为公司收购活动提供财务顾问。这就是投资银行的财务顾问业务。

但是，随着投资银行的演变，在投资银行的业务里面，证券承销与财务顾问的比重越来越低了。

现在的投资银行几乎什么都做

现在，投资银行的业务范围已经非常广。高盛公司是美国最主要的投资银行之一，目前，高盛每年的收入，传统业务收入所占的比重已经不到 20%。那么，在传统的证券承销与财务顾问业务之外，高盛还从事哪些业务？

首先是证券与商品交易经纪业务，即作为市场中的中介，高盛帮助别人买卖证券或者其他商品。例如，你要购买股票或者石油的话，那么你可以找高盛，让它帮你买，高盛向你收取佣金。

其次是证券与商品交易自营业务，就是高盛公司用自己的资金来购买证券或者其他商品。例如，在全球石油市场，高盛就是一大炒家。2007 年，高盛用自己的庞大资金，大量买进石油，把石油价格炒得很高，最高的时候达到 147 美元一桶。然后，高盛在这个价位悄悄把手里的石油卖掉，赚一笔钱。

再次是资产管理业务，就是别人把各种各样的资产交给高盛，让高盛帮助自己管理，高盛收取管理费。例如，美国有很多有钱人，但是这些人没有时间来打理自己的资产，就交给高盛来帮他们管理。

最后是直接投资业务。有些公司在上市之前，需要资金，于是，高盛就拿自己的钱投入这个公司，并且获得这个公司的股份，等到这个公司上市了，高盛就可以把股票卖掉。例如，2005 年，在中国的西部矿业公司上市前，高盛花了大约 9 000 万元人民币购买了其股份。西部矿业上市后，高盛把股票卖掉，当初的 9 000 万元投资变成 70 亿元人民币。再如，2006 年 4 月，在中国工商银行上市前，高盛花 25.8 亿美元投资到中国工商银行，这笔投资现在已经变成了 140 多亿美元。

在中国，中信证券、银河证券等公司虽然是证券公司，但现在它们不仅从事传统投资银行的证券承销业务，也从事直接投资等业务。在中国的 100 多家证券公司中，已经有 30 多家获得批准，可以从事直接投资业务。中金公司虽然曾经是标准的投资银行，但它也早已从事证券交易等业务。因此，在中国，证券公司与投资银行之间的界限已经非常模糊。

投资银行与商业银行的分业经营

那么，可不可以一家银行既做商业银行的存贷款业务，也做投资银行、证券经纪、保险等业务呢?

1933 年以前，在美国这是可以的，同一家银行既可以从事存贷款等商业银行业务，也可以作投资银行的证券承销等业务。这叫混业经营。但是，在 1929 年“大萧条”中，9 000 多家商业银行倒闭了，大家觉得这么多商业银行倒闭的原因之一是它们混在一起做，容易乱套。于是，美国在 1933 年通过了一个法案——《1933 年银行法》。该法案规定美国的商业银行与投资银行必须分开经营，不能两个都做。这样，美国的商业银行与投资银行就分开了。这叫分业经营。正是因为这个规定，J. P. 摩根公司在 1935 年被迫分拆成 J. P. 摩根公司（从事商业银行业务）和摩根斯坦利公司（从事投资银行业务）。

图 24　美国《1933 年银行法》两位发起人联邦参议员 Carter Glass（民主党，左）与联邦众议员 Henry B. Steagall（民主党，右）

图片来源：www.wikipedia.org。

但是，从该法案通过的第一天开始，美国的银行就一直在试图废除这个法案。经过 66 年的不懈努力，美国终于在 1999 年废除了这个法案。这样，美国又开始了商业银行与投资银行的混业经营。

图 25　美国《1999 年银行现代化法》[①]发起人联邦参议员 Phil Gramm（共和党，左）、联邦众议员 Jim Leach（共和党，中）与联邦众议员 Thomas Bliley, Jr.（共和党，右）

图片来源：www.wikipedia.org。

① 该法案废除了《1933 年银行法》关于商业银行与投资银行必须分开经营的规定。一些人认为，这是 2008 年金融危机爆发的原因之一。2009 年《时代周刊》将 Phil Gramm 列为“应对 2008 年金融危机负责的 25 人名单”。

在中国，1992 年以前，也是可以混业经营的，但后来实行了分业经营。《证券法》第 6 条规定，“证券业和银行业、信托业、保险业实行分业经营、分业管理。”因此，在中国，除了经国务院特别批准的中信集团等少数公司外，在商业银行、证券、保险、信托等四项业务中，一个公司只能做其中的一项。中国还成立了银监会、证监会、保监会分别对商业银行、证券市场、保险业进行监督与管理。

华尔街的投资银行为什么会倒闭？

在 2008 年的金融危机中，华尔街的投资银行纷纷倒闭。那么，本来最赚钱的投资银行怎么会如此凄惨呢？

传统上，投资银行从事证券承销与财务顾问业务时，并不需要自己投入多少资金，也没有什么风险。

20 世纪 80 年代，激烈的竞争导致华尔街上的投资银行发生巨大的变化，就是从传统的证券承销与财务顾问业务转向自营业务、资产管理、直接投资等新业务。这些新业务不仅需要投资银行投入自己的资金，而且有很大风险。此外，与商业银行一样，投资银行用来投资的资金中，只有很少一部分是投资银行自己的。通常情况下，投资银行用于投资的 30 美元中，只有 1 美元是投资银行自己的。因此，只要投资稍有亏损，投资银行自己的那 1 美元资金就全部亏损了，投资银行也就倒闭了。

从 2004 年开始，美国房地产市场走向繁荣。于是，贝尔斯登公司、雷曼兄弟公司等投资银行将大量的自有资金投入了与房地产相关的衍生金融产品（例如，资产支持证券）。2007 年年末，随着房地产泡沫破裂，这些房地产衍生金融产品变得一文不值，贝尔斯登公司、雷曼兄弟公司亏损严重，就只能倒闭了。而它们的倒闭又引发了 2008 年全球金融危机。

图 26　曾经是华尔街五大投资银行的雷曼兄弟公司总部

图片来源：www.wikipedia.org，David Shankbone 摄。

四、基金的不同投资方式

基金就是投资者把资金集中起来，交给专门的人管理、投资。基金有很多种，主要分为两大类：公募基金与私募基金。共同基金就是公募基金，而对冲基金、风险投资基金就是私募基金。公募基金与私募基金有什么区别呢？

公募基金与私募基金的区别

公募基金就是获得政府监管部门批准，可以公开发行的基金。非公开发行的基金就是私募基金。私募基金的创建人不得采用广告、公开劝诱和变相公开方式来招徕客户，即不能用广告等公开方式劝说别人把资金交给自己来管理、投资。

什么是“公开发行”呢？中国的《证券法》第 10 条规定，在下列两种情形中，只要占了其中的一种，就是“公开发行”。第一，向不特定对象发行的；第二，向特定对象发行累计超过 200 人的。这是什么意思呢？第一种情况是，假如我创建一个基金，而且我向全中国 13 亿人做广告，任何人都可以购买我的基金，即把钱交给我来管理，帮他们投资。那就是公开发行，也就是公募。但是，如果我说，只有中央财经大学投资系 2009 届毕业生可以购买，那就是私募，为什么是私募呢？因为，我只针对“中央财经大学投资系 2009 届毕业生”这一特定群体，这就是特定对象。之所以是“特定对象”，是因为“中央财经大学投资系 2009 届毕业生”的人数与姓名都是确定的，可以一个个地数出来。而且，“中央财经大学投资系 2009 届毕业生”只有 45 人，不到规定的 200 人。第二种情况是，假如我创建一个基金，并且说，只有中央财经大学投资系 2000—2009 届毕业生可以购买。虽然这是针对中央财经大学投资系 2000—2009 届毕业生这一特殊人群，即特定对象的，但是中央财经大学投资系 2000—2009 届毕业生的总人数超过 200 人，这就符合了“向特定对象发行累计超过 200 人的”这一规定，属于公募。因此，根据中国的法律，以特定对象为股东，且股东人数不超过 200 人的基金是私募基金。

公募基金与私募基金还有一个很大的区别，就是法律对它们的监管不一样。

法律与监管机构对于公募基金有严格的监管，而对私募基金，则很少监管，甚至不作监管。目前，中国就是如此。

首先，《证券法》第 10 条规定，“公开发行证券，必须符合法律、行政法规规定的条件，并依法报经国务院证券监督管理机构或者国务院授权的部门核准；未经依法核准，任何单位和个人不得公开发行证券”。因此，创建公募基金，必须得到相关部门的批准。而创建私募基金的话，基金规模在 30 亿元人民币以下的，不需要向任何部门注册登记，更不需要审批；规模为 30 亿—50 亿元的，到地方政府注册登记即可；规模在 50 亿元以上的，到国家发改委注册登记即可。

其次，共同基金等公募基金的内部运行要按照《证券法》的规定办事，而目前中国几乎没有针对私募基金内部运作的任何法律法规。由于国家对私募基金几乎不作监管，如果你投资了私募基金之后，由于私募基金经理们明显的投资过错而导致你遭受亏损，就没有办法为你挽回损失了。你只能自己承担这一损失。所以，私募基金的风险很大。

共同基金可以帮助投资分散风险

共同基金是公募基金的一种。共同基金就是大家把钱集中起来，交给那些专门从事投资的人去管理、去投资。负责管理基金、进行投资的人叫基金经理。

在 2006—2007 年股市泡沫中，我们经常会听到有人问，“你买什么基金没？”“你的基金涨多少了？” 我们所说的基金是共同基金。

用共同基金的方式投资有很多好处。好处之一是，基金经理们有投资方面的经验与专业知识，而我们可能既没有时间去投资，也没有投资方面的经验与知识。

好处之二是，共同基金可以帮助我们分散风险。例如，我只有 1 000 块钱，想买股票，而且既想买中石油的股票，也想买中国工商银行的股票，还想买贵州茅台的股票。假如中石油的股票价格是 16 块钱一股，工商银行的是 5 块钱一股，贵州茅台的是 80 块钱一股。但是，交易所的规定是，每一个股票的最低购买量是 100 股。那么，购买中石油的话，就必须至少买 100 股，总金额是 1 600 块。这样，我的钱只够买 200 股工商银行的股票，如果工商银行的股票下跌了，我就肯定亏损了。基金可以帮助我们解决这个问题。假如现在有人创建了一个共同基金，大家都把钱交给这个基金，这个基金总共筹集了 106 万块钱。这个基金公司把基金分成相等的份额，总共 106 万份，每份价值 1 块钱。我交了 1 000 块钱，因此得到了 1 000 份基金份额。基金拿到大家的钱后，可以购买 1 万股中石油的股票、2 万股工商银行的股票、1 万股贵州茅台的股票。这样，每份基金份额里面实际上都包含 $\frac{1}{106}=0.009434$ 股中石油的股票、$\frac{2}{106}=0.018868$ 股工商银行的股票和 $\frac{1}{106}=0.009434$ 股贵州茅台的股票。相应地，我交给这个基金的每一块钱里，$0.009434\times16=0.150944$ 元钱用来购买了中石油的股票，$0.018868\times5=0.09434$ 元钱用来购买了工商银行的股票，$0.009434\times80=0.75472$ 元钱用来购买了贵州茅台的股票。这样，虽然我只有

1 000 块钱，但却同时购买了中石油、工商银行、贵州茅台的股票。即使工商银行的股票下跌了，中石油、贵州茅台的股票价格可能在上涨，因此就降低了我的风险。这就是基金的好处。

私募基金的特点是高风险、高回报

私募股权投资基金（PE）是目前中国国内很流行的一个概念，而私募股权投资基金就是私募基金。目前全中国有数万家私募基金，被称为“全民皆私募”。

在私募基金中，风险投资基金是最常见、最有影响力的一种。那么，风险投资是如何运作的呢?

假如我对我大学时候的 30 个同班同学说，你们把钱委托给我，让我帮你们投资那些刚刚创建但发展潜力很好的公司。这种投资风险很大，因为我投资的公司刚刚创建，很可能还是亏损的，没准哪天就破产了。如果投资失败了，大家的钱全部打水漂，你们不能找我要回你们的钱。如果投资成功了，赚了很多钱，那么，除了把你们投资的本钱还给你们，赚的钱中 80%也分给你们，剩下的 20%作为我的报酬。最后，有 25 个同学总共给我 1 000 万元钱，让我投资。这样，我就创建了一个风险投资基金。

现在，假如你刚刚创建了一个公司，但缺少资金。于是，我们两人就可以合作了。我给你 1 000 万元的资金，你把公司 40%的股份给我。如果你的公司垮掉了，你不用还钱给我，我也不会找你要回一分钱，算是我的 1 000 万元全部打水漂了。如果你的公司赚钱了，那么其中的 40%就是我的。在这种合作中，我承担了很大的风险，所以叫风险投资。

但是，我的回报也可能会很高。假如在我们的共同努力下，你的公司经营得非常好。5 年之后，公司的价值已经变成了 10 亿元。这时候，我把我的 40%股份卖掉，就可以得到 4 亿元。我当初 1 000 万元的投资在 5 年之后，就变成了 4 亿元。我拿到这 4 亿元后，先把那 1 000 万元的本金还给我那 25 个同学；然后，把剩余的3.9亿元中的80%，即3.12亿元再分给我那25个同学；最后，剩下的20%，即7 800万元就是我的报酬。

在美国，风险投资非常发达。事实上，美国的硅谷就是靠风险投资发展起来的。包括微软、雅虎、英特尔、苹果电脑、戴尔电脑、Google 等在内的很多公司都是靠风险投资发展起来的。这些公司在刚刚创建的时候，都缺乏资金，而银行又不愿意给它们贷款。银行贷款需要担保或抵押，而这些公司刚刚创建起来时，几乎没有什么资产可以用来担保或作抵押。这样，它们就找风险投资基金来筹集资金。如果没有风险投资，微软、雅虎这些公司可能就发展不起来。

所以，一个国家经济的发展，除了需要发达的银行、股市外，还需要发达的风险投资业。

对冲基金也是一种私募基金。最近这些年中，对冲基金在华尔街非常流行，对冲基金是华尔街赚钱最快、赚钱最多的行业。为什么叫对冲基金呢？对冲基金怎么来的，我们会在逻辑之六关于卖空的部分中讲到。

从事对冲基金的投资需要很高的技巧，而对冲基金投资的风险也非常大。

对冲基金的风险很大，这是因为，第一，政府对对冲基金的内部运作不作任何的监督管理，所以，外界很少知道对冲基金到底是怎么投资的；第二，对冲基金的经理可以用任何方式进行任何形式的投资，基金的股东通常无权过问基金是如何投资的等事情。在美国，政府规定，要想成为对冲基金的投资人——把钱交给对冲基金的经理去投资，你的家庭年收入必须在20万美元以上，或者家庭的净资产（就是你家的所有财产减去你家的所有欠债）在100万美元以上。这并非是政府歧视穷人，而是因为只有这样的人才有能力承受对冲基金投资的巨大风险。

2011年5月，全球对冲基金的资金规模大约有2万亿美元。这一庞大的资金在全球范围内寻找最好的投资机会。乔治·索罗斯的量子基金是非常有名的对冲基金之一。

2008 年美国爆发了金融危机。很多人认为，金融危机的爆发与对冲基金几乎不受任何监管有关系，因为没有人知道对冲基金的资金规模到底有多大？这些资金到底在做什么？2010 年 7 月，美国通过法律，规定凡是基金规模在 1.5 亿美元及其以上，必须在美国证交会（SEC）注册登记；规模在 1 亿美元以下的，要在各州监管部门注册登记。

LTCM 是美国历史上另一个非常有名的对冲基金。LTCM 创建于 1994 年，创建 LTCM 的那些人是当时美国最著名的一些经济学家、金融学家与华尔街大腕，其中包括华尔街投资银行所罗门公司的副总裁、华尔街明星约翰·梅里韦瑟，以及美国经济学家罗伯特·莫顿与迈伦·斯科尔斯。这两位经济学家在 1997 年获得了诺贝尔经济学奖。这些人可以说都是金融天才。该基金创建时规定，第一，要想成为该基金的股东，你必须投资至少 3 000 万美元；第二，三年之内不得撤资，即一旦将资金交给 LTCM 管理，那么，三年之内，你不能对 LTMC 说，我不投资了，你把钱还给我；第三，你无权过问基金内部是怎么操作的。虽然条件这么苛刻，但美国人仍然打破脑袋要成为它的股东。在 1994—1997 年间，LTCM 的业绩好得不得了，每年给投资者带来高达 47%的回报。但是，1998 年夏天，LTCM 出了大问题，最多的时候一天亏损 5 亿美元。如果 LTCM 破产，华尔街的天虽然不会全部塌下来，但也会塌下一个角。美联储不得不出面组织华尔街的其他公司伸手救援。2000 年，LTCM 停止了经营。LTCM 出问题后，有人写了一本很畅销的书，叫《天才们的失败》，分析 LTCM 是怎么出问题、为什么会出问题？可见，在瞬息万变的金融市场中，获得诺贝尔经济学奖的大金融家们也有栽大跟斗的时候。

逻辑之五

利率是金融市场中的“物价”

资金是稀缺资源，应该得到高效的利用。使用资金要付出代价，这个代价就是利息。利率能够把资金引导到最高效的地方，利率应该由市场决定。

在商品市场中，影响厂家是否制造与销售某种产品、消费者是否购买某种产品的一个重要因素就是物价。为什么政府、厂家、消费者都关心物价呢？因为它决定着产品的生产、销售与消费等活动。

例如，2011 年上半年中国国内生猪的养殖数量不够而导致猪肉价格暴涨时，它产生两个方面的影响：一方面，老百姓因为肉价太高而选择不吃或者少吃猪肉；另一方面，生猪的养殖厂家则因为肉价很高，有利可图而增加生猪养殖的数量，于是投资兴建生猪养殖场。猪肉的价格促使生猪的养殖数量增加，同时也导致猪肉的消费量下降。这样变化的结果是，生猪的养殖数量与猪肉的消费量相等，猪肉的价格也达到一个厂家与老百姓都能接受的价位。所以，价格太高，厂家高兴，但老百姓不答应，老百姓可以不买厂家的东西；价格太低，老百姓高兴，厂家不答应，厂家可以不生产。

这样，在市场经济中，不用政府插手，价格的变化就会自动地调整了猪肉的供应量与消费量。经济学家们把价格称为市场中的“看不见的手”。

一、利率引导资金的流动

在金融市场中，资金是唯一的“商品”，也是一种特殊的商品，它的特殊性就在于它本身就是货币。但是，既然资金是一种商品，那么它就有价格。对资金这一特殊商品，我们用什么表示它的价格呢？我们用“利率”来表示。也就是说，利率是金融市场中的“物价”。

但是，资金还有一个特殊性。比如，我们到银行贷款 100 万元人民币，银行向我们收取每年 10%的利率。但是，我们拿到这 100 万元人民币后，我们既不是把它拿来吃，也不能拿来穿，而是要使用它；而且，我们最后还要把这 100 万元人民币归还给银行。因此，这个 10%的利率就是银行让我们使用它的资金而向我们收取的费用，也就是我们使用了银行的资金而支付给银行的价格。这样，利率是使用资金的价格，即资金的使用费，而不是资金本身的价格。

资金是一种稀缺资源。2011 年年末，中国商业银行的存款达到了 50 多万亿元。这一金额看起来很多，但同全国对资金的需求量相比，50 万亿元远远不够。创办过企业的人都知道，筹集生产所必需的资金非常困难。由于筹集不到资金，很多民营企业只好通过地下渠道找钱，这就滋生了不少放“高利贷”的地下“钱庄”。

既然资金是一种稀缺资源，那么就应该充分有效地加以利用。金融市场的最基本的功能就是它的资源配置作用，即将资金这一稀缺资源引导到最需要资金、能够最有效使用资金的地方去。

那么，金融市场是如何进行资源配置的呢？金融市场利用利率这一金融活动的调节机制，引导资金的流向。

在商品市场中，价格决定了商品、生产资料的流向；在金融市场中，利率引导资金的流向，从而引导企业的生产经营活动与老百姓的消费活动。

如果一个企业有很多很好的赚钱机会，而又需要资金的话，它可以用承诺给投资者很高的利率的方式来吸引投资者的资金。只要 A 公司的投资回报率比 B 公司高，投资者的资金就会从 B 公司流向 A 公司。例如，如果 A 公司股票的分红比 B 公司股票的分红多，投资者就会卖掉 B 公司的股票，然后购买 A 公司的股票，这样，资金就从 B 公司流向了 A 公司。在这里，利率以红利的方式体现出来。

在金融市场中，利率会以不同的方式体现出来。例如，储户将资金存入银行时，让银行使用自己的存款，而银行则是以存款利率的方式支付投资者；投资者购买公司股票时，公司给投资者的分红以及股票价格的上涨就是公司给投资者支付的利息，等等。

因此，在发达的市场经济中，资金通过市场从不赚钱的企业流向赚钱的企业，从不赚钱的行业流向赚钱的行业，从不赚钱的地区流向赚钱的地区，从不赚钱的国家流向赚钱的国家。引导资金这样流动的就是资金的价格，即利率。在这里，我们不需要政府来插手，利率通过市场这只“看不见的手”自动地引导资金流向使用效率最高的地方。

在金融市场中，我们就是靠利率这个“物价”来调节公司的经营活动与公众的消费活动的。当需要资金而想向银行借款的公司或者个人很多的时候，银行就可能提高贷款利率，这会抑制公司的投资活动与公众的消费活动；反之，当公司或者个人向银行借钱较少时，银行就可能降低贷款利率，吸引公司和老百姓来借钱，进行投资和消费，这会刺激经济的发展。

这样，我们就知道了，金融市场中为什么必须有“利率”这个“物价”一样的东西，而且利率对资金的供应与需求必须反应灵敏。如果没有利率这个东西的话，或者利率对资金的供应与需求反应迟钝，或者公司与老百姓对利率的变化没有反应的话，中国的公司与中国的13亿人可能都会去银行借钱或者都不借钱，中国经济就会乱套。例如，在中国，由于大家对住房抵押贷款利率不是很敏感——就算住房抵押贷款的利率高达30%，贷款买房的人也是争先恐后。这是促使中国住房价格不断上涨的一个很大的原因。

当然，利率与市场的这种调节作用也有失灵的时候。利率与市场的失灵会导致资金流向效率低下的公司与行业，造成资金的浪费。例如，在中国2006—2007年的股市泡沫中，很多经营状况很差的公司的股票价格狂涨不止，导致很多股民追捧这些股票，把大量资金投入这些公司中。在股市泡沫破裂后，投入这些公司的资金全部浪费了。

二、利率由三部分构成

假如你在美国纽约的花旗银行贷款100万美元，花旗银行向你收取每年

10%的利率。那么，这个 10%的利率是怎么确定的呢？它是这么确定的：首先，美国的中央银行美联储确定一个基准利率。比如，这个基准利率确定为 3%。然后，花旗银行在这 3%的基准利率上，再加上 7%。这样，最后，花旗银行向你收取的利率就是 10%。美联储会根据美国的经济状况，经常调整这个基准利率，而花旗银行也会根据各种因素，随时决定在基准利率上再增加多少，所以，利率是经常变化的。

花旗银行最后向你收取的这个 10%的利率主要是由三个部分构成的。也就是说，利率主要是由三个部分构成：纯利率、通货膨胀附加率与违约风险报酬率。

利率的第一个构成部分：纯利率

纯利率是指在没有任何风险，也没有任何通货膨胀情况下的利率。

假如你中了 10 万美元的彩票。你可以选择在今天领取，也可以选择在一年后领取。假如在未来的一年中，物价不会上涨也不下跌，也就是说，不存在通货膨胀的问题。而且，不存在任何风险，即 100%肯定如果你选择一年后领取的话，不会有任何问题。你很可能会选择在今天领取。为什么？因为大家都知道，今天的 1 元钱的价值大于一年后的今天的 1 元钱的价值。这两者的差额就是纯利率造成的。

那么，纯利率是怎样产生的？

在生活中，我们每个人对待生活的态度是很不一样的。有些人喜欢及时享受生活，上午挣了 1 块钱下午就花掉这 1 块钱，甚至上午挣 1 块钱下午要花掉 2 块钱。入不敷出怎么办？只有借钱了。美国人大手大脚地消费而不喜欢存钱的习惯是出了名的。在过去的 30 年中，美国居民的平均储蓄率只有大约 3%，也就是说，美国人每挣 100 美元，他们会花掉 97 美元。到 2011 年 5 月，美国联邦政府欠的债已经高达 14.2 万亿美元，其中向中国就借了 11 596 亿美元，中国成了美国政府最大的债主。

有些人的观念是年轻的时候拼命挣钱，把钱存起来，然后到年老的时候来享受。大部分中国人都持这样的想法，因此，中国居民储蓄率高达 20%，在全世界几乎是最高的。对于这些人，他们推迟享受的行为应该得到补偿；而且，推迟享受的时间越长，获得的补偿也就应该越多。

这样产生了如下显而易见的问题：如果推迟享受就能获得补偿，那么我把一笔钱藏在家里床底下或者埋在地底下，需要的时候再把它拿出来购物或者去旅游，是不是也要获得补偿呢？答案是，当然不行。

为什么不行？这涉及了一个关键的问题，即我推迟享受而获得补偿的前提条件是我必须把这笔钱投入生产与消费这一运动过程中。我把钱投入这一运动过程的方式就是投资，而投资的方式有两种，即要么是我自己用这笔资金来创办企业，从事生产，要么是我把钱借给别人，让别人创办企业，从事生产。

当我们把钱藏在家里或者埋在地下，钱从这个运动过程中退了出来，我们的钱就被称为货币。当我们把钱投入生产与消费这一运动过程中后，我们的钱就被称为资本。只有在货币被当作资本投入生产与消费过程中后，它的价值才可能增加。如果我们把资金从这个过程中取出来，把它藏在床底下或者埋在地下，直到世界的末日，它的价值也不会有丝毫的增加。只有把货币作为资金投入生产经营活动，让它成为资本后，在生产过程中运动起来，它的价值才会增加。钱的运动速度越快，它的价值就可能增加得越多。用商家的通俗说法，就是要加快资金的周转速度。商家非常明白这个道理，所以它们常常采取“跳楼大甩卖”的方法，加快资金的回笼，然后把回笼的资金投入新一轮的生产过程。

这样，纯利率就是：在没有任何风险，也不存在通货膨胀的情况下，由于我们将资金投入生产与消费过程中推迟了享受而获得的补偿。推迟享受的时间越长，得到的补偿也就越多。因为得到补偿的多少是与推迟享受的时间长度成比例的，所以，纯利率也叫“资金的时间价值”。

那么，纯利率到底是多少呢？纯利率受到资金的需求与供应的影响。但是，现实生活中，我们所知道的利率是包含风险、通货膨胀等很多因素在内的利率，因此要准确地测定纯利率非常困难。

此外，纯利率导致在不同时间获得的资金的价值是不一样的，因此，对不同的时候获得的资金不能简单地进行相加，也不能简单地进行比较。例如，我今天得到了 10 000 元钱，明年的今天也得到 10 000 元钱。这两笔钱看起来一样多。其实，它们不一样。我们把这两笔钱加起来没有什么意义，对它们进行比较更没有意义。

利率的第二个构成部分：通货膨胀附加率

通货膨胀已经成为世界上大多数国家经济发展过程中无法克服的问题。通货膨胀会导致货币的购买能力下降。

例如，今年我的 1 元钱可以买一个红富士苹果，但通货膨胀导致明年只能买半个。这样，我如果现在把钱借给你，明年你还是还我 1 元钱的话，我就只能买半个苹果了，我当然不会愿意借钱给你。要让我借钱给你，你必须补偿通货膨胀给我造成的损失。

因此，在将资金借给别人使用时，资金所有人会将通货膨胀因素考虑进来，要求资金使用方补偿自己因为通货膨胀而遭受的损失。这就是通货膨胀附加率。

利率的第三个构成部分：违约风险报酬率

我们向银行贷款买房时，银行会与我们签订贷款合同，在贷款合同中，银行要求我们按时支付利息，并在贷款到期时偿还本金。但是，这个过程是有风险的，银行要承担很多风险，其中最主要的一个就是违约风险。

银行把钱借给我们后，我们可能赖账，有钱也不还；或者我们失业了，想还钱也心有余而力不足。这一风险就是违约风险。当然，银行比谁都精明，它不会白白地冒这种风险，它会要求得到补偿。因此，在向我们提供住房抵押贷款时，银行向我们收取的贷款利率里就包含了这个补偿。这就是违约风险报酬率。

国家、公司与个人都可能借款，成为债务人。借款人的违约风险会各不相同。那么，债权人怎么知道谁更可能违约，谁不太可能违约呢？

有些公司是专门从事评估政府、公司的违约可能性这种业务的，这些公司就是信用等级评定公司。这类公司全球主要有三个：标准普尔、穆迪与惠誉。通过全面的考察，这些信用等级评定公司将被评估的政府、公司按它们的违约可能性分为很多等级。其中，信用等级最高的是 AAA。信用等级为 AAA 的政府、公司违约可能性最低。

政府常常以发行国债的方式向大家借钱用。因为政府有税收收入，而且政府要讲信用，因此，政府没有能力还债或者赖账不还的可能性也就比较低。这样，大家承担的违约风险比较低，相应地，得到的违约风险补偿也就比较低。这就是为什么国债给我们很低的利息。

2011 年 8 月 5 日，标准普尔将美国联邦政府的信用等级从 AAA 下调半级到 AA+。这是美国历史上，联邦政府的信用等级首次被降低。标准普尔的这一举动是告诉人们，美国联邦政府还不起债或者赖账的可能性增加了。这样，美国联邦政府再借债的时候，就要付给债权人更高的借款利率，美国联邦政府每年可能因此要多付出数百亿甚至上千亿美元的利息。

同政府相比，公司的违约风险就高很多。不过，公司与公司之间，违约风险差别也很大。例如，通用电气、微软这些经营比较好、规模比较大的公司就不太可能借钱不还，而经营不善、规模比较小的公司违约可能性就会高很多。根据标准普尔等评级公司给这些公司评出的信用级别，人们就知道这些公司的违约风险有多大。2008 年全球金融危机爆发的原因之一就是这些信用等级评定公司在评级时把关不严，把违约风险高的公司评定为违约风险低，导致投资者将资金借给了可能违约的公司，从而遭受巨大损失。美国《时代周刊》评出的“对 2008 年金融危机应负责任的 25 人”名单中，就有标准普尔公司的 CEO。

一般消费者到银行贷款，银行也会对我们进行信用状况调查。在美国等发达国家，有专门的公司记录我们个人的信用状况，给我们打分。在美国，这样的公司主要有 Experian、Equifax 与 TransUnion 三家。按照美国的法律规定，任何一位公众每年可以向其中的任何一个公司免费索取一份自己的信用报告。在美国，没有按时缴纳煤气费、电话费，没有按时偿还信用卡欠款，都有可能被记录在案，成为我们的信用污点。当我们向银行申请贷款的时候，银行就会向这些公司索取我们的信用报告。如果我们的信用记录一直很好，银行不仅更愿意给我们贷款，而且向我们要的利率也会比较低。

三、影响利率变动的因素

利率是经常变化的，而影响利率变动的因素有很多，包括资金供需量、经济周期、通货膨胀、政府财政与货币政策、国家对利率的管制、汇率、国际政治经济关系，等等。但是，在市场经济条件下，资金的供应与需求是影响利率的两个最重要因素。

商品的价格是由供应与需求关系决定的。资金也是商品，因此，资金的价格——利率——就是由资金的供应与需求关系决定的。比如，如果大家都把自己赚的每一分钱存到银行里面去，而没有企业向银行贷款的话，银行的存款利率就会很低。相反，如果大家都不去银行存款，而企业都缺钱向银行贷款的话，银行就会提高存款利率以吸引大家去存款。

经济周期也会影响利率。经济景气的时候，企业做什么都能赚钱，因此需要大量的资金。这时候，企业对资金的需求量增加，银行的贷款利率就会提高。相反，经济不景气的时候，企业赚不了钱，不会投资，也就不需要向银行贷款。这样，银行的贷款利率就会下降。

此外，政府的财政政策也会影响利率。例如，政府要进行大量投资，修建公路等，而政府没有那么多钱，就只好向老百姓借。但是，老百姓的钱也是有限的，因此在政府需要借很多的钱的情况下，政府就必须提高利率。

通货膨胀高的时候，借钱给别人是很不划算的，因为钱一天天地不值钱。

因此，通货膨胀高的时候，大家不愿意借钱给别人，而更愿意向别人借钱。这样，借钱的人多，而愿意把钱借给别人的人少。于是，利率就会上涨。

不同国家决定利率的方式不一样

在不同的国家，中央银行影响利率的方法不一样。有些国家的中央银行直接决定利率，而有些国家，利率完全由市场决定。

在美国等市场经济国家，利率是市场化的，即各家银行可以根据市场上资金的供应与需求变化而自由确定存贷款利率。只要不违法（例如，银行将所有必要的条件明白地告诉了借款人），而且有人愿意向银行借钱，银行向借款人收 50%的年利息也可以。例如，在美国，很多人平时身上几乎没有现金，而是使用信用卡购物。美国一些信用卡的年利率超过 40%，很多美国人因为信用卡消费负债过度而破产。在对信用卡最多可以收取多高的利率方面，美国没有任何联邦法律对此作出规定。也就是说，只要消费者没意见，美国的银行想收多高的利率就可以收多高的利率。

那么，中央银行对此就放任不管了吗？

在美国，中央银行虽然不能决定商业银行的存贷款利率与资本市场的利率，但它们仍然能够影响商业银行的存贷款利率与资本市场的利率。美联储影响市场利率的途径是它能够决定两个基准利率：联邦基金利率与贴现率。

联邦基金利率就是商业银行与商业银行之间相互借钱时的利率，贴现率则是商业银行向美联储借钱时的利率。其中，联邦基金利率更为重要。美联储利用自己的货币政策影响联邦基金利率，它确定的联邦基金利率通常是一个区间，具体是多少则由商业银行之间自由讨价还价决定。

2008 年金融危机爆发后，美联储在 2008 年 12 月将联邦基金利率确定在 0%—0.25%。2011 年 8 月 9 日，美联储又宣布，将联邦基金利率维持在 0%—0.25%，并且表示，这一利率水平可能至少要维持到 2013 年年中。

那么，美联储如何通过基准利率来影响市场上的利率的呢？假如，美联储的联邦基金利率为 5%，即花旗银行向汇丰银行借款的利率就是 5%。花旗银行把从汇丰银行借来的资金再转手借给别的公司，向这些公司收取 8%的利率。现在，美联储将联邦基金利率从 5%提高到 7%，花旗银行将从汇丰银行借来的钱再借给别的公司时，利率也会相应地提高 2%，即从原来的 8%提高到现在的 10%。美联储就是这样，通过确定基准利率而间接地影响市场上的利率。

中国的商业银行向中国的中央银行中国人民银行借款时的利率叫再贴现率，它与美联储的贴现率是一个东西。

但是，中国的情况同美国等市场经济国家存在很大的区别。在中国，利率还没有完全市场化，也就是中国各商业银行的利率不是自己可以随便确定的，而是由中国人民银行确定的。

那么，中国人民银行如何确定市场利率的呢？中国人民银行对利率实行“存款利率管上限，贷款利率管下限”的管制政策。

一方面，中国人民银行确定了一个贷款利率，叫“法定贷款利率”。各商业银行根据法定贷款利率发放贷款，可以在法定贷款利率基础上进行一定幅度的上浮，但是，不得低于法定贷款利率。

另一方面，中国人民银行又确定了一个存款利率，叫“法定存款利率”。各商业银行根据法定存款利率吸收储户的存款，可以在法定存款利率基础上进行一定幅度的下浮，但是，不得高于法定存款利率。

这样，在中国人民银行的利率管制下，国内商业银行就很难用降低贷款利率的做法来吸引客户，也难以用提高存款利率的做法来吸收储户的存款。

在中国，商业银行的利率还受到人际关系、国家政策等其他很多因素的影响。例如，很多国有企业一直是亏损的，但商业银行仍然把大量的资金按很低的利率借给它们，因为政府要扶持这些国有企业。结果，这些国有企业连年亏损，哪有钱还给银行呢？银行借给这些国有企业的资金都收不回来，这些收不回来的资金就成了银行的呆账。

此外，中国的银行还把大量资金借给各级地方政府。中国人民银行在 2011 年 5 月发布的报告中说，商业银行系统借给地方政府的贷款达到了 14.4 万亿元左右。有人估计，这其中的20%有可能成为呆账。

因此，在中国，利率作为金融市场的“物价”对金融活动的调节作用常常受到很大的限制而发挥不出来。于是，中国政府不得不经常亲自出面，对经济、金融活动进行干预。这种政府直接插手的做法当然很不好。

为什么利率应该由市场决定？

中央银行直接决定商业银行利率的做法可能导致资金流向没有效率的企业、行业，从而造成资金这一稀缺资源的浪费。因此，自 20 世纪 80 年代以来，全球出现了利率市场化的趋势，即各国的中央银行不再决定利率，而让市场决定利率。

中国人民银行的利率管制对中国经济、金融的发展会造成不良影响。

首先，前面说过，在中国，商业银行扎堆似地把贷款发放给了国有企业与地方政府，其中很多贷款最终成为呆账，造成资金的浪费，而民营中小企业却很难获得资金。为什么会这样呢？因为有利差这一稳定的收入，只要能如期收回给国有银行与地方政府的贷款，商业银行就能赚钱，还会有谁傻到愿意把钱借给风险比较高的民营中小企业呢？

其次，在日本、韩国等发达国家，利率由市场决定，商业银行间的竞争导致商业银行的利差通常只有 1%—2%。中国的利率管制保证了中国的商业银行能够获得 3%—4%的利差收入。中国 16 家上市商业银行的年度报告显示，这些银行的营业收入中，大约 85%来自利差收入。高额利差收入导致国内的银行失去提高服务水平、开发新的金融产品的动力。

最后，中国的利率管制导致金融创新受到限制，难以出现新的金融产品。一个典型的例子就是“垃圾债券”。在美国，由于利率由市场决定，公司可以用承诺给投资者很高利率的方式来吸引投资者购买自己的债券，但是这种债券的风险也非常大。这种高风险、高回报的债券就是“垃圾债券”。可以说，“垃圾债券”的发明是 20 世纪美国金融市场中影响最大、最成功的金融创新之一。但是，中国的《证券法》规定，公司发行债券时，承诺给投资者的利率“不超过国务院限定的利率水平”。也就是说，在中国，公司债券的利率是有上限的。因此，只要不放弃利率管制，“垃圾债券”这一具有很多积极作用的金融产品就很难在中国的金融市场上出现。

图 27 “垃圾债券之王”——迈克尔·米尔肯[①]

图片来源：http://akaka.senate.gov。

中央银行利用利率调节经济

利率是中央银行对经济进行调节的一个重要手段。那么，中央银行是如何通过影响利率来调节经济的呢？

当经济“过热”的时候，也就是企业进行过多的投资、物价开始上涨的时候，中央银行就会提高基准利率，市场上的存款、贷款利率就会随之升高。存款利率升高会将公众手中的资金吸引进银行，而贷款利率升高会迫使公司减少投资。这样，进入生产与消费领域中的资金就会减少，经济就会降温。相反，当经济“太冷”——企业投资不足、公众消费乏力——的时候，中央银行就会降低利率，市场上的利率也会随之下降。这会鼓励公司投资与公众消

① 迈克尔·米尔肯（Michael Milken）曾经是华尔街著名投资银行德崇证券的投资银行家。因发明“垃圾债券”，米尔肯被称为“垃圾债券之王”，德崇证券也在 20 世纪 80 年代中期成为华尔街最赚钱的投资银行。

费，从而刺激经济发展。

但是，有时候，就算中央银行将利率降低到零，公司也还是不愿意进行投资，公众也还是不愿意进行消费。这时，降低利率对于刺激经济没有作用，中央银行的货币政策出现失灵。这种情况叫做“流动性陷阱”。在 20 世纪 90 年代，日本就遭遇过“流动性陷阱”。当时，日本银行曾经将基准利率削减到 0.1%，但经济增长始终没有大的起色。

逻辑之六

风险与回报就是“鱼”与“熊掌”，二者不可兼得

风险与回报之间，人们必须作出选择。想要得到高回报，就要承担更多的风险；不想承担风险，却想获得高回报的事情是没有的。

股票、房地产等资产都有内在价值，即它们到底值多少钱，而内在价值是可以估算的。如果它们的市场价格远远高于它们的内在价值，就是金融泡沫。历史上，没有不破裂的泡沫。

股票、债券等证券投资是金融的主要内容之一，而证券投资则是关于几个核心问题的：

第一，风险与回报。可以说，投资就是关于风险与回报的。那么，风险与回报之间的关系到底是怎么样的？如何在降低或者控制风险的同时，获得尽可能高的回报？

第二，证券的价值及其确定。股票、债券被称为有价证券，那么，如何确定它们的价值？

第三，股市的可预测性。股市分析师们常常利用图表预测股市的走向，而很多投资者也相信，股市是可以预测的，因此，频繁地进行短线交易。那么，股市是否具有可预测性呢？

在这几个问题上，金融学家们都提出了相关理论。作为一个投资者，在证券市场投资时，我们的投资策略在很大程度上取决于我们是否接受这些理论。

一、风险与回报

翻开金融学的教材，我们可以看到，在教材的开始部分，就是关于风险与回报的内容。实际上，可以说，金融学就是研究风险与回报的两个大问题的。一个问题是，风险与回报之间的关系到底是怎么样的？另一个问题是，如何在降低或者控制风险的同时，获得尽可能高的回报？

为什么风险与回报的问题这么重要呢？原因很简单，因为不愿意承担风险是绝大部分人的本性，可是我们又想得到尽可能高的回报。所以，在从事金融活动中，我们就要尽可能控制风险，采取办法降低风险。而要控制风险、降低风险，我们就必须了解风险是怎么回事？哪些因素可能导致风险？怎么衡量风险的大小？

在金融活动中，因为不了解风险而吃了大亏的例子很多。例如，1994 年 12 月，美国加州的奥兰治县政府宣布破产，成了美国历史上规模最大的政府破产案件。位于洛杉矶附近的奥兰治县一直比较富有，那它为什么会破产呢？因为它的财政局长在投资的时候，片面追求高回报，却不知道自己的风险有多大，也不知道自己的风险来自哪方面。当然，更没有采取任何措施来控制风险。当美联储在 1994 年提高利率后，这个县亏损了大约 17 亿美元，也就只能破产了。

这个财政局长后来对 6 项重罪服罪，并被法院判刑 3 年半，外加社区服务 1 000 个小时。由于没有发现他有什么贪污挪用公款等行为，县政府破产是因为他不重视风险、不懂得控制风险导致的，所以，法院也没有让他去坐牢，而是让他在家里服刑。

从奥兰治县政府破产这个案件中，我们得到什么教训呢？就是要懂得风险与回报之间的关系，不能只强调回报，而不看风险。

风险就是实际回报达不到预期

那么，什么是风险呢？

在金融学中，风险是指我们投资的时候，实际获得的回报达不到我们的预期，也就是我们的投资可能遭受部分损失甚至是全部损失。

例如，我购买了通用汽车的股票，希望在一年之内它从 10 美元一股上涨到 25 美元一股。但是，通用汽车的股票有可能从我购买时的 10 美元一股下跌到只有 5 美元一股，甚至通用汽车可能破产，从而导致通用汽车的股票变得一文不值。这就是股市投资的风险。“股市有风险，入市需谨慎”中的“风险”就是在我们买了股票之后，股票的价格可能会下跌。

那么，什么因素导致了金融学或者说投资中的风险呢？导致投资中风险的因素有很多。有些是政府政策方面的因素，有些是公司所特有的因素，有些甚至是天灾因素。

在金融学中，我们把风险分为两大类。

一类叫系统性风险。这类风险的特点是，只要你从事金融活动，你就要承担这种风险，谁也躲避不了。这类风险包括政府经济政策、国家经济状况等宏观方面的因素。例如，2011 年 8 月 5 日，标准普尔公司将美国联邦政府的信用等级从最高的 AAA 级下降半级到 AA+，结果造成全球股市下跌，全球股市大约损失了 4 万亿美元。美国联邦政府被降级，所有的人都会受到影响，谁也不例外。有人说，我没有股票，美国被降级导致的股市下跌对我没有影响。其实，你还是会受到影响，因为美国被降级可能对美国经济的复苏造成不利影响，而美国经济的复苏状况影响到全球经济的复苏。所以，有些风险是谁也躲不开的，这种风险就是系统性风险。

另一类叫非系统性风险，就是每一个国家、行业、公司与个人所独有的风险。每一个国家都有它们各自的风险。在美国投资的风险与在非洲国家索马里投资的风险就很不一样。美国的政治非常稳定，几乎没有政治风险，而索马里到处是军阀，战争不断，所以投资的政治风险就很大。不同的行业风险也不一样。比如，房地产行业的风险与 IT 行业的风险就很不一样，所以，2008 年金融危机中，美国的房地产行业跌惨了，但 IT 行业就没有受到很大影响。每一个公司也都有它们各自的风险。你购买了通用汽车公司的股票，通用汽车最近破产了，但别的很多公司并没有破产，而且在汽车行业内，很多公司也活得好好的。因此，破产就是通用汽车所独有的风险。每个人的风险也不一样，你购买了伯纳德·麦道夫这个大骗子发行的股票，结果被他骗了，但并非所有的人都是大骗子。因此，欺骗是伯纳德·麦道夫这个骗子所开的公司独有的风险。

绝大部分人都不喜欢风险，但风险又无法避免，那么，我们怎么办呢？我们可以采取办法预防、控制风险对我们的影响，这就是风险管理。对于系统性风险，我们没有办法避免，但是我们可以想办法控制它们对我们的不利影响。对于非系统性风险，我们就可以想办法避免，也应该想办法避免。例如，在索马里，军阀们混战不断，那我们可以不去索马里投资。对于伯纳德·麦道夫这样的骗子，我们可以通过认真研究，发现他是个骗子，不买他公司的股票。

那么，是不是所有的金融资产、所有的金融活动都有风险呢？也就是说，是不是就没有让你包赚不赔的投资呢？

理论上，所有的金融资产都是有风险的，没有你买了就包赚不赔的东西。在各种金融活动中，除了我们后面讲到的套利活动外，所有的金融活动也都是有风险的。因此，谁也不能保证投资会只赚不赔。“股神”沃伦·巴菲特在2008年也亏损了不少，而且还向股东道歉了。

风险有大小之分

虽然所有的金融资产、金融活动都有风险，但是，风险还是有大小之分。

股票与债券都是常见的金融资产，也都有风险，但是，股票的风险就大于债券。

在债券里面，有财政部发行的国债与国库券，有地方政府发行的市政债券，还有公司发行的公司债券。国库券的风险就比较小，而公司债券的风险就比较大。

国库券是一个国家的财政部发行的短期债券。财政部发行国库券，等于是向老百姓借债。你购买了10 000元的国库券，等于是借给了财政部10 000块钱。国库券的期限比较短，不超过一年。因为财政部有税收，国库券这笔债是财政部用税收作担保的，因此，财政部没钱还债的可能性比较低。

公司需要钱的时候，也可以发行债券。公司发行债券就是公司向大家借钱，你购买了 1 000 元的公司债券，等于借了 1 000 块钱给公司。公司债券的风险就是一旦公司经营不好，公司可能就没钱还债了，或者公司赖账不还。因此，同国库券相比，公司债券的风险就更大。

那么，我们到底用什么方法来衡量、比较风险的大小呢？

衡量风险的方法有很多，比较常用的一个方法就是衡量金融资产价格的波动程度。我们看看股票、债券回报率的波动状况就知道，股票的风险为什么比债券的风险大很多了。

图 28 是 1926—2007 年间，美国大公司股票、长期政府债券与国库券回报率的波动状况。大公司股票就是通用电气这些规模很大的公司发行的股票。1928 年，大公司股票总体上涨了 45%，但 1929 年就暴跌到-8%；1931 年更狂跌到-45%，但是 1933 年又暴涨到 54%；1934 年又下跌到-1%，但 1935 年又上涨到 48%……股票价格像过山车一样地狂涨暴跌，风险显然很大。国库券的回报则非常稳定，基本上没有什么波动。长期政府债券回报率的波动程度介于二者之间，它的风险也就在二者之间。

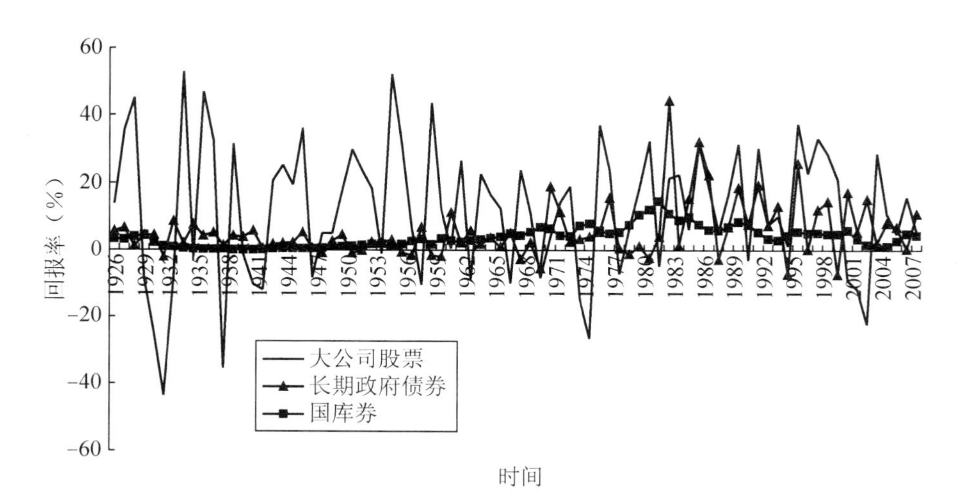

图 28　大公司股票、长期政府债券与国库券回报率（1926—2007 年）

风险的大小是可以衡量的

更具体一点地说，我们用一个叫做“标准偏差”的东西来衡量风险的大小。

“标准偏差”是统计学中的一个重要术语，它是用来说明结果偏离平均值的程度。标准偏差越大，说明结果偏离平均值的程度越大，波动程度也就越大。在投资中，标准偏差越大，你可能赚到更多的钱，但也可能亏损得更厉害，因此，风险也就越大。在 1926—2007 年的 81 年中，大公司股票每年平均上涨了 12.3%，而国库券每年平均上涨了 3.8%。大公司股票回报率的标准偏差是 20%，而国库券的标准偏差是 3.1%。我们怎么用这个标准偏差来衡量、比较风险的大小呢？知道股票的平均回报率与标准偏差后，我就可以对你这么说，我有 99%的把握告诉你，在这 81 年中，股票每年平均上涨 12.3%，最高可以达到 72.3%，但最低也可能低到-47.7%。因此，你有可能会一夜暴富，但也可能一夜之间家产就少了差不多一半。国库券怎么样呢？我有 99%的把握告诉你，在这 81 年中，如果你购买的是国库券的话，你每年平均能赚到 3.8%，最高可以赚到 13.1%，但最低也可能低到-5.5%。因此，购买国库券的话，虽然你不可能一夜暴富，但也不可能一夜之间就一贫如洗。

我们已经看到，股票的风险远远大于国库券的风险。那么，买股票是不是就不如买国库券呢？当然不能这么说，因为我们还只看到事情的一面，即风险这一面，还有另一面我们没看到，就是回报这一面。

回报就是资产的价值在一定时期内的变化

这样，我们再来看看回报。回报也叫做收益，就是资产的价值在一定时期内的变化。也就是，通过投资，你的钱变多了，或者变少了。这变化的部分就是你投资获得的回报。

例如，你在 2012 年 1 月 1 日购买了中石油的股票，购买的价格是每股 15 块钱，并且一直把这个股票拿着，直到 2012 年 12 月 31 日。在这一年中，中石油给你分红 1 块钱。到 12 月 31 日的时候，中石油股票的价格从你购买时的 15 块钱一股上涨到了 20 块钱一股。那么，你的回报是多少呢？你获得的回报包括两部分。一是持有这个股票期间，你获得的红利 1 块钱；二是股票价格的上涨，即从购买时的 15 块钱一股上涨到年底的 20 块钱一股，上涨了 5 块钱。那么，你总共获得的回报就是 6 块钱。我们通常用比率来表示回报，即回报率（或者叫收益率）。在中石油这个投资中，你最初的投资是 15 块钱，在这一年中，你总共获得了 6 块钱的回报，因此，你的年收益率就是 40%。

当然，也可能在你购买中石油的股票后，中石油不但没有分红，股票价格还从当初的 15 块钱一股跌到了 12 块钱一股。这样你就赔了 3 块钱，你的投资回报率就是-20%。

我们已经看到了在 1926—2007 年这 81 年中，大公司股票、长期政府债券与国库券的风险是怎么样的了。那么，它们的回报是怎么样呢？有人做了计算，计算的结果见图 29。

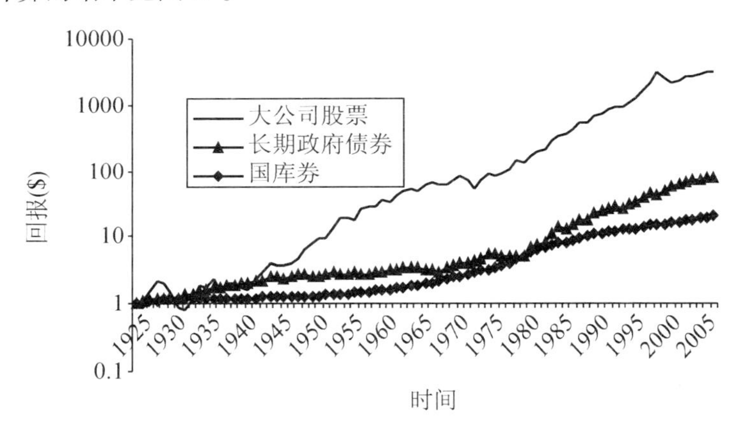

图 29　大公司股票、长期政府债券与国库券回报（1926—2007 年）

从图 29 中我们可以看到，如果你在 1926 年拿 1 美元在美国购买大公司股票，那么，到 2007 年，你的这 1 美元变成了 3 246 美元；如果你买的是长期美国政府债券，则变成了 78.78 美元；如果你买的是美国国库券，则变成了 20.19 美元。因此，购买股票得到的回报显然远远高于购买国库券得到的回报。

风险与回报：二者不可兼得

这样，把风险与回报结合起来，我们就可以看到，如果你在 1926 年用 1 美元购买股票，到 2007 年这 1 美元已经变成 3 246 美元，你已经非常非常富有。但是，在这 81 年里，你不知道多少次会在半夜从梦中惊醒，担心第二天股市暴跌。例如，1987 年 10 月 23 日，美国股市就突然莫名其妙地暴跌将近 22%。如果你购买的是国库券的话，虽然到 2007 年你的 1 美元只增长到 20.19 美元，但你在这 81 年中的每个晚上都可以睡得非常踏实。

美国有句话，购买股票会让你富有、吃得好，但你会睡不好；购买国债会让你睡得好，但你富不起来。因此，要么“吃得好”、要么“睡得好”。想既要“吃得好”、又要“睡得好”是不可能的。“鱼”与“熊掌”，二者不可兼得。

在金融学中，老师说“没有免费的午餐”。这句话的意思就是，市场上不可能存在既没有风险又能让你获得高回报的东西。你要想得到更高的回报，就必须承担更大的风险。

当然，承担了风险，就应该得到补偿，也就是说，就应该得到更高的回报，否则就没有人愿意承担风险了。因为承担风险而得到的补偿叫做风险收益率（或者叫风险溢价）。例如，财政部发行一年期利率为 3%、面值 100 元人民币的国库券，如果你购买了这种国库券，那么一年之后，财政部既要偿还你 100 元人民币的本金，还要付给你 3 元的利息，这是没有风险的。如果你用这 100 元购买股票的话，虽然风险很大，但你获得的回报也相应比较高。例如，虽然有可能今天 10 美元一股买的股票到年底跌到只有 6 美元一股了，但也有可能从 10 美元一股涨到年底的 15 美元一股。假如股票价格真的从今天的 10 美元一股上涨到年底的 15 美元一股，你一年之内获得的回报就是 50%。同国库券的 3%的年回报相比，你多得到了 47%的回报。这多得到的 47%的回报就是对你购买股票而承担了风险所作出的补偿，也就是你得到的风险收益率。因为可能得到补偿，所以有人愿意购买高风险的股票。

投资者应该根据自己对于风险的态度以及自己的风险承受能力来决定投资策略。有些人喜欢冒险，而有些人厌恶风险；有些人承受风险的资金、心理能力比较强，而有些人则比较弱。每个人对于风险的态度、承受风险的能力不一样，投资策略就会不一样。此外，在人生的不同阶段，我们对于风险的态度、承受风险的能力也很可能不一样，投资策略也可以随着发生变化。

二、有价证券价值的确定

公司发行的股票与债券、政府财政部发行的国债都是有价证券。那么，什么是有价证券呢？有价证券就是一种权利，发行有价证券等于出售这种权利，而购买有价证券等于购买这种权利。那么，为什么有人要发行有价证券？购买有价证券的人能够得到什么权利呢？

发行有价证券是为了筹集资金

有价证券分为两大类：一类是股票类，另一类是债券类。

股票是公司发行的。你购买了哪个公司发行的股票，你就成了这个公司的股东，你购买股票的钱就永远是公司的了，你不能向公司要回你的钱；公司破产了的话，股票变成了废纸，你的钱也就全没了。你想要回自己的钱的话，只有一个办法，就是在股市里把股票卖给别人。作为公司的股东，你也就拥有作为股东所拥有的所有权利。那么，作为股东，你有哪些权利呢？首先，公司赚到的钱里面有你的一份。你买了公司 10%的股份，那么，公司的所有财产里面，你占 10%。公司每年赚的钱里面，你也占 10%。公司分红的时候，你有权得到 10%的分红。不过，作为股东，你没有权利要求分红，分不分红或者分多少红利都是由公司的董事会决定的。其次，作为股东，你有权参加公司的股东大会，投票选举公司的董事。最后，公司的重大事情，你有权参与。例如，当公司考虑是否和别的公司合并的时候，你有权就是不是同意合并投票。当然，作为股东，你也要承担责任，这个责任就是你也要承担公司的债务。你买了公司10%的股份，那么，公司所欠的债里面，你也要承担10%。公司破产的话，公司要先还清所有的欠债。在还清所有的欠债之后，剩下的财产才是股东的。

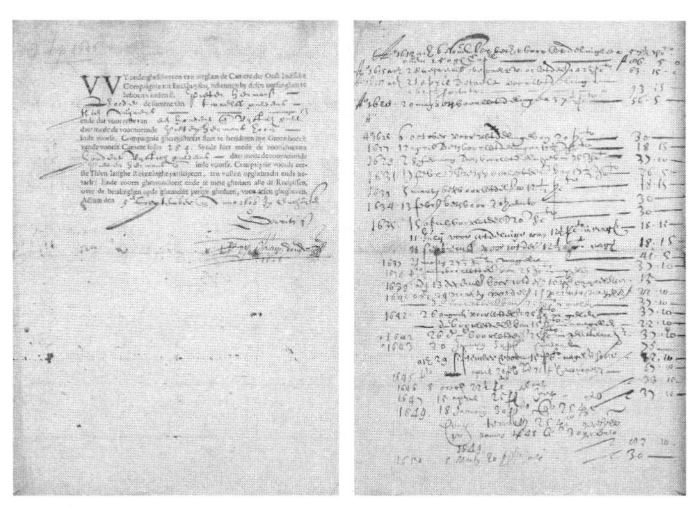

图30　左边是世界上现存的第一张股票，1606年9月6日由荷兰东印度公司发行，右边是分红记录

图片来源：www.wikipedia.org。

债券与股票完全不一样，发行债券其实就是向别人借钱，购买债券等于是把钱借给别人。公司缺钱的时候，除了可以发行股票外，还可以发行债券。假如某个公司发行债券，每张债券面值100块钱，年利率8%，期限5年。这几个数字是什么意思呢？它的意思是，公司准备向别人借钱。你用100块钱买了这个公司的一张债券，等于你借了100块钱给这个公司。第5年的时候，债券到期，公司会把这100块钱的本金还给你。在中间的这5年中，公司每年要付给你8%的利息，也就是付给你8块钱。公司不按这些规定做的话，它就侵犯了你的权利。

政府也有缺钱的时候，但是，政府不是公司，不能发行股票。如果政府发行股票的话，有钱人就可以大把大把地购买政府的股票，成为政府的大股东。有钱人成了政府的大股东，政府就要听他们的话，那政府就不是老百姓的政府了。因此，政府不能发行股票。政府缺钱的时候，也可以向老百姓借钱。怎么借呢？就是让它的财政部发行债券，政府发行的债券叫国库券或者国债。你买了 100 元的国库券，就等于你借了 100 块钱给财政部，财政部就要按时还本付息给你。地方政府也可以发行债券，叫市政债券。

还有一种有价证券，它既像股票也像债券。国内现在很多公司发行了可转换债券，简称“可转债”。可转债就是这样一种介于股票与债券之间的有价证券。你买它的时候，它是债券，但是在一定的条件下，你可以把它转换成股票。

有价证券是如何发行并到股票交易所交易的呢？我们看看，公司是如何发行股票的，以及公司为什么要把股票放到股票交易所交易。

假如我创建了一个公司，我的公司需要资金来扩建工厂，可是我的资金不够。怎么办呢？我可以发行股票。我可以在电视台、报刊上公开做广告，向全国所有人推销我的股票，希望大家都来购买我的股票。按照国家的法律规定，用这种公开做广告的方式来推销我的股票就是“公开发行”。如果我是第一次发行股票的话，就是“首次公开发行”，也就是常说的 IPO。发行股票是一件比较复杂的事情，我需要找人来帮我。找谁呢？我们前面说过，投资银行就是专门帮助别人发行股票、债券的，它们有这方面的专长。首先，我要确定我的公司总共值多少钱，投资银行可以帮我。假如投资银行确定我的公司总共值 3 000 万元，而我准备发行 200 万股股票，那么每股股票的发行价格就是 15 块钱一股。但是，如果把这 200 万股股票全部卖掉的话，这个公司就是别人的了，而我还想保留自己对这个公司的控制权。于是，我决定给自己留下 60%的股票，只把其中的 40%的股票卖掉，也就是只卖掉 80 万股股票。这样，在这个公司里面，我是最大的股东，是老大，还是我说了算。

那么，我公司的股票怎样才可以到你们手里呢？有很多种方法。方法之一就是通过投资银行。我不是聘请了一个投资银行吗。我可以打折，按每股 14 块钱的价格，把这 80 万股股票全部卖给这个投资银行。然后，投资银行再转手把这 80 万股股票按每股 15 块钱的价格卖给你们。我和投资银行之间的股票买卖就叫一级市场交易，而投资银行和你们之间进行的股票买卖以及你们之间互相进行的股票买卖就叫二级市场上的交易。我卖给投资银行的股票就叫“原始股”，而投资银行转手卖给你们的股票就是“二手货”了。还有一种做法就是，我把这 80 万股股票中的 50 万股打折按每股 14 块钱的价格卖给投资银行，其余的 30 万股则由你们抽签，你们每抽中一签，我就按每股 14 块钱的价格卖给你们 1 000 股股票。这就是我们经常听说的“打新股”。

股票公开发行后，就可以拿到股票交易所上市交易。股票交易所的好处就是，它让股票的买卖变得非常方便，帮助我们降低交易成本。在上面的例子中，我的公司总共发行 200 万股股票，但我只卖掉了 80 万股，手里还有 120 万股。假如有一天我想卖掉其中的 20 万股，价格还是 15 块钱一股，总共价值 300 万元。如果没有股票交易所，我就要自己想办法去找买家。对我来说，要找到这么一个大买家可能不是一件容易的事情，我可能要满大街去转悠，寻找买家；或者在电视台、报刊上做广告，寻找买家。有了股票交易所，大家都到股票交易所去买卖股票，我就可以很容易地在股票交易所卖掉这 20 万股股票。具体怎么做呢？现在有很多证券公司，这些证券公司就是作为中介人，在股票交易所帮助大家买卖股票的。它们帮买家找卖家，帮卖家找买家，收取服务费。这样，我只要在证券公司下个卖单，让证券公司帮我们把股票卖掉就可以了，其他都不用我操心。

凯恩斯：买股票就是“选美比赛”

现在，大部分经济学家都认为，股票等有价证券是有价值的，而且我们可以确定它们的价值到底是多少。

但是，70 年前，大家却不这么认为。在那时的经济学家看来，股市跟赌场没有什么区别，甚至连当时的大经济学家约翰·凯恩斯也这么认为。

当时的经济学家们认为股市和赌场差不多的原因之一，是大家根本不知道怎么来衡量风险与控制风险，买股票跟赌博掷色子一样，全靠运气。

原因之二，是他们根本不知道股票到底值多少钱，也不知道怎么确定股票的价值。凯恩斯在他那本著名的《就业、利率与货币通论》里面说，不存在股票到底值多少钱这个问题，只要大家觉得股票值多少钱，那么它就值多少钱。

在这本书中，凯恩斯做了一个很有意思的比喻，而这个比喻就说明了当时包括他在内的大部分人对股市、股票的看法。凯恩斯的这个比喻就是把股市比作“选美比赛”。

凯恩斯说，英国的报刊曾进行过如下的选美比赛：将 100 张女性的照片放在 6 位记者的面前，让他们各自选出他们认为最美的那位女性。然后，让全英国 4 000 万公众投票，从这 100 张女性照片中，选出一位最美的女性。最后，获奖的记者按如下方式确定：将 6 位记者选出的美女与全英国 4 000 万公众选出的美女一一比较，其中哪位记者选出的女性与全英国公众投票选出的女性最接近，这位记者就是选美比赛的赢家。

在这种选美比赛中，6 位记者应该怎么选，才可能让自己获奖呢？

凯恩斯说，在这种选美比赛中，要想获胜，记者就不能按自己的审美观来选择，而是要按英国公众的审美观来选择。也就是说，记者自己觉得哪位女性最漂亮这个问题并不重要，重要的是英国的公众觉得谁最漂亮。更重要的是，这 6 位记者应该如何预测英国公众是如何审美的、预测公众选择出来的最美的女性会是什么样子。

凯恩斯的“选美比赛”说明了什么问题？它同股市或者说金融市场有什么关系呢？

把“选美比赛”用到股市里面，问题就是：股票没有什么真正的价值，你和我个人认为股票值多少钱这个问题无关紧要，重要的是股民们认为股票值多少钱。股票的价值完全是由公众对它的看法决定的，即大家觉得它值多少钱，它就值多少钱。

图 31　1792 年 5 月 17 日，24 个股票经纪人签署《梧桐树协议》，创建了纽约股票交易所

图片来源：Gottscho-Schleisner, Inc.作，现藏于美国国会图书馆。

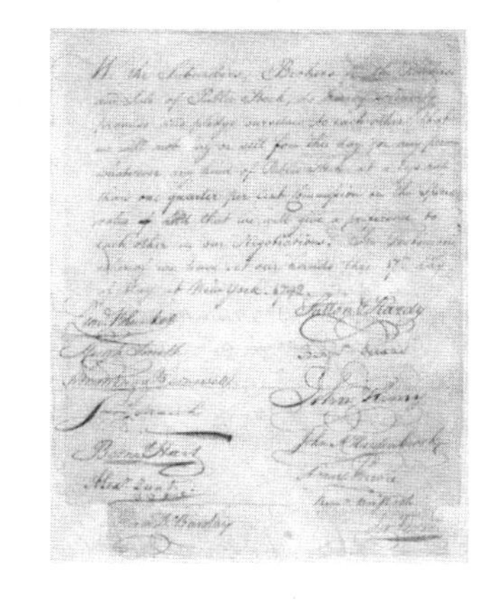

图 32　《梧桐树协议》，上部分为协议内容，下部分为 24 位经纪人的签名

图片来源：Museum of American Finance。

例如，按照凯恩斯的“选美比赛”理论，中石油的股票到底值多少钱这个问题并不重要，因为根本就不存在“股票到底值多少钱”这个问题。重要的是，中国的股民们认为它值多少钱？即使中石油已经连续 10 年每年亏损 1 000 亿元人民币，但如果中国的股民们都认为中石油的股票值 300 块钱一股，那么它就值 300 块钱一股。

有价证券的价值是可以确定的

后来，经济学家们对股市的看法开始发生变化。

1938 年，一位名叫约翰·威廉姆斯的美国经济学家说，股市不是赌场，股票这些有价证券是有真正价值的，而且是可以确定的，不是大家认为它们值多少钱，它们就值多少钱。那么，它们的真正价值是什么呢，怎么确定呢？威廉姆斯说，股票真正的价值是由股票能够给投资者赚多少钱决定的。

那么，股票怎么给投资者赚钱呢？公司赚钱了，就会给股东分红，这个分红就是股票给投资者赚的钱。我买了一个公司的股票，并且一直拿着这个股票的话，那么这个股票每年都会给我分红。股票的真正价值就是由这些分红的多少决定的。当时，美国有个著名的投资家，他就是本杰明·格雷厄姆。格雷厄姆与威廉姆斯的看法一样。格雷厄姆根据这种看法进行投资，取得了很大的成功。格雷厄姆曾经在美国的纽约大学上过课，并且教出了一个很有名的学生，这个学生就是通过股市投资而赚了大约 600 亿美元家产，被称为“股神”的沃伦·巴菲特。

股票在股市上进行买卖，也就有价格。现在，经济学家们一般认为，股票的价格是由它的真正价值决定的，但是，影响股票价格的因素有很多，因此，有时候股票的价格与它的真正价值可能会不一样。这和我们买衣服、食品等其他商品一样。一件衣服在商场里面的标价 3 000 块钱，但也许它只值 1 000 块钱，也许值 5 000 块钱。一个股票在股市上卖 50 块钱一股，但它可能只值 40 块钱一股，也可能值 60 块钱一股。当一个值 50 块钱一股的股票在股市上只卖 40 块钱时，我们就有机会买到便宜货了。“股神”巴菲特的高明之处就是他经常能够发现这种便宜货。当发现这种便宜股票后，他就大量购买。总有一天，大家会慢慢地发现这个股票其实是一个很好的股票。于是，越来越多的人都来购买这个股票。买的人多了，这个便宜股票的价格就会上涨。当然，可能需要很长的时间，人们才会发现这个股票是个好股票。这就需要购买股票的人有耐心。不要今天买了一个便宜股票，希望它明天就涨上去。巴菲特常常要等好几年的时间，他买的那些便宜股票的价格才会涨上去。巴菲特这种投资方法就叫“价值投资”。

对于一个公司来说，它的股票价格归根到底是由这个公司能赚到多少钱决定的。如果一个公司不赚钱，它的股票价格却在上涨，那就不正常，肯定是有人在炒这个股票。例如，在 2006—2007 年，国内很多上市公司连续几年都亏损，可是它们的股票价格却不断上涨。这就是有人在炒这些股票导致的。

对于一个国家的整个股市来说，决定股市是出现“熊市”还是“牛市”的根本因素是这个国家的宏观经济状况。如果一个国家的整体经济不景气，那么公司也就很难赚到钱，股市也就不应该出现牛市。因此，如果一个国家的经济不景气，公司不赚钱，而股市却在不断上涨的话，这个股市就肯定不正常。

在一定的时期内，一个国家的宏观经济状况一般是比较稳定的，不会发生很大的变化。但是，股市每天都在变，不是上涨就是下跌，有时候还会暴涨暴跌。为什么股市每天都在变呢？这是因为除了国家的宏观经济状况这个因素外，股市还受到其他很多因素的影响。国家的经济政策、财政政策、货币政策都会影响股市，而政府可能会根据需要对这些政策不断进行调整。

政府的政策调整就可能导致股市的波动。例如，中央银行可能会根据需要提高或者降低利率。中央银行提高利率，股市就会下跌。为什么中央银行提高利率会导致股市下跌呢？

中央银行提高利率会从两个方面导致股市下跌。一是利率的提高会导致公司的利润减少。利率提高后，企业向银行贷款时，要付给银行更多的利息，企业的成本就增加了。这样，企业就可能减少贷款，从而减少投资。企业的投资减少，利润下降，股票价格自然就会下跌。因此，对于股市来说，中央银行提高利率是一个不好的消息。二是利率提高会导致购买股票的资金减少。银行的存款利率提高后，很多人就会卖掉股票，把钱存到银行拿利息。这样，股市就会下跌。

股市还会受到投机者的投机活动的影响。股市投机与股市投资有什么区别呢？如果我们今天听到了什么关于某个股票的小道消息，就购买这个股票，过几天卖掉它，这就是我们常说的做短线交易，短线交易不是股票投资，而是在炒股，也就是投机了。如果我们像巴菲特那样，很用心地寻找那些很便宜的股票，然后购买这种股票，并长期持有，等着它的价格慢慢涨上来，这就是投资。股市中，有很多做短线的投机者。这种投机也是股票价格每天都在变动的重要原因。2009 年 8 月上映的香港电影《窃听风云》讲的就是股市里面的投机。在这个电影里面，几个有钱的老板联手坐庄，大量购买了一个公司的股票。虽然这个公司是亏损的，但在他们的坐庄下，很多人跟风购买，这个公司股票的价格被炒得很高。这样联手坐庄炒股当然是非法的。

在法律不健全的股市，联手坐庄炒股的事情会时有发生，导致股票的价格暴涨暴跌。

股市还可能受到股民心理的影响。在西方，有一个关于股市的流行说法：推动股市变动的力量有两个，一个是贪婪，一个是恐惧。贪婪会推动股市上涨，而恐惧会导致股市下跌。当股市在上涨的时候，已经在股市赚了钱的人还想赚更多的钱，而那些还没有购买股票的人看到别人在股市赚钱了，也想在股市赚钱。于是，很多人有了通过炒股而一夜暴富的贪婪心理。在这种贪婪心理的推动下，越来越多的人购买股票。这样，股市就会越涨越高。当股市开始下跌的时候，所有的人都惊恐起来，都迫不及待地想从股市里面逃出来，大家不惜"跳楼大甩卖"，抛售手中的股票。在这种恐惧心理的推动下，股市就会暴跌。

了解影响股票价格与股市变化的这些因素，对我们股市投资有什么帮助呢？

首先，既然股市的走向是由国家的宏观经济状况决定的，那么，我们在股市投资时，首先要考虑的就是一个国家宏观经济的现状及其发展趋势怎么样。这就是我们所说的要看经济大势。如果国民经济能够持续稳定地增长，那么，股市就会出现长期的繁荣。例如，20 世纪 90 年代，IT 技术的出现大幅度提高了美国企业的生产率，美国经济出现了和平时期持续时间最长的繁荣，而美国股市也出现了持久的牛市。

其次，要考虑的是公司的赢利能力。怎么考虑公司的赢利能力呢？一个要考虑的因素当然是公司所在的行业有没有发展前途。如果一个行业很快就要被淘汰，那么这个行业的公司也就不可能有持久的赢利能力。相反，在一个新兴行业中，公司的发展潜力一般都会比较大。另一个要考虑的因素就是，在这个行业中，这个公司有没有竞争力。竞争力体现在哪些方面呢？体现在这个公司的产品质量、技术水平、创新能力、管理水平，等等。

最后，投机、股民心理这些因素会导致股市与股票价格每天都在变，对于这些因素，我们一般人是无法准确预测的，也不要试图去预测。

因此，比较好的股市投资方法就是，在看准经济大势后，选择一些值得投资的股票，然后长期持有这些股票。前面的数据也表明，1926 年的 1 美元投入股市，到 2007 年，至少可以涨到 3 246 美元。显然，股市中，长期投资的回报是非常可观的。

罗伯逊与索罗斯：殊途同归

在股票价值的问题上，投资者的看法仍然差别很大，投资策略也就大不相同。20 世纪 90 年代美国互联网泡沫时期，朱利安·罗伯逊与乔治·索罗斯的不同态度就是典型的例子。

如今已经退休的罗伯逊曾经是华尔街著名的投资家之一。他以 800 万美元起家，创建对冲基金“老虎基金”，基金的规模在 1998 年达到 220 亿美元，成为全球最大的对冲基金。2011 年，罗伯逊以 23 亿美元的净资产而位列《福布斯》全球富豪榜第 512 名（美国第 164 名）。

20 世纪 90 年代美国互联网泡沫时期，IT 高科技公司的股票价格高得出奇。例如，亚马逊网上书店一直亏损，但它的股价超过 100 美元。罗伯逊认为，IT 公司的股票价格远远高于它们的价值，不值得购买。于是，他将资金从股市特别是高科技股中退出来。结果，老虎基金的投资者纷纷撤资，失去了投资者的资金，老虎基金不得不于 2000 年 3 月关闭。

与罗伯逊相反，索罗斯说，只要有人愿意买，就没有股价是不是过高的问题；以高价购买股票，然后以更高的价格转手卖给别人，并在股市泡沫破裂前退出了，就能赚钱。于是，索罗斯掌管的量子基金投资于股市的 70%的资金都投资于高科技股。不过，在索罗斯从股市完全退出前，泡沫就在 2000 年 3 月破裂了，量子基金遭受了数十亿美元的损失。

在 20 世纪 90 年代美国的互联网泡沫中，罗伯逊与索罗斯这两位华尔街风云人物的看法不一样。可以说，他们两人的看法都是对的，但殊途同归，都遭受亏损。

决定债券价值的因素

确定债券价值的方法与确定股票价值的方法本质上是一样的，即债券的价值也是由债券能够给投资者赚多少钱决定的。

购买股票，我们可以得到分红，分红就是股票帮我们赚的钱；购买债券，我们可以按时得到利息和本金。

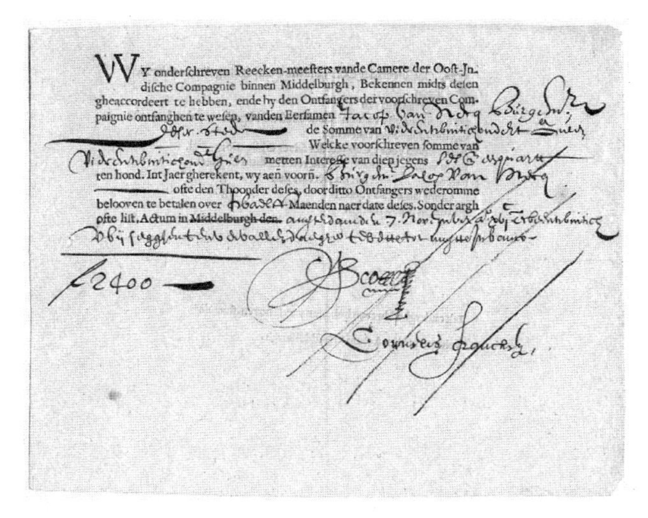
WY onderschreven Reecken-meesters vande Camere der Oost-Jndische Compagnie binnen Middelburgh, Bekennen midts desen gheaccordeert te hebben, ende by den Ontfangers der voorschreven Compaignie ontfanghen te wesen, vanden Eersamen
de Somme van
Welcke voorschreven somme van
metten Interesse van dien jegens
ten hond. Int Jaer gherekent, wy aen voorn.
ofte den Thoonder deses, door ditto Ontfangers wederomme belooven te betalen over
Maenden naer date deses, Sonder argh ofte list, Actum in ~~Middelburgh den~~
f 2400

图 33　世界上现存最早的债券[①]

图片来源：www.wikipedia.org。

债券与股票的区别之一，是债券的利息是固定的，而股票的分红是不固定的。债券的发行人要按照发行债券时的合同，按时按规定的金额给购买债券的人支付利息，并且在债券到期的时候，偿还本金。股票的分红则是看公司的经营状况。公司经营好，就可能多分红；经营不好，就可能少分红，甚至不分红。

债券与股票的区别之二，是如果公司破产或者因为其他原因而解散，首

① 世界上现存最早的债券是荷兰东印度公司于1622年11月7日发行的债券，面值为2 400弗洛林。

先要还清对债权人所欠的债，而债券持有人是债权人。还清债务后，剩下的资产才是股东的。所以，如果公司资不抵债，股东可能什么分红也得不到，而且连购买股票的本金都全部打水漂了。

与股票的价格一样，债券的价格也是每天都在变。影响债券价格变动的因素很多，但最主要的有两个：一个是利率，一个是债券发行人的信用状况。

首先，利率上升，债券的价格肯定下跌；利率下降，债券的价格肯定上升。为什么会这样呢？例如，中石油公司发行面值 100 元人民币、3 年到期、年利率 4%、利息每年支付一次的债券。我们购买了中石油的这个债券，那么，我们每年获得的收入就是 4 块钱的利息。假如银行的利率提高到 5%，那么，我们每年可以获得 5 块钱的利息。这样，购买中石油的债券还不如把钱存到银行去。于是，很多人会卖掉中石油的债券，把钱存到银行去。债券的价格就会下跌。所以，购买债券的一大风险就是利率风险，也就是利率的上涨会导致债券价格下跌。

前面我们说到过，1994 年，美国加州洛杉矶附近的奥兰治县政府破产了。奥兰治县一直是美国比较富裕的一个县。那它为什么还破产呢？1991 年，美国经济陷入衰退，为了让经济尽快复苏，美联储削减了利率。1992—1993 年，美国的利率一直很低，而且一直在下降。于是，奥兰治县的财政局长将 200 多亿美元的资金用来购买了各种各样的债券，包括美国国债、市政债券以及公司债券。但是，1994 年年初，美国经济已经复苏。为了防止通货膨胀，美联储开始连续 6 次提高利率，导致利率从 1994 年年初的 3.25%上升到 1994 年年底的 6%。利率的提高导致债券的价格雪崩似地下跌。奥兰治县因此损失了 17 亿美元，不得不宣告破产。

其次，债券发行人的信用状况会导致债券价格的下跌。什么是债券发行人的信用状况呢？发行债券实际上就是向别人借钱，因此，债券发行人能不能按时支付利息、能不能按时偿还本金就很重要。还有，就是债券发行人会不会赖账。这些就是债券发行人的信用状况。标准普尔、穆迪与惠誉是全球三个主要的信用评级公司。公司发行债券的时候，都要请这些公司给自己的债券评个等级。等级最高的是 AAA 级，这个等级的债券基本上没有信用问题。BB 级及其以下等级的债券叫“垃圾债券”。“垃圾债券”的风险很大，发行这种债券的公司没准今天还在营业，明天就破产了。债券的信用等级被下调，意味着债券发行人无力还本付息的可能性增加，其发行的债券的价格也就会下跌。

政府财政部发行的国债或者国库券有没有信用风险？当然有。金融危机发生的时候，政府就可能暂时停止还本付息。例如，1998 年 8 月 15 日，俄罗斯就宣布无限期停止债券的还本付息。2000 年，阿根廷也这么做过。不过，国库券与国债的信用风险一般很低。原因之一是政府有税收收入，税收收入可以保证政府有足够的钱来还本付息；原因之二是政府需要公信力，政府如果赖账，将丧失公众对它的信任。此外，债券的期限越长，风险越高，因为谁也不知道 30 年或者 50 年以后的事情。因为国库券的期限只有一年或者一年以下，所以，我们常常把国库券当作没有风险的资产。

三、现代资产组合理论

“不要把鸡蛋放在一个篮子里”是一个日常生活中的简单道理，但是，经济学家们却把它引进到金融里面来，用它来指导我们的投资。1950 年，美国经济学家哈里·马科维茨把这个日常生活中的简单道理引进到金融中，从而创建了一个理论，这个理论叫做“现代资产组合理论”。1991 年，马科维茨因为创建这个理论而获得了诺贝尔经济学奖。

“现代资产组合理论”让股市不再是赌场

很早以前，就有了债券、股票。股票已有 300 多年的历史，世界上第一张股票是荷兰东印度公司于 1601 年发行的。债券的历史比股票还久，在 2 000 多年前古希腊城邦时期，就有了政府债券。但是，直到 20 世纪 30 年代，包括经济学家们在内，人们都认为，股市、债券市场这些金融市场和赌场差不多。一旦我们买了一个股票，那么，这个股票到底是赔还是赚，我们不知道；

风险有多大，我们也不知道，因为我们根本就不知道怎么来衡量风险的大小。当然，我们就更没有办法控制风险了。这不与赌博时掷色子，一旦掷出去，是大是小只能听天由命一样吗？

有了马科维茨的这个“现代资产组合理论”，情况就不一样了。有了这个理论，在投资之前，我们就可以估计自己大概要承担多大的风险。更重要的是，我们就可以根据自己是不是喜欢风险、能够承担多大的风险这两方面的实际情况，以不同的方式来投资，得到自己想要的风险与回报。这样，股市投资就不再是赌博时掷色子这样完全靠运气、我们自己完全无法控制的东西了。

在 1950 年的时候，马科维茨的“现代资产组合理论” 是一个连大经济学家们都从来没有听说过的东西。他的这个理论实在太新了，新的差点让他没拿到博士学位。

在美国芝加哥大学经济学系攻读经济学博士学位的时候，马科维茨开始考虑投资者应该怎么投资的问题。最后，他以“资产组合”问题作为他的博士学位论文的内容。1952 年，马科维茨进行博士学位论文答辩，答辩委员会中有芝加哥大学经济学教授米尔顿·弗里德曼[①]。此时，弗里德曼已经是名满天下的大经济学家。1990 年，在接受诺贝尔经济学奖的仪式上，马科维茨在讲话中说，当他在 1952 年进行博士论文答辩时，弗里德曼对他说，“资产组合”问题不是经济学问题，因此不能给他经济学博士学位。

在马科维茨进行博士学位论文答辩时，“资产组合”问题确实还不是经济学的内容。但是，正是他的这个博士学位论文不仅将资产组合问题变成了经济学的内容，而且，更重要的是，这个理论的创建成为现代金融学的开端，这个理论本身也成为现代金融学最基本的理论之一。

“现代资产组合理论”告诉我们如何投资

马科维茨的“现代资产组合理论”到底是些什么内容呢？根据这个理论，

① 弗里德曼在 1976 年获得诺贝尔经济学奖，2006 年去世。

我们应该怎么投资呢？

他的这个理论包括以下几个方面的内容：

第一，在投资的时候，我们只关心两个问题。第一个问题是，我们能够得到多大的回报？能赚多少钱？第二个问题是，我们要承担多大的风险？我们总是希望尽量降低自己的风险，同时尽量提高自己的回报，赚尽可能多的钱。但是，风险与回报总是密切联系在一起的。我们要想获得高回报，就要冒大风险。

第二，怎么衡量风险与回报的大小呢？我们在上面“风险与回报”那一节里已经讲过，我们可以用资产价格的波动程度来衡量风险的大小。具体地说，用回报的标准偏差来衡量风险的大小。

第三，不同的金融资产之间会存在相关性。例如，中石油股票价格上涨的时候，中石化股票价格也可能上涨；而中石油股票价格下跌的时候，中石化股票价格也可能下跌。中石油与中石化股票价格就存在相关性，而且是正相关性。正相关性就是两个事物朝着一个方向变化，在股市里面，就指不同股票的价格同步上涨或者同步下跌。又如，中石油股票价格上涨的时候，中国国际航空公司股票价格可能下跌，而中石油股票价格下跌的时候，中国国际航空公司股票价格可能上涨。中石油与中国国际航空公司股票价格之间也存在相关性，不过是负相关性。还有一种情况就是，两者之间不存在相关性，也就是相关性是零。例如，不管中石油股票价格是上涨还是下跌，中国工商银行股票的价格可能都不变。

第四，我们把不同的金融资产放在一起，就是一个组合，叫资产组合。把中石油、中石化、中国国际航空公司、中国工商银行等公司的股票放在一起，就是一个资产组合。假如我用 10 000 元来买这四个股票。我把这 10 000 元在这四个股票之间平均分配，即四个股票各买 2 500 元，这就是一个组合。我也可以用 1 000 元、2 000 元、3 000 元、4 000 元分别购买中石油、中石化、中国国际航空公司、中国工商银行的股票，这就是另一个组合。事实上，根据不同的比例，我可以组成无数个不同的资产组合。但是，在所有这些组合中，有一些组合比别的组合好。

此外，我们还可以按照自己的要求，组建符合自己需要的组合。例如，在上面的例子中，我提出了两个要求。第一个要求是这个组合能够给我带来25%的回报；第二个要求是我承担尽量小的风险。同时满足这两个要求的组合有且只有一个。通过计算，我得到的结果可能是这样的：要同时满足这两个要求，我必须把 10 000 元中的 15%、20%、35%、30%分别用来购买中石油、中石化、中国国际航空公司、中国工商银行这四个股票。

第五，由于各种资产之间的关系不可能全部都是正相关，也就是说，资产的价格——例如股票的价格——不可能全部同时上涨或者全部同时下跌，因此我们可以通过分散投资的方式来降低风险。例如，在上面的例子中，中石油股票价格上涨的时候，中国国际航空公司股票价格在下跌，而中石油股票价格下跌的时候，中国国际航空公司股票价格却在上涨。我要购买股票的话，有三种选择：一是把 10 000 元全部购买中石油的股票，二是把 10 000 元全部购买中国国际航空公司的股票，三是同时购买中石油与中国国际航空公司的股票。显然，第三种选择的风险是最小的，因为中石油股票价格下跌的话，中国国际航空公司股票价格在涨，这样部分抵消了中石油下跌造成的损失。如果我再购买中国工商银行的股票的话，我的风险就更小了。这样把资金分散到几个或者更多的股票上就是分散投资。分散投资就是把鸡蛋放在不同的篮子里面，从而降低投资的风险。

在马科维茨提出资产组合理论后，美国另一位经济学家詹姆斯·托宾对他的这个理论进行了补充与发展，从而形成完整的“现代资产组合理论”。托宾是美国耶鲁大学的经济学家，他在 1981 年获得诺贝尔经济学奖。

在马科维茨的资产组合理论中，所有的资产都是有风险的。也就是说，他假定我们把自己的资金都用来购买股票这些有风险的资产。在上面关于“风险与回报”的那一节中，我们已经说过，财政部发行的国库券虽然有风险，但它的风险非常非常低。我们可以把国库券当作没有风险的资产。那么，在既有股票这样有风险的资产，也有国库券这样没有风险的资产情况下，我们应该怎么投资、怎么组建自己的资产组合呢？是不是应该既购买股票，也购买国库券呢？如果是这样的话，股票与国库券各占多大的比例合适呢？

托宾帮我们解决了这些问题。他说，我们可以分两步来做。

第一步，我们先将自己的资金分成两部分，一部分用来购买没有风险的资产，例如购买国库券；另一部分用来购买有风险的资产，例如购买股票、房地产等等。那么，应该用多少资金购买股票、用多少资金购买国库券呢？托宾说，我们可以根据自己喜不喜欢风险、有没有能力承担风险来决定这个比例。如果我不喜欢风险，或者我的全部家当就只有这 10 000 元，我就可以把 9 000 元用来购买没有风险的国库券，只拿剩下的 1 000 元用来购买风险大的股票。

第二步，在决定了用多少资金来购买有风险的资产后，我们就可以按照马科维茨的方法来分配这部分资金。在上面的例子中，我用 1 000 元购买股票，按照马科维茨的方法，通过计算，我可能发现，按以下的比例来分配资金对我来说是最好的：我应该用这 1 000 元中的 10%、15%、35%、40%，也就是 100 元、150 元、350 元、400 元分别来购买中石油、中石化、中国国际航空公司、中国工商银行的股票。

这样，我们就知道，为什么“现代资产组合理论”能够让马科维茨获得诺贝尔经济学奖了，因为他的这个理论不仅告诉我们应该分开篮子放鸡蛋，而且告诉我们，每个篮子里面应该放多少鸡蛋。也就是说，他不仅告诉我们应该分散投资，而且告诉我们每种资产我们应该购买多少。马科维茨不仅告诉我们怎么衡量风险的大小，而且告诉我们怎么通过分散投资来控制风险。这是以前的经济学家们想都没有想到的。

马科维茨的“现代资产组合理论”告诉我们应该怎么通过分散投资来控制风险与回报。但是，很多股民没有按他的理论去做，而是拿全部家当买一个股票。为什么呢？原因有很多。有些股民可能是从小道消息听说某个股票肯定要涨。如果是这样的话，这些股民就是在投机，而不是投资了。

据说，在马科维茨获得诺贝尔奖后，有媒体问他是否按他自己的理论进行投资。马科维茨回答说，不是。为什么马科维茨不按自己的理论进行投资呢？这个问题我们在逻辑之九中再说。

四、效率市场假说

“效率市场假说”是现代金融学的核心理论。

迟钝的小猪与冤死的老牛

曾经有这样一个流传很广的笑话：一艘船漂行在大海上，船上坐着很多动物。动物们提议，大家每人说一个笑话，如果听笑话的动物中，有一个没有笑，说笑话的就自己跳到海里去。老牛说了一个笑话，大家都呵呵大笑，唯独小猪在那毫无反应。于是，老牛只好自己跳到海里，淹死了。过了一个小时，小猪突然哈哈大笑起来。大家问他，为什么发笑。小猪说，刚才老牛的笑话太好笑了。原来，小猪这时候才反应过来。老牛死得太冤了。

这个笑话同金融有关系吗？当然有，而且关系还很大。

在这个笑话里面，因为小猪反应迟钝，老牛不得不跳到海里淹死了，老牛死得太冤了。在股市里面，如果股票的价格也像这个小猪一样反应迟钝的话，就会产生类似的后果。比如，一个公司经营得非常好，但是，不管这个公司宣布了什么好消息，不管这个公司比上一年多赚了多少钱，它的股票价格像小猪一样，就是没反应，就是不上涨。结果会怎么样呢？结果就是没有人买这个公司的股票，这个公司就得不到生产所需要的资金，也就发展不起来。甚至可能会倒闭，像老牛一样冤死。

相反，如果大象说了一个笑话，本来这个笑话一点也不好笑，可是，不知道什么原因，所有动物都莫名其妙地哈哈大笑。这不就让大象白白捡了个大便宜吗？就好比在股市里面，本来一个公司经营得很差，连年亏损，可是它的股票价格就是一个劲地往上涨。结果怎么样呢？当然是大家都去买它的股票，本来有限的资金都浪费在这个经营很差的公司里面了。

在股市里面，上市公司经常会公布重大事件，对于这种重大事件，如果股票的价格像小猪一样反应迟钝、没有变化的话；或者，本来什么事情也没发生，可是股市莫名其妙地暴涨暴跌，我们就把这个市场叫做“非效率市场”。

股市与商品市场不一样

效率市场就是当股市发生好的或者不好的重大事件时，股票价格会迅速而且充分地作出反应，即股票价格会迅速地上涨或者下跌。这个理论就叫“效率市场假说”。

在美国，不仅大部分经济学家接受了“效率市场假说”，很多法学家也接受它，并根据这个理论来分析法律问题。因此，“效率市场假说”是一个影响很大的理论。

20 世纪初，投资者与经济学家们在股市里面发现了一个让他们很不安的现象。即股票价格的变化好像是没有任何规律、无法预测的。这一发现为什么让他们不安呢？这是因为，按传统经济学理论，股票的价格也是由供需决定的，那么股票价格的变化就应该是有规律的，而且应该只朝着一个方向变化。

如果猪肉今天 20 块钱一斤，明天 30 块钱一斤，后天 15 块钱一斤，大后天 40 块钱一斤，这样让人无法预测，那么，猪肉这个市场肯定就出了大问题，没有正常运转。所以，当 20 世纪初的投资者与经济学家们发现股市正是这样让他们无法预测的时候，他们很不安，担心股市出了大问题，违反了经济常理，没有正常运转。到了 20 世纪 30 年代，越来越多的人发现，股市是无法预测的。

其实，1900 年，一位名叫路易斯·巴舍利耶的法国数学专业博士研究生就在他的博士学位论文《投机理论》中说，股票价格就好比在水里漂浮的细小微粒一样，它漂浮到哪里，谁也不知道。但是，当时并没有很多人重视他的论文和他的这个理论，他的论文一直躺在法国巴黎一家图书馆的角落里，巴舍利耶本人也一直默默无闻。直到 50 年后，获得 1971 年诺贝尔经济学奖的美国经济学家保罗·萨缪尔森发现他的论文。

1965年，萨缪尔森发表文章说，“股市是不可预测”的这一现象说明，股市不仅没有违反经济常理；恰恰相反，它说明股市完全在按经济常理运转，而且运转得非常好。为什么呢？萨缪尔森说，理由很简单，如果股市是可以预测的，那么大家都早就是亿万富翁了。而且，萨缪尔森说，“股市是可以预测”的这种说法是自相矛盾的。为什么呢？举例来说，今天是2012年7月24日，假如我今天预测中石油的股票在2012年8月1日将从每股15块钱上涨到每股25块钱，那么，我会怎么做？我当然今天就会购买中石油的股票，钱不够，借钱买，有多少买多少。结果，中石油股票的价格会怎么样？当然是今天就会开始上涨，而不会等到2012年8月1日才上涨。

1970年，一位名叫尤金·法玛的美国经济学家创造了“效率市场”一词，从而使“效率市场假说”广为人知。在随后的几十年中，“效率市场假说”不断受到很多人的批评，因此它的支持者也不断将这个理论进行完善。

“效率市场假说”：股市是不可预测的

经过“效率市场假说”支持者的不断完善，这个理论的内容已经不只是研究“股市是不是可以预测”的问题，而是包含了好几个方面的内容。

第一，股市是不可预测的。

“效率市场假说”告诉我们，理由其实很简单：股市是由新闻推动的，即推动股票价格发生变化的力量是新闻，而新闻是不可预测的。例如，2011年8月5日星期五，标准普尔宣布将美国联邦政府信用等级降级，8月8日星期一，全球股市开盘就大跌；中国国家统计局宣布2011年7月的通货膨胀率为6.5%，是37个月以来最高时，中国股市随即下跌。

新闻的本质特点是什么呢？它的本质特点就是，它是无法预测的。如果新闻是可以预测的，它也就不是新闻了。要么新闻发生的时间、地点是人们无法事先知道的；要么它的内容是人们无法事先知道的；要么它发生的时间、地点、内容都是人们无法事先知道的。例如，按惯例，中国国家统计局会在每月初发布上月的 CPI 指数等经济数据。虽然我们知道国家统计局发布 CPI 数据这一新闻的时间、地点，但是，发布的具体内容事先是没有人知道的。如果事先有人知道了，那很可能是统计局内部有人违法，泄密了。

这样，根据“效率市场假说”，既然股市的变化是由新闻推动的，而新闻又是不可预测的，股市也就是不可预测的。

第二，股市迅速而充分地对新闻作出反应。

由于股票价格的变化是由新闻推动的，因此，在没有新闻发生的时候，股市就不应该发生大的波动。但是，一旦新闻发生了，股票价格就会迅速而充分地作出反应，也就是股票价格应该迅速地上涨或者下跌。

首先，当新闻发生时，股票价格会迅速地发生变化。如果新闻发生时，股票价格像前面的动物笑话里面的小猪一样很久没有反应的话，股市就不是一个效率市场。

其次，当新闻发生时，股票价格会充分地发生变化。什么叫“充分”呢？就是股票价格的上涨或者下跌的程度应该与新闻内容的重要性相适应。如果是很重大的新闻，例如汶川大地震，股市就应该发生大幅度的变化。如果在汶川大地震后，股市只是小幅波动，那么这个股市就不是一个效率市场。

第三，研究股市没有用处。

现在很多人都在研究股票。有些人整天研究股票的交易量、股票过去的价格及价格的变化。例如，我们经常在电视上看到，股市分析师指着 K 线图、蜡烛图，声称从这些图形中能够发现股市变化的规律，从而预测股市的走向。对股市的这种分析叫做技术分析。有些人则整天研究上市公司的财务报表、上市公司的管理质量、上市公司的产品销售状况，等等。因为这种分析是分析上市公司的基本经营状况的，所以叫做基本面分析。

但是，“效率市场假说”认为，无论是技术分析，还是基本面分析都是没有用的。为什么呢？因为股票的交易量、价格、公司的财务报表、K 线图等等这些东西都是公开的信息，谁都可以去研究他们，而且事实上，它们已经被无数人研究了无数遍，我们不可能再从里面发现新的东西了。所以，再去研究这些东西就变成徒劳无功的事情。

有个流传很广的故事能够很好解释“效率市场假说”的这个观点。西晋时候有个大才子，叫王戎。这个人从小就很聪明。在他还是小孩的时候，有一天，他和一帮小朋友在外面玩，看到一条大路边长着一棵李子树，树上长满了熟透的李子。小朋友都跑去摘李子吃，唯独王戎没去摘。小朋友问他为什么不去摘李子。他说，“这个树上的李子肯定是苦的”。小朋友不信，问为什么。王戎说，“这棵树长在路边，谁都可以去摘。但现在树上长满李子，肯定是有人已经尝过树上的李子，发现李子是苦的。否则，这树上的李子早就被人吃光了。”小朋友摘下李子一尝，发现果然是苦的。

股票的交易量、以往的价格、上市公司的财务报表等等这些公开的信息就好像长在大路边李子树上的李子，谁都可以去品尝、去研究，而且肯定已经有无数人品尝过、研究过无数次。因此，就算我们再去品尝李子，我们的发现与别人的发现还是一样的，就是李子是苦的。同样，就算我们再去研究股市，我们也不可能从股市里面发现新的东西。所以，研究股市是没有用的。

但是，很多人仍然相信股市是可以预测的。全球的股市分析师们都强烈反对“效率市场假说”，相信股市是可以预测的。因为股市分析师们的工作就是预测股市，如果“效率市场假说”是正确的，那么他们就都得下岗，都得另谋生路。

股市到底是不是“效率市场”？

那么，“效率市场假说”到底对不对，或者说股市到底有没有规律性、是不是可以预测的呢？对于这个问题，经济学家们已经进行了大量的研究。他们的结论是，市场有时候是效率市场，有时候不是效率市场；在某些方面是效率市场，在某些方面不是效率市场。

检验股市是否是效率市场的一个方法，是看基金经理们的业绩是否跑过大盘。例如，当上海证券交易所的大盘上涨了 10%的时候，看基金经理们管理的基金上涨的幅度是否超过10%。基金经理们是从事股市投资的专门人才。如果基金经理们真能预测股市的走向，那么他们就会在股市下跌前卖掉股票，而在股市上涨前买进股票。这样，因为他们避免了股市下跌时候的损失，在他们的管理下，基金的业绩就会比大盘好。

然而，经济学家们经过大量研究发现，不管是在哪个国家，总体来说，共同基金的经理们很少能够持久性地跑得过大盘。偶尔有人跑过大盘，也基本上是靠运气好。2011年上半年，中国国内370只2011年以前成立的股票基金仅10只赚钱，其余的全部亏损。自2006年首只“合格境内机构投资人（QDII）”成立以来，49只QDII中，已有39只跌破面值。

华尔街的投资大师们也常有亏损的时候。2011年，乔治·索罗斯、约翰·保尔森等对冲基金大师们就都遭受巨额亏损。在2008年金融危机中，保尔森曾以大规模卖空而获利数十亿美元。然而，在2011年，保尔森数次遭受巨亏。例如，2011年年初，他以大约10亿美元买入2 500万股惠普股票，平均价格44.7美元。8月19日，惠普宣布考虑放弃智能手机与平板电脑业务后，股价暴跌到只有23.6美元，保尔森账面损失可能高达5亿美元。

有人会问，不是有沃伦·巴菲特吗？难道巴菲特也是靠运气？对这个问题，经济学家们的回答是，全世界有65亿人，在这65亿人中，总会有巴菲特、爱因斯坦这样几百年才出一个的天才。而且，在2002—2011年的10年中，巴菲特5次跑赢大盘，5次输给大盘，和大盘也只是打个平手。其中，2008年，巴菲特亏损不少，还因此向他的股东们道歉了。

这说明，专门从事股市投资的基金经理们并没有预测股市的能力。既然没有人总是能够准确预测股市，那么，股市就是不可预测的。从这个角度来说，“效率市场假说”就是对的。

不过，“效率市场假说”也有不对的时候。例如，如果“效率市场假说”是对的，那么股票的价格与它们的价值应该就是一致的，不应该存在股票的价格大幅度高于它们的价值这种现象。也就是说，股市不应该存在泡沫。但是，股市泡沫却已经出现了很多次，最近的一次就是2006—2007年。上海证券交易所的综合指数在短短的一年半中，从2006年年初的1 300点暴涨到2007年10月的6 250点，然后又暴跌到2008年年初的1 800点。没有任何合理的理由能够解释股市的这种暴涨暴跌。

投资策略取决于我们是否相信“效率市场假说”

“效率市场假说”对投资者个人的股市投资有什么意义呢？

如果“效率市场假说”是对的，那么就没有人能够真正预测股市的变化、股票价格的上涨或是下跌，对股票进行各种各样的分析也都没有用处；就算我们在一段时期中，甚至很长的一段时期中，连续准确地预测到了股市的变化，那也很可能不过是我们刚好运气好而已。如果我们不能准确地预测股市变化，那么作为投资者，我们就不要过多地从事短线交易。

所以，对于我们一般投资者来说，在投资的时候，很重要的一点是，看你相信不相信“效率市场假说”。如果你不相信“效率市场假说”，认为股市是可以预测的，那么你可以做短线。如果你相信“效率市场假说”，那么最好的投资方式，就是买一个能够充分代表股市大盘的指数基金。

1973 年，“效率市场假说”的支持者美国普林斯顿大学经济学家伯尔顿·马尔基尔出版了一本书，介绍“效率市场假说”及其对投资者的指导作用。这本书至今在美国还是畅销书，中文版书名叫《漫步华尔街》。

总之，政府应该采取措施提高股市的效率性，使它成为效率市场，因为非效率市场对经济的发展会有很大的危害。

危害之一就是在本章开始的时候我们说过的，如果股市对于公司的经营业绩没有反应，或者乱反应，那么，经营好的公司可能得不到生产所需要的资金，而经营不好的公司反而能够得到资金，造成资金的浪费。

危害之二是如果股市出现泡沫，那么这个股市就不是效率市场。股市泡沫会对经济造成严重的危害。关于股市泡沫的危害，我们在逻辑之十中的“金融泡沫”一节里会进一步谈到。

五、套利与卖空

中国内地很多企业在深圳或上海证券交易所发行 A 股，同时在香港证券交易所发行 H 股。A 股与 H 股事实上是完全一样的东西，只是上市交易的地点不同而已，但是 A 股的价格一直远远高于 H 股的价格。这一现象让内地的股民们非常不满。

上述现象说明，中国内地的金融市场存在很严重的问题。我们从“投机倒把”说起。

海南的香蕉为什么会烂在果园里？

对于“80 后”、“90 后”们来说，“投机倒把”、“投机倒把罪”可能是两个“雷词”，因为它们现在已经很少见到了。然而，很长一段时间，在中国《刑法》与其他很多法律中，都有“投机倒把”这个词，并有“投机倒把罪”，直到 1997 年《刑法》修订时，“投机倒把罪”被取消；2009 年 8 月 24 日提请全国人大常委会修改的法律中，删去了所有关于“投机倒把”、“投机倒把罪”的规定。这样，“投机倒把”、“投机倒把罪”这两个计划经济时代的名词终于随着中国经济的发展而成为历史名词。

通俗地说，“投机倒把”就是指某人在一个地方用低价购买某种商品，然后在另外一个地方按高价把商品卖掉，赚取其中差价的行为。比如，2011 年 5 月，海南省的香蕉卖 0.5 元一公斤，而完全一样的香蕉在北京卖 4 元一公斤。如果有人把香蕉从海南运到北京出售，就可以赚到很高的差价。

还有一种更巧妙的“投机倒把”。假如 A 是北京的一个水果批发商，而 B 是海南的一个香蕉果农。我与 B 签订一个合同，向他购买 10 万公斤香蕉，0.5 元一公斤，总货款为 5 万元。同时，我与北京的 A 签订一个合同，以 3 元一公斤的价格向它出售 10 万公斤香蕉，总货款是 30 万元。我让 A 把 30 万元货款中的 5 万元汇入 B 的银行账户，剩余的 25 万元汇入我个人的银行账户，同时，我要B将我向它购买的10万公斤香蕉直接发送给A。这样，我自己没花一分钱，却赚了25万元。这就是我们常说的“空手套白狼”。

“80后”、“90后”们很可能会说，这不是很正当的生意吗，怎么会是犯罪呢？

其实，在经济学里面，这就是非常正当的生意。不过，经济学家不叫它“投机倒把”，而是叫它“套利”。经济学家们认为，对于市场的健康运行来说，套利是必不可少的。

在经济学的课堂中，老师会告诉我们，相同的两件商品在不同的两个地方出售时，它们的价格必然要一样。这就是经济学里面的“一价定律”。

一价定律被违反的话，说明你这个市场不正常，存在问题。问题之一就是，你这个市场里面，交易成本可能太高了。在逻辑之一关于金融市场的那一部分中，我们说过，交易成本太高会导致市场变得越来越少，不利于经济的发展。在上面的香蕉例子中，如果把香蕉从海南运到北京，运费是0.5元一公斤的话，每公斤可以赚到 2 元，我会把香蕉从海南运到北京来。如果运费是 3 元一公斤呢？因为运费太贵了，我当然不会傻到从海南运香蕉到北京来了。而运费太贵又说明，你这个国家的交通运输太没有效率了，或者交通运输部门在欺行霸市。

这样，就产生一个问题。问题就是，一价定律不会自动地实现，也就是说，相同的东西在不同地方的价格不会自动地变成一样。那么，是什么力量促使同样的两件东西在不同地方的价格最终会变成一样呢？这种力量就是“套利”。这就需要有人把商品从价格低的地方运到价格高的地方去卖。这样，我们就看到，套利对市场、经济发展的好处了。

套利就是“空手套白狼”

那么，套利、一价定律与金融有什么关系呢？

首先，我们知道，金融学是在经济学尤其是微观经济学的基础上发展起来的，所以经济学的基本原则也是金融学的基本原则。套利与一价定律是经济学的基本原则，当然也就是金融学的基本原则。

其次，在金融市场中，股票、债券等金融资产也都是商品，因此，相同的金融资产在不同的市场上交易时，它们的价格也应该是一样的。例如，同一家公司既在上海发行A股，又在香港发行H股，那么，A股与H股的价格应该是一样的。

通俗地说，金融市场中，套利也就是我们所熟悉的"空手套白狼"，因为套利是不需要自己出一分钱，却能保证赚钱的事情。严格地说，套利要同时具备三个特征：第一，套利不需要花自己的一分钱。如果需要自己花钱，那就不是"空手"了，也就不是套利了。第二，套利没有任何风险，结果是包赚不赔。第三，套利是在两个市场同时进行交易，即在一个市场上卖掉某种物品的同时，在另一个市场上买进该物品。这里所说的"同时"，是指在非常非常短的同一时刻。

这种"空手套白狼"的机会就是"免费的午餐"。在市场中，有很多人整天专门在寻找这种"空手套白狼"的机会。这些人嗅觉敏锐，而且有很好的专业知识。一旦发现这种机会，他们就会很快下手，低价在一个地方买进，高价在另一个地方卖出。结果，就是两个地方的价格变成一样，即导致"一价定律"得到实现。这样，"免费的午餐"也就不会长期存在。

在金融市场中如何套利?

那么，在金融市场中，到底怎么进行套利，也就是怎么"空手套白狼"呢?

举个例子来说明。"中兴通讯"的A股股票在深圳证券交易所交易，而它的H股股票在香港证券交易所交易。因为这两个股票都是"中兴通讯"的，除了交易地点不一样外，它们没有其他区别，所以，这个A股在深圳的价格与H股在香港的价格应该是一样的。假如，现在，"中兴通讯"的A股在上海卖30块钱一股，而H股在香港卖5块钱一股。那么，我们就有"空手套白狼"

的机会了。怎么“空手套白狼”呢？假如“中兴通讯”股票的合理价格是 18 块钱一股，那么，显然，A 股卖得太贵了，而 H 股卖得太便宜了。我相信，一个月后，A 股的价格最终必然会下跌到 18 块钱一股，而 H 股则会上涨到 18 块钱一股，但我手里并没有“中兴通讯”的任何股票。那我可以怎么做呢？我向别人——例如向银河证券公司——借 1 万股“中兴通讯”的 A 股，约定一个月后归还。然后，我按现在的价格，即 30 块钱一股的价格，将这借来的 1 万股“中兴通讯”的 A 股卖给别人，我就有了 30 万块钱。同时，我用这 30 万块钱在香港买“中兴通讯”的 H 股，按 5 块钱一股的价格，总共可以买 6 万股。由于“中兴通讯”的 A 股与 H 股的价格差别太大了，它会吸引很多人像我这样卖掉 A 股，并买进 H 股。由于大家都卖掉 A 股，A 股的价格不跌都不行，而同时由于大家都买 H 股，H 股的价格不涨都不行。结果会怎么样呢？结果就是，A 股的价格就真的会跌到 18 块钱一股，而 H 股的价格真的会上涨到 18 块钱一股，也就是 A 股与 H 股的价格相等——这就是上面说过的“一价定律”实现了。这时，我就把手里的 6 万股 H 股按 18 块钱一股的价格全部卖掉，得到 108 万块钱。然后，按 18 块钱一股的价格从市场上买 1 万股 A 股还给银河证券公司，即总共花 18 万块钱。我就可以净赚 90 万块钱。

A 股价格为什么长期远远高于 H 股价格？

在“中兴通讯”A 股与 H 股的例子中，套利会导致 A 股与 H 股的价格一样。但事实是怎么样的呢？事实是，“中兴通讯”A 股的价格一直远远高于 H 股的价格，是 H 股价格的 3—7 倍。而且，几乎所有同时发行 A 股与 H 股的国内公司的股票中，A 股的价格都远远高于 H 股的价格。图 34 是 2005—2007 年间，“中兴通讯”等三家公司 A 股与 H 股股价的比率。图 34 显示，“北人股份”的 A 股价格一直是 H 股价格的 2—8 倍，而“新华制药”的 A 股价格一直是 H 股价格的 2—6 倍。

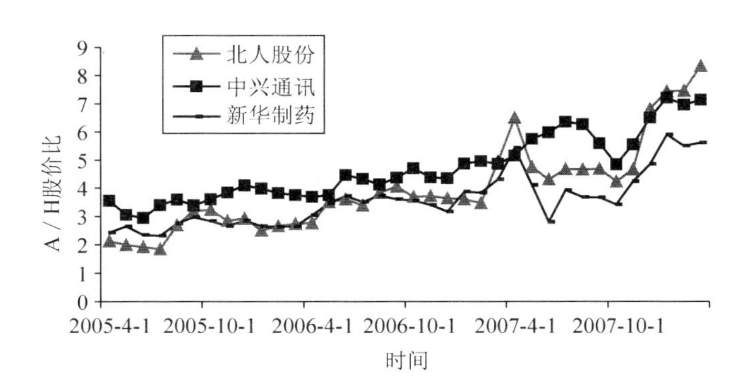

图 34　三家 A 股与 H 股股价比率

内地的股民们对 A 股的价格一直远远高于 H 股的价格非常不满，因为 A 股与 H 股是完全一样的东西，可是同在香港买 H 股的人相比，内地的股民却要花高得多的价钱才能买到与 H 股完全一样的 A 股。

那么，为什么 A 股的价格一直远远高于 H 股的价格呢？这么好的“空手套白狼”、赚大钱的机会，为什么没有人去利用呢？这是因为中国内地对股市实行严格的管制，导致香港与内地的股市被分隔开。一方面，H 股是在香港上市交易的，而法律规定不允许内地人去香港炒股；另一方面，法律规定也不允许非内地人士来上海或者深圳炒股。虽然内地在 2003 年开始批准符合规定的一些国外公司（称为“合格境外机构投资人”，即 QFII）来内地炒 A 股，也允许符合条件的一些内地的公司（称为“合格境内机构投资人”，即 QDII）去海外炒股，但由于这些公司的数量有限，加上它们还受到国内法律法规的很多限制，因此它们也没有能够改变 A 股价格远远高于 H 股价格的局面。

所以，在政府的法律法规禁止套利，或者虽然法律法规并没有明确地禁止套利，但却让你根本无法去套利的情况下，“一价定律”就无法实现。

中国从法律里面删去了关于“投机倒把”、“投机倒把罪”的规定，是中国经济发展、社会进步的一种表现。若将来有一天，中国取消对股市的管制，允许内地的股民自由地去香港炒 H 股，也允许非内地人士自由地来上海、深圳炒 A 股，不仅说明中国金融业更加开放，而且说明中国金融业更加发达。

卖空就是卖掉自己手里没有的东西

在国外金融市场中，特别是发达国家的金融市场中，卖空是一种很常见的投资方式，也是进行风险管理的一种常用手段。

卖空也是卖掉某种物品，但卖空与一般的出售不一样，它是卖掉自己手中并没有的东西。在股市中，卖空就是按照现在的市场价格卖掉自己现在手里并没有的股票。

那么，怎么出售自己手中并没有的东西呢？当然是从别人那里借，然后卖掉。我们用前面说过的“中兴通讯”股票的例子来说明。“中兴通讯”公司的 A 股股票是在深圳证券交易所交易的。假如现在它的 A 股价格是 30 块钱一股。但是。我相信，它只值 18 块钱一股，而且我相信一个月后，它的价格最终会下跌到 18 块钱一股。不过，现在我手里并没有“中兴通讯”的任何股票，我想要“中兴通讯”的股票。那我可以怎么做呢？我可以向别人——例如银河证券公司——借 1 万股“中兴通讯”的 A 股，约定一个月后归还。然后，我按现在的价格，即 30 块钱一股的价格，将这借来的 1 万股“中兴通讯”的 A 股卖给别人，我就有了 30 万块钱。一个月之后，当“中兴通讯”的 A 股真的从 30 块钱一股下跌到 18 块钱一股时，我用 18 万块钱从市场上按 18 块钱一股的价格买 1 万股 A 股还给银河证券公司。整个这个过程就是卖空。通过卖空，我就可以净赚 12 万块。在这中间，我没有花费自己一分钱。因此，卖空也是“空手套白狼”。

而且，我们可以看到，上面说到过的“套利”要通过卖空才能进行。因此，在很多时候，如果法律不允许卖空，大家就不可能进行套利。

在上面的卖空中，我先向银河证券公司借来了“中兴通讯”股票，然后卖给别人；或者，虽然我还没有借来“中兴通讯”股票，但我完全有把握能够借到“中兴通讯”股票。这种情况下，如果有人来买我的股票，我可以保证他能从我手里拿到“中兴通讯”的股票。

还有一种卖空叫“无券卖空”（或者叫“裸空”）。“无券卖空”就是在不仅自己没有股票，而且还没有借来股票的情况下，将股票卖给别人；或者，虽然自己已经去借股票了，但并没有把握能够借到股票。在上面的例子中，如果我对“中兴通讯”的股票进行“无券卖空”，那么，不仅我自己并没有“中兴通讯”的股票，而且我没有向别人借“中兴通讯”的股票来卖，或者我去借了，但并没有把握肯定能够借到“中兴通讯”的股票。这种情况下，你来向我买“中兴通讯”的股票的话，你把钱给我了，但我到时候不一定会有“中兴通讯”的股票交给你。通过“无券卖空”，投资者可以凭空制造出新股票，导致股票数量增加。

之前我们说到过美国著名投资家乔治·索罗斯的故事。1992 年 9 月，索罗斯大肆卖空英镑，并在一个月内净赚了 11 亿美元。这是历史上最著名的卖空之一。

通常情况下，在发达国家，卖空是合法的。但是，当股市下跌时，卖空可能加速股市的下跌。股市下跌的时候，如果大家齐心协力、大量买进股票的话，股市下跌的势头就会得到控制，并且反弹回来。而卖空却是抛售股票，这等于在本来就在下跌的股市背上狠狠地踩上一脚。因此，有时候卖空会被看作趁火打劫、落井下石。在股市中遭受损失的公众会强烈地反对卖空，而政府也常常会采取措施限制，甚至禁止卖空。

在 1929 年美国股市暴跌时，卖空在美国曾经是“过街老鼠，人人喊打”，因为大家都认为，正是卖空才导致了股市的暴跌。有人甚至认为，“卖空是不热爱美国”、“卖空是苏联间谍故意破坏美国股市”。1930 年 10 月，美国政府内外的反卖空气氛达到了歇斯底里的程度。美国媒体报道说，美国当时的总统赫尔伯特·胡佛会见了纽约证券交易所总裁，讨论是不是要打击卖空的问题。当时的美国联邦调查局局长约翰·胡佛就相信，正是卖空延长了美国 1929 年的“大萧条”，并展开调查。美国商业部则指责苏联特务在美国通过卖空，破坏美国小麦市场。而事实是，苏联人确实是在卖空，不过是利用卖空，进行正常的风险管理而已。在这一段时间中，各种各样的限制卖空的规定如雨后春笋般地出台。纽约证券交易所在 1931 年 9 月 21 日至 9 月 23 日的三天中，完全禁止卖空交易。

在 2007—2008 年的金融危机中，卖空再次在各国成了“过街老鼠”。美国证券交易委员会（SEC）在 2008 年 9 月 19 日至 10 月 8 日间，临时禁止卖空。当时担任 SEC 主席的克里斯托夫·考克斯在 2008 年 3 月发表了题为“反无券卖空欺诈规则”的演讲。在演讲中，他说，“无券卖空是欺诈行为，SEC 将采取措施防止它的发生，并将对无券卖空者予以惩罚。”2009 年 7 月 8 日，美国通过了法律，永久性禁止无券卖空。英国也采取了类似措施。英国的证券市场监管机构叫“金融服务管理局（FSA）”。FSA 在 2008 年 9 月 18 日下令禁止卖空，并直到 2009 年 1 月 16 日才解除对银行股卖空的禁令。德国、法国、加拿大等国家也暂时禁止过卖空。2011 年 8 月 5 日美国信用等级被降级，全球股市暴跌，意大利、西班牙、法国、比利时自 8 月 12 日起禁止对银行股的卖空。

中国则长期禁止卖空。1998 年的《证券法》虽然没有明文禁止卖空，但明文禁止“融券”。什么叫“融券”呢？ 融资是把资金借给别人，那么，融券就是把股票等有价证券借给别人。卖空的前提条件是你能够从别人那借到股票。1998 年的《证券法》明文禁止证券公司把股票借给别人，这样你借不到股票，也就不可能卖空了。2006 年实施的新《证券法》取消了禁止融券的规定。2010 年 3 月 31 日，国泰君安、国信证券等 6 家首批试点证券公司开始融券交易。2011 年 11 月 25 日，经中国证监会批准，《上海证券交易所融资融券交易实施细则》正式发布，并自发布之日起施行。但是，在中国目前的证券市场中，真正的卖空交易少之又少。

卖空对股市健康发展的积极作用

那么，是不是如同很多人认为的那样，卖空导致股市的下跌，因此应该禁止呢？事实上，卖空有利于股市的健康发展。

首先，完全相同的东西在不同的市场上的价格应该一样，是常识，也是常理，这才符合经济学中的“效率”与“公平”原则。对于国内的股民来说，A 股的价格一直远远高于 H 股的价格是极不公平的事情，因为买国内公司发行的同样的股票，国内股民付出的价格比外国股民高得多。但是，完全相同的东西在两个地方的价格不会自动变成一样的。需要套利者的“空手套白狼”的交易迫使它们变成一样。前面我们已经看到，不允许卖空的话，就不会有套利，就会出现完全同样的东西在不同的市场上的价格不一样这种违反常理、违反常识、违反“效率”与“公平”原则的现象。

其次，卖空可以把股市中的水分挤出来，从而防止股市出现泡沫。如果市场上很多股票的价格远远高于它们真正的价值，那么这个股市就有很多水分，出现了泡沫。股市泡沫的危害很大。在前面的例子中，假如“中兴通讯”的股票其实只值 18 块钱一股，但现在卖 30 块钱一股，那么“中兴通讯”的股票被高估了，就存在 12 块钱的水分。但是，卖空可以把这多出的 12 块钱的水分挤出来，迫使它的价格下跌到 18 块钱一股。任何东西都应该有正反两方面，以实现相互制衡。股市也一样，在股市中，应该既有促使股票价格上涨的力量，也有促使股票价格下跌的力量，而卖空是促使股票价格下跌的力量之一。如果促使股票价格下跌的力量受到限制，就只有促使上涨的力量在起作用，股票的价格就很容易持续上涨而形成泡沫。在中国股市短短的 20 多年中，已经出现了几次股市泡沫。中国股市之所以经常出现泡沫，重要的原因之一就是中国一直不允许卖空。

最后，卖空是进行风险管理的重要手段之一。谁都知道，“股市有风险，入市需谨慎”。但是，我们可以用卖空来降低自己的投资风险。怎样用卖空来控制风险呢？我们可以一方面买进一些股票，同时卖空另一些股票，这样我们就可以对冲掉一些风险。例如，中石油与中石化都属于石油行业，它们的股票价格常常会一起上涨、一起下跌。那么，我可以买 100 股中石油的股票，同时卖空 100 股中石化的股票。这样做的结果会怎么样呢？中石油股票价格上涨的话，中石化的也上涨，这样，我在中石化的股票上肯定会赔，但在中石油的股票上肯定会赚，于是我在中石化上的损失被在中石油上赚的钱对冲掉了。反之，中石油股票价格下跌的话，中石化也下跌，这样，我在中石油的股票上肯定会赔，但在中石化的股票上肯定会赚。这样，不管它们是涨还是跌，我的损失都不会很大。在2007—2008年金融危机中，美国的高盛公司亏损很少，其原因之一就是它进行了大规模的“无券卖空”，赚了不少钱，从而弥补了它在其他方面遭受的损失。

1949年，美国人阿尔弗雷德·琼斯创建了一个投资基金，他的投资方式与其他的投资基金完全不一样。他怎么投资呢？他一方面购买一些股票，而同时又卖空另一些股票。结果怎么样呢？他购买的那些股票当然有风险，但是，这些风险部分地被他卖空的那些股票给对冲掉了。就好像上面的中石油与中石化的例子。利用卖空这一手段，他创建了一种崭新的投资方式与投资基金。他创建的这种投资基金就叫对冲基金。“对冲”的英文单词是“Hedge”，在中文里，作为动词是“骑墙”、“见风使舵”的意思。琼斯的这种投资方式就是“骑墙”，赌两边，目的是为了控制风险。现在，对冲基金是在全球非常流行的一种投资基金。当然，现在的对冲基金远比琼斯的对冲基金复杂得多，投资的方式也更加多样，操作起来难度更大，需要投资者具有很高的投资技巧。

从关于证券投资的这一部分内容中，我们可以得到以下几个结论：

第一，如何投资首先取决于你相信什么。如果你相信股市是不可预测的，那么，最好的做法就是买一个能够充分代表大盘的基金或者比较好的几个股票，并且长期持有；相反，如果你相信股市是可以预测的，那么，你尽可以运用各种投资技巧，去做短线。

第二，前面说过，经济学家们已经进行的大量研究表明，很少有人能够持久地跑赢大盘，即使有人连续数年跑赢大盘，基本上也是撞大运的结果。但是，大部分人并不相信这一点。

第三，大家都知道分散投资的好处，但很少有人这么去做（原因将在“逻辑之九”中讲到）。普通投资者没有从事套利交易的条件，因此，在风险与回报之间，投机取巧的余地很少。如果你只买了一两个股票，赚钱了，那是你以承担了很大风险为代价而得到的。我们大部分人只看到了赚钱，却没有看到自己承担了很大风险。

逻辑之七

公司高管可能损害股东的利益

公司是股东的，但公司的经营管理权却在公司高管们手中。高管们有可能损害股东的利益，而为自己谋取私利。因此，一方面要鼓励高管们为股东创造财富，另一方面也要约束高管们的行为。这就是公司治理。

现在很多的企业叫公司。其实，公司与企业是有区别的，公司都是企业，但企业并不一定是公司。那么，什么是公司呢？与其他类别的企业相比，公司有什么优点呢？

在现代西方金融学中，有一个领域是专门研究公司如何赚钱、如何筹集资金、赚了钱后怎么办、如何防止高管们侵吞公司资产这些公司中的重大问题的。这个领域叫做公司金融。

一、个人独资、合伙与公司制企业

现在很多人把自己创建的企业叫公司。其实，公司和企业是有区别的。公司都是企业，但企业并不一定是公司。公司其实应该叫公司制企业。除了公司制企业外，还有个人独资制企业、合伙制企业两种基本的企业形式。那么，个人独资制企业、合伙制企业、公司制企业有什么区别？为什么绝大部分大中型企业都叫“公司”呢？以公司制形式创建企业有什么优点呢？

个人独资制企业

个人独资制企业就是由一个人创建，并由一个人全部拥有的企业。例如，你决定创建一个食品加工企业，你到当地工商局注册登记，取得营业执照，就可以营业了。年末结算的时候，这个企业赚到的每一分钱都是你一个人的，当然，所有的亏损也都由你一个人承担。

个人独资制企业的优点，首先是政府对个人独资制企业的管理相对比较宽松。个人独资制企业完全属于个人所有，这个企业赚钱了，利润都是你一个人的；亏损了，亏损由你一个人承担，因此，你不用告诉任何人你这个企业经营得怎么样。其次是根据法律，个人独资企业不具有独立的法律身份，你与你的个人独资制企业是一体的，企业赚的每一分钱也都是你个人的钱。因此，你只交个人收入所得税就可以了，企业不用交税。也就是说，你和你的这个企业只交一次个人收入所得税就可以了。

当然，个人独资制企业也有缺点。首先，作为个人独资制企业的所有人，企业赚的钱就是你的钱，企业欠的债也就是你的债。这样，如果企业的财产不够偿还企业所欠的债，那你必须用你其他的家产来还债，直到还清企业欠的所有债务。其次，因为个人独资制企业没有独立的法律身份，它不能以企业的名义向银行申请贷款，也不能发行股票。此外，当你想把企业卖掉的时候，需要花时间、精力寻找买家，因此，卖掉个人独资企业比较困难。

合伙制企业

两个或者两个以上的人可以一起合伙，创建企业，这样的企业叫合伙制企业。在合伙制企业里面，企业的创建人就是合伙人。

合伙制企业根据《合伙制企业法》成立。按照这一法律，在合伙制企业中，合伙人分为两类，一类是一般合伙人，另一类是有限合伙人。合伙企业的合伙人中，必须有至少一个一般合伙人。一般合伙人对企业的债务承担无限责任，也就是说，如果企业的资产不足以偿还企业的债务，一般合伙人必须用他的其他资产来偿还债务，直到完全偿还企业欠的所有债务。其他的合伙人为有限合伙人，也就是这些合伙人对企业的债务承担的责任是有限度的。这个限度就是在企业创建的时候，他们所投入的资金金额。由于一般合伙人承担无限责任，合伙企业的日常经营管理、重大决策也就由他来负责。

合伙制企业与个人独资制企业有同样的优点，也有同样的缺点。由于法律不允许合伙制企业通过发行股票的方式来筹集资金，所以不需要很多资金的企业比较适合作为合伙制企业。例如，会计师事务所、律师事务所只要有办公室就可以了，不需要工厂，也就不需要很多的资金。因此，它们常常是合伙制企业。

公司制企业

公司制企业，简称“公司”，是根据《公司法》设立的企业。那么，同个人独资制企业与合伙制企业相比，公司有什么不同呢？

首先，公司具有独立的法律身份，即它是一个独立的法人，而个人独资制企业与合伙制企业都不是独立的法人。公司是独立的法人意味着，第一，与你、我这样的普通人一样，公司也是国家的居民。例如，如果你是美国加州的居民，而你在加州旧金山注册成立一个公司，那么你的公司和你一样，都是加州的居民。第二，公司享有我们这些普通居民所享受的法律权利。例如，公司可以用公司的名义向银行借钱，而个人独资制企业与合伙制企业都不能以企业的名义借款。第三，与普通居民一样，公司也要承担纳税等法律规定的义务，而个人独资制企业与合伙制企业因为不能享受普通居民所具有的权利，当然也就不用承担纳税等义务。

其次，公司的所有权与经营权通常是分开的。在公司中，企业的所有者是股东，而股东的人数通常比较多，甚至成千上万，而且分散在全国甚至全球各地，不可能每个人都参与公司的经营管理。因此，股东往往聘请别人来管理公司。股东怎么聘请别人来管理公司呢？股东们首先投票选举董事，组成董事会，董事会再挑选有管理经验的人员来负责公司日常的经营管理。因此，在公司中，虽然企业是股东的，股东有权决定企业的重大事情，但企业日常的经营管理权却掌握在高级管理人员手中。公司的这一特点被称为“企业所有权与经营权的分离”。

最后，公司把所有的资本金分成相等的份额，这就是股份。如果公司需要资金的话，它就可以将代表股份的股票公开出售，大家都可以购买。你购买了它的股票，就成为了它的股东，就有了作为股东所应该拥有的一切权利。

现在大部分的大中型企业都是公司制企业，而不是个人独资制企业或者合伙制企业。那么，同个人独资制与合伙制相比，公司制有什么优势呢?

首先，如果你是个人独资制企业或者合伙制企业所有人，当你想把企业卖掉时，你得自己找买家，这可能比较困难。但公司制企业不一样，公司的股票不仅可以公开出售，而且常常在股票交易所公开买卖，购买股票与出售股票都很容易。

其次，在股份有限责任公司中，股东对公司债务承担的责任是有限度的。例如，我花 1 万元购买了中国工商银行的股票，如果工商银行哪天出了问题，欠了别人 1 万亿元的债，倒闭了，我最多就是这 1 万元的钱不要了而已，工商银行的债权人是不能拿我其他的家产来抵债的。如果我是个人独资制企业或者合伙制企业的所有人，我欠了别人的钱，别人就有权力拿我的其他家产（例如房子）来抵债，直到我把债全部还清。

最后，按照法律，公司制企业可以通过向全国甚至全球发行股票的方式筹集资金。因此，只要公司经营业绩良好，公司可以无限制地筹集资金。

但是，公司制也有缺点。缺点之一是政府对公司制企业管得比较严。例如，如果是上市公司的话，每个季度、每年年末都要按照法律规定制作财务报表，告诉大家，公司今年到底是赚钱了，还是亏损了。缺点之二是公司的股东要缴纳两次收入所得税。公司是独立的法人，和普通居民一样，享有法律规定的权利，当然，也和普通人一样，要按法律规定交税。所以公司赚钱后，公司要交企业收入所得税。然后，公司把赚到的钱作为分红分给股东后，股东又要交一次个人收入所得税。

由于法律禁止个人独资制企业与合伙制企业公开发行股票，因此，在筹集资金方面，这两种形式的企业受到很大的限制。当这两种形式的企业因为扩大规模而需要大量的资金的时候，它们常常通过改制的方式，把自己变为公司制企业。这就是我们经常听说的“改制”。改为公司制企业后，它们就可以通过公开发行股票的方式，筹集资金了。公司公开发行股票后，就可以将自己的股票在股票交易所挂牌交易。这种公开发行股票，并在股票交易所上市交易的公司就是上市公司。

世界上最早的股份制公司是1555年在英国伦敦注册成立的莫斯科公司。可以说，股份制公司是人类历史最重大的发明之一，因为只有公司制企业才能集中公众的闲散资金，来完成修建铁路这样的巨大项目。股份制公司是西方资本主义国家发明的，在对资本主义的批判方面，没有人超过马克思。但是，马克思曾经说，假如只能靠一点点积累资金来修建铁路的话，那么恐怕直到今天世界上还没有铁路，而通过股份公司集中资金，转瞬之间就把铁路修好了。

二、公司为股东创造财富的三条途径

公司的目的就是赚钱，因此，公司高管们要做的，就是为股东们赚尽可能多的钱。公司高管们可以在三个方面为股东赚钱：一是投资于能够赚钱的项目，二是以最优的方式筹集资金，三是以最有利于股东的方式分配利润。

投资于赚钱的项目

公司为股东赚钱的第一个途径当然是投资于能够赚钱的项目。在公司有很多的项目可以投资的时候，他们怎么知道哪个项目会赚钱、值得投资呢？哪个项目会亏损、不值得投资呢？经济学家们已经发明了净现值、回收期、内部收益率等方法帮助公司高管们确定哪个项目会赚钱、值得投资。

以最优的方式筹集资金

公司投资需要资金，那么，公司应该如何筹集投资所需要的资金呢？如果公司的高管们能够选择最优的方式——以最低的代价与最小的风险——筹集投资所需要的资金，那么，他们也可以为股东创造财富。

公司有四种方式筹集资金。第一种方式是公司自己积累起来的资金。公司通过自己的经营，赚了钱。赚了钱之后，把其中的一部分作为分红分给股东，另一部分则留在公司，作为日后进行投资、扩大生产所需要的资金。第二种方式是向银行贷款。第三种方式是通过发行公司债券的方式向投资者借钱。第四种方式是通过发行股票的方式在股市筹集资金。由于公司利润中留在公司内的资金其实也是股东的，所以，我们把以第一、第四种方式筹集的资金叫股权资本。由于以第二、第三种方式筹集到的资金是公司借的债务，所以，我们把以这两种方式筹集的资金叫债权资本。

那么，是不是不管用什么方式，只要弄到资金就行呢？当然不是。为什么不是呢？因为虽然都是资金，但是不同的资金来源有各自的优点与缺点；而且，资金的来源不同，它们所付出的代价也是不一样的。

公司常常选择发行股票的方式来筹集资金，那么，用发行股票的方式筹集资金有什么优点与缺点呢？

在一个法律监管严格的股市中，以发行股票的方式来筹集资金有可能是一件很不划算的事情。为什么呢？公司发行股票是把公司的股份卖给别人，如果公司日后经营管理得很好的话，公司原来的主人会遭受很大的损失。例如，我创建了一家公司，为了筹集资金，我发行股票，公司的股票总共为 100 万股，我把其中的 40 万股，按每股 15 块钱的价格卖给你们，总共从你们那里得到 600 万块钱。如果我的公司经营得很好的话，公司每年赚的钱，你们都有权拿走 40%，你们还有权插手公司的经营管理。而且，过了几年，我公司的股票可能已经值 30 块钱一股，但我的股票已经按 15 块钱一股卖给你们了。如果我是向银行借 600 万块钱或者以发行债券的方式向你们借 600 万块钱的话，只要我按时还本付息，不管我公司每年赚多少钱，银行与你们都没有权力要我分钱给你们，你们也都没有权力插手公司的经营管理。

以股票方式筹集资金的优点是公司永远也不用偿还股东的资金。一旦你们花钱买了我公司的股票，你们的钱就永远是公司的了。即使我的公司因为经营不善而破产，我也不用把钱还给你们。但是，如果我是向银行贷款，或者以发行债券的方式向你们借钱，那么我就必须按时支付利息，贷款到期或者债券到期时，还要偿还本金。因此，用股票方式筹集资金，公司没有还债的压力。

那么，公司如何决定应该用什么方式来筹集资金呢？

第一，公司要考虑四种不同方式各自的优点与缺点，对它们进行比较。

第二，公司要考虑如何用最低的代价筹集资金。资金是一种稀缺资源，公司不是无偿地使用别人的资金，而是要为使用他人的资金付出代价的，这个代价叫做资本成本。例如，公司向银行贷款时，付给银行的利息就是公司为使用银行贷款而付出的代价，也就是银行贷款的资本成本。在上述四种不同来源的资金中，以发行股票的方式筹集资金的代价是最高的，其次是以发行债券的方式，再次是银行贷款，最便宜的是公司自己积累起来的资金。

第三，公司要考虑的问题是公司要不要借债、借多少债比较合适。银行贷款与公司债券都是债务，银行贷款是公司向银行借的债，公司债券是公司向购买债券的人借的债。虽然对公司来说，以向银行贷款或者发行债券的方式筹集资金的代价比较低，但是，借债太多，公司还债的压力就比较大，就有可能因为还不起债而破产。用发行股票的方式筹集资金的代价很高，但公司永远也不用把钱还给股东，公司没有还债的压力。因此，公司要在借债还是发行股票之间认真考虑。

当然，如果一个国家的法律不健全，有人在股市里面违法违规，坑害股东，政府又撒手不管的话，公司就可能首先选择以发行股票的方式来筹集资金。这就是我们大家经常听说的公司通过上市来“圈钱”。对于股市监管的问题，我们在逻辑之十一中再专门讲。

图 35 Bernard Ebbers[①]

图片来源： U.S. National Communications System。

以最有利于股东的方式分配利润

公司是股东的，公司赚的钱自然是股东的。那么，是不是公司赚钱了，就应该马上以分红的方式，把钱分给股东呢?

当然不是。在上市公司中，有些公司长期不分红。例如，微软公司 1986 年上市，但是，直到 2004 年才第一次给股东分红。相反，另外一些公司不但分红，而且还分得非常多，甚至公司一分钱也不留。为什么会有这么大的差别呢?

公司给股东分红是一个看起来简单，其实比较复杂的问题。在决定如何处理公司的利润时，公司高管们应该以对股东最有利的方式来处理。因此，高管们要考虑三个问题：一是要不要给股东分红？二是决定分红的话，分多少比较合适？三是决定分红的话，用什么样的方式分红比较好?

举个例子来说。假如我是公司的总经理，你们是我公司的股东。我的公司总有 500 万股股票，今年净赚了 1 000 万美元。我把这 1 000 万美元全部拿

① Bernard Ebbers 曾任美国最大电话公司 WorldCom 的 CEO。2002 年 WorldCom 承认伪造了 38.5 亿美元的收入（这一数据后来增加到 110 亿美元），WorldCom 不久后倒闭；2005 年 Bernard Ebbers 因为财务欺诈等罪名被判处 25 年刑期。美国《时代周刊》将他评为“有史以来最腐败的 CEO”。

来分红，分给你们，每股股票可以分到 2 美元的现金，你们可能都会很高兴。不过，你们要交收入所得税。在美国，现金红利的所得税税率曾经高达 40%（现在是 28%），这样，你们总共要交 400 万美元的税，能够拿到手的总共只有 600 万美元。这时，我发现，我公司有一个很赚钱的项目，但是投资这个项目需要 1 000 万美元。可是，我今年赚的钱已经全部作为分红，分给你们了，公司已经没有钱来投资了。怎么办呢？我当然可以发行股票，筹集 1 000 万美元的资金。但问题是，发行股票需要投资银行来帮助我的公司推销股票，而投资银行是要收服务费的。按照 6%的服务费率，公司要给投资银行 60 万美元的服务费。羊毛出在羊身上。虽然这 60 万美元的服务费是由公司出，但你们是公司的股东，这 60 万美元的服务费其实是由你们来承担的。如果我当初把今年赚的 1 000 万美元全部留在公司里面，不分给你们，我就不需要发行股票，也就为你们省下了这 60 万美元的服务费。从这个例子中我们可以看到，分红可能给股东造成损失。

前面说过，在美国，现金红利的所得税税率是 28%。公司高管们可以通过合理地分配利润，帮助股东在法律允许的范围内避税。假如公司赚了很多钱，但不把利润分配给股东，而是留在公司内，公司股票的价格肯定上涨。2007 年 5 月 1 日，美国苹果公司的股价是 100 美元一股，到 2011 年 8 月 15 日，股价上涨到了 380 美元。自 2007 年推出智能手机 iPhone 与平板电脑 iPad 两个系列以来，到 2011 年 6 月，美国苹果公司的现金有 762 亿美元之多；到 2012 年，苹果公司手中现金多达 1 000 亿美元。假如 2011 年 8 月 16 日，苹果公司发布公告对股东说，公司现在准备以 380 美元一股的价格回购公司的股票，你们愿意卖的就卖给公司。苹果公司的这一做法是公司将利润分配给股东的常用方式之一，叫做“股票回购”。[1]假如股东选择把股票卖给苹果公司，每股赚了 280 美元。这 280 美元叫“资本利得”（或“资本增值”）。在美国，资本利得的税率只有 15%。这样，以资本利得的方式将公司的利润返还给股东就

① 到 2012 年，苹果公司手中现金多达 1 000 亿美元。2012 年 3 月，苹果公司宣布进行现金分红，每股每季度分红 2.65 美元，并以 110 亿美元进行股票回购。

可以帮助股东大幅度降低税收负担。

图 36 2008 年 7 月 12 日，纽约第五大道上苹果公司专卖店前排队购买 iPhone 3G 的队伍

图片来源：Rob DiCaterino 摄。

当一个公司有很多赚钱的投资项目的时候，公司一般不会把赚到的钱作为分红分给股东，而是把赚到的钱留在公司里面，用来投资。相反，如果公司没有什么好项目可以投资，就可以考虑把赚到的钱的大部分作为分红分给股东。

有时候，公司不是给股东现金，而是用股票拆分的方式给股东分红。例如，公司给股东分红时可以宣布，公司的所有股票都一拆为二，也就是一股股票都变成两股股票。公司用股票拆分的方式分红的原因有很多。原因之一是股票的价格太高了，很多人买不起，关注这家公司股票的人就会很少。如果没有人关注，就算公司业绩再好，股票价格也很难上涨。

三、股东如何约束公司高管们

我们已经知道，公司制企业与个人独资制企业、合伙制企业的一个很明显的区别是，在公司中，虽然企业是股东的，股东有权决定企业的重大事情，但企业日常的经营管理权却在高管们手中。

这样，就会产生一个如何监管高管们的问题。一是因为股东们每天也要上班，不可能有时间或者精力天天去监督公司的高管们。二是就算我有时间去监督他们每天在干什么，我可能也没有足够的动力去监督他们。假如我以100元一股的价格购买了中石油的股票，但我只买了100股。因此，即使中石油破产了，我也不过损失1 000块钱而已，值得我天天去监视他们吗？假如我天天到中石油去，监视公司的高管们，结果中石油的利润比上一年增加了10亿元，可是我只买了100股，这增加的10亿元利润中，我根本就分不到几块钱。我为什么要去做监视他们这样吃力不讨好的事情啊？为什么不让别人去监督呢？如果在别人的监督下，中石油的利润增长了，反正我也有份。这就是常见的“搭便车”现象在公司中的反映。

如果其他的股东们都像我这样想，就没有人去监督中石油的高管们了，中石油的高管们也就可以光拿工资不干活了，可以每天一到办公室就是喝茶、看报、聊天。高管们可能进行奢侈的在职消费。例如，他们可能用公司的钱（也就是用股东的钱）买一架波音747飞机，每周绕地球一圈，然后对股东们说，是商务考察的需要。高管们还可能给自己确定很高的工资与奖金。高管们甚至可能侵吞公司的资产，把公司的财产据为己有。

图37　Dennis Kozlowski[①]

① Dennis Kozlowski 曾任 Tyco International 公司的 CEO。2005年，他因为非法占用公司资金而被判处25年刑期。Kozlowski 曾花费200万美元为妻子举办生日晚会，其中100万美元为公司资金。他还曾花费公司50万美元为自己买了一个浴帘。

那么，股东们怎么监督公司高管们呢？怎么防止他们光拿工资不干活？怎么防止他们侵吞股东们的财产呢？同时，又要鼓励他们努力为股东们工作呢？这就需要在公司内部、外部建立健全的公司治理制度。

在公司内部，公司治理制度包括股东大会、董事会、独立董事等制度。股东大会是公司所有的股东都有权参加的会议，公司最重要的事情应该由股东大会决定。但是，股东大会不可能经常召开。在股东大会不能召开的时候，需要有人来代表股东们管理公司，这就需要董事会。董事会的董事是由股东选举出来的，他们代表公司的全体股东对公司进行经营管理。然后，董事会聘请高级管理人员来负责公司的日常管理，并代表公司的股东们对高管们的活动进行监督管理。在董事会里面，应该有一定数量的独立董事。独立董事不能在他们担任董事的公司中担任任何职务，他们本人及其直系亲属不能与公司有任何经济上的关系。这样，独立董事在董事会中才能保持客观公正。

在公司外部，需要健全的法律法规。如果公司的高管们用坑蒙拐骗的方法欺骗投资者，那么，政府与投资者就可以依据法律，要求法院对公司的高管们进行惩罚。此外，对公司高管们进行监督的还有会计师事务所等中介机构以及媒体的舆论监督等等。关于外部公司治理制度，我们在逻辑之十一中再讲。

逻辑之八

汇率如同一个国家的股票

国际上，一个国家的货币就如同该国股票；国家经济前景好，人们就会因为各种原因而持有该国的货币，它对其他货币的汇率就会上涨。汇率问题一直困扰各国，因为既要保证汇率的相对稳定，又要保证它的相对公平，并不容易。

最近这几年，人民币对美元的汇率问题不仅成了中国与美国之间的重要经济问题，而且成了一个政治问题。中国人民银行在2005年7月21日宣布人民币汇率改革以来，到2012年8月30日日，人民币对美元的汇率从8.27∶1上升到6.3∶1，已经升值24%。人民币对美元汇率升值对中国经济有什么影响呢？人民币对美元的汇率是由什么确定的呢？

从人民币与美元汇率的变化推而广之，什么是汇率？汇率是如何确定的？汇率的变化对一个国家的经济会产生什么样的影响呢？

一、汇率就是货币与货币的比价

全球200多个国家与地区中，绝大部分国家与地区都有自己的货币，中国的货币是人民币，美国的货币是美元。汇率就是一种货币与另一种货币的比价，也就是用一种货币能够买到多少另一种货币。那么，人民币对美元的汇率就是用多少元人民币可以买到1美元，人民币对日元的汇率就是用多少元人民币可以买到1日元。

汇率就是货币这种特殊商品在国际上的价格

与衣服、猪肉、苹果等商品一样，人民币、美元、日元等各国的货币其实也都是商品，只是它是一种特殊的商品而已。汇率就是货币这种商品在国际上的价格。例如，2005 年，人民币对美元的汇率是 8.25∶1 的话，也就是说，用人民币来标价的话，1 美元的价格是 8.25 元人民币。到 2011 年 8 月 15 日，人民币对美元的汇率变成了 6.4∶1。也就是说，用人民币来标价的话，1 美元的价格变成了 6.4 元人民币。显然，在这 6 年中，相对于美元来说，人民币变得越来越贵了，而美元则变得越来越便宜了。我们说，人民币升值了，而美元贬值了。

对于我们一般公众来说，有一个比较简便的方法来判断哪个国家的钱更值钱。用专业术语来说，这个简便的方法叫“购买力平价”。

一种货币是否值钱最终是看它能买到多少东西。根据购买力平价理论，两个货币的汇率主要是由两个国家的货币的购买力决定的，两种货币购买力的比率就是汇率。货币的购买力就是货币能够买到多少东西，即买同样的东西，看各自花多少钱，或者花同样多的钱，看各自能够买到多少东西。

假如，2005 年 8 月，在中国，我们买一篮子商品，这一篮子商品里面包括一公斤苹果、一公斤牛肉、一瓶洗发水与一个笔记本，总共花了 120 元人民币。然后，我们在美国购买完全一样的一篮子商品，总共只花了 15 美元。这就表明，美元比人民币更值钱，而且人民币与美元的汇率就是 8∶1（120 元人民币除以 15 美元）；也就是说，在中国用 8 块钱人民币买到的东西与在美国用 1 美元买到的东西一样多。假如，到了 2011 年 8 月，在中国，我们再买与上述完全一样的一篮子商品，总共花了 150 元人民币。然后，我们在美国也购买完全一样的一篮子商品，总共还是 15 美元。这表明，美元的购买力没有变，但人民币变得越来越不值钱了，而且人民币与美元的汇率变成了 10∶1（150 元人民币除以 15 美元）。

“巨无霸”汉堡包指数

经济学家们常常用一个更加简捷、更容易让一般公众明白的方法来判断汇率的变化，这就是“巨无霸”汉堡包指数。“巨无霸”汉堡包指数是购买力平价理论的一种通俗应用。

1986 年 9 月 4 日，英国著名的经济学刊物《经济学人》首次公布“巨无霸”汉堡包指数，并且此后每年公布一次。

“巨无霸”汉堡包指数就是比较麦当劳的“巨无霸”汉堡包在各国的价格，以此说明各国货币的购买力。例如，按照《经济学人》公布的数据，2008 年 7 月，一个麦当劳“巨无霸”汉堡包在美国的价格是 3.57 美元，在英国的价格是 2.29 英镑。那么，美元与英镑的比价就是 1.56：1（3.57 美元除以 2.29 英镑）。当时外汇市场上，美元与英镑的实际汇率是 2：1。这说明，在外汇市场上，用美元来衡量，英镑的价格太高了。按照购买麦当劳“巨无霸”汉堡包的能力计算，1 英镑能够买到的东西与 1.56 美元能够买到的东西是相等的，因此，1 英镑与 1.56 美元是相等的，但在外汇市场上，1 英镑却卖到了 2 美元。作为投资者，如果你相信“巨无霸”汉堡包指数的话，就应该卖掉英镑，买进美元。

本来，《经济学人》公布这个指数是以一种半搞笑的方式来比较各国货币的购买力的。但是，很快包括严肃的经济学家们在内的很多人发现，这个方法虽然存在很多缺点，并不很准确，但却很能说明问题，而且通俗易懂。于是，经济学家们就把这个指数当真起来，英文里面也因此造出了“汉堡包经济学（*burgernomics*）”这个英文单词。

二、汇率变化对国家经济与企业的影响

人民币与美元的汇率问题是近几年国内外经济学家争论得很激烈的一个问题，因为人民币对美元汇率的变化会影响到中美两国的经济。那么，汇率的变化对经济会产生什么影响呢?

对于一个国家来说，本国货币的升值会导致本国商品出口减少、进口增加，而本国货币的贬值则会产生相反的结果。

我们用一个例子来说明。假如我是生产电脑的厂家，我生产的电脑的售

价是人民币 8 270 元。如果人民币对美元的汇率是 8.27：1，那么，我把这台电脑卖到美国去时，售价就是 1 000 美元。到 2011 年 8 月 15 日，人民币对美元的汇率从 8.27：1 上升到 6.4：1。那么，即使这台电脑在国内的售价还是 8 270 元人民币，但它在美国的售价就从 1 000 美元上升到了 1 292 美元。电脑在美国的售价上涨了，购买的人自然就会减少。这样，我的电脑出口到美国就变得困难了。如果人民币对美元还继续升值，我的电脑在美国就更卖不出去了，我的电脑工厂就会倒闭。

2008 年金融危机以来，随着人民币的不断升值，中国沿海地区很多出口企业出口锐减，有些企业因此而倒闭。

对进口企业来说，人民币升值则会导致进口商品变得越来越便宜，因此，进口会增加。假如，我是一家葡萄酒进口企业。美国加州北部纳帕山谷生产的优质葡萄酒 20 美元一瓶，按人民币对美元的汇率 8.27：1，我要花 165.4 元人民币才能买到一瓶葡萄酒。现在人民币对美元的汇率从 8.27：1 上升到 6.4：1，那么，我只要花 128 元人民币就够了。对我来说，美国的葡萄酒变得便宜很多了，我当然会进口更多的葡萄酒。

由于汇率对一个国家的经济，特别是进出口，产生很大的影响，各国政府常常将汇率作为宏观经济调节的重要手段之一。各国政府常见的做法，就是将本国货币贬值，以促进本国产品的出口。

1929 年"大萧条"爆发后，国际贸易大幅度缩减。从 1929 年到 1930 年，英国的出口减少了 50%；从 1929 年到 1933 年，美国的出口从 52 亿美元减少到 17 亿美元。为了促进本国产品的出口，让本国经济尽快复苏，1931 年 9 月，英国将英镑贬值 25%。随后，美国、德国等纷纷将本国货币贬值，从而引发各国恶性货币贬值竞争。这种"以邻为壑"的货币竞相贬值不仅没有能够促进各国的出口，反而导致国际金融体系的崩溃与国际贸易的停顿，"大萧条"因此持续数年之久。

从事跨国经营的公司也必须考虑汇率变化对公司经营状况的影响，否则，一笔看起来赚钱的生意最后有可能变成赔钱的买卖。例如，2005 年 5 月，我卖一批电脑给美国的一家公司，我生产这批电脑的成本是 7 000 万元人民币。按照合同，美国公司要在 2011 年 8 月总共付给我 1 000 万美元的货款。2005 年 5 月的时候，人民币对美元的汇率是 8.27∶1。因此，按人民币计算，这笔货款总共是 8 270 万元人民币，扣除 7 000 万元的生产成本，我将获得 1 270 万元的利润。但是，2011 年 8 月，美国公司付款给我时，人民币对美元的汇率已经变成了 6.4∶1。这样，按人民币计算，这笔货款总共只有 6 400 万元人民币，而我的成本是 7 000 万元，结果在这笔交易中，我亏损了 600 万元。从原来的赚 1 270 万元变成亏损 600 万元，就是人民币对美元汇率变化导致的。

2007 年，中信集团的子公司中信泰富在澳元交易中，因为澳元汇率突然下跌 30%而亏损了大约 150 亿港元。

日元升值与日本金融泡沫

汇率变化影响国家经济的一个典型例子就是日元升值对日本经济的影响。20 世纪 80 年代，日本房地产、股市曾经出现了一个巨大的泡沫。

1980 年，为了控制国内高达 10%的通货膨胀，美联储将利率提高到 21%，导致资金流入美国，从而推动美元汇率上涨。从 1980 年到 1985 年，美元对日元、联邦德国马克、英镑、法国法郎的汇率全面大幅上升，美元汇率的大幅上升导致美国产品的出口变得十分困难。到 1985 年，包括 IBM、摩托罗拉等跨国公司在内的美国制造业要求美国国会通过贸易保护主义法律。美国贸易逆差也从 190 亿美元上升到 1 220 亿美元。

在美国里根政府的提议下，1985 年 9 月，美国、日本、英国、法国以及联邦德国决定以合作方式，阻止美元的进一步升值，帮助美国削减贸易逆差，以恢复国际贸易平衡。他们签订了一个协议，叫《广场协议》。这个协议的内容就是日本将日元升值，联邦德国将马克升值。

图 38　参与《广场协议》的五国财长[1]

图片来源：《纽约时报》（*New York Times*），Fred R. Conrad 摄。

在这个协议签订后，日元对美元的汇率就迅速上涨。1985 年，日元对美元的汇率是 239∶1，到 1988 年，上涨到了 128∶1。在短短的 3 年时间中，日元对美元的汇率差不多上涨了 50%。[2]

日元的急剧升值，导致日本产品的出口变得困难。为了抵消日元升值给日本出口造成的困难，日本银行连续削减利率。日本国内利率从 1985 年 12 月的 5%一直下降到 1987 年 2 月的 2.5%的超低水平，日本银行将这一利率维持到 1989 年 5 月。超低利率导致大量廉价资金进入日本股市与房地产，造成经济泡沫。这个泡沫大到什么程度呢？我们只看一个数据就知道了。日本最重要的股市指数"日经 225 指数"在 20 世纪 80 年代的 10 年中，上涨了将近 6 倍：从 1980 年的 7 190 点一路上升，在 1989 年 12 月 29 日到达 38 916 点的顶点。

---

① 1985 年 9 月，联邦德国、法国、美国、英国、日本等五国财长在纽约广场饭店举行会议，并达成《广场协议》，日本、联邦德国等同意将本国货币升值。图中自左至右分别为联邦德国财长 Gerhard Stoltenberg，法国财长 Pierre Bérégovoy ，美国财长 James A. Baker III，英国财长 Nigel Lawson 与日本财长竹下登。

②《广场协议》签订后，日元对美元的大幅升值导致以美元计价的资产便宜了 50%，引发日本企业海外收购狂潮。1985 年日本三菱地产以大约 20 亿美元收购纽约洛克菲勒中心。1989 年，美国地产价格暴跌。三菱地产以大约 13 亿美元将洛克菲勒中心出售，在这一收购中，三菱地产亏损了大约 8 亿美元。

图 39　由 19 座建筑物构成的纽约洛克菲勒中心是纽约地标性建筑

图片来源：www.wikipedia.org，David Shankbone 摄。

1989 年 12 月 29 日，日本股市、房地产泡沫突然破裂。到 1992 年 8 月中旬，“日经 225 指数”下跌到只有 14 309 点，下跌了大约 63%。房地产也出现了大致程度的下跌。

三、固定汇率与浮动汇率

那么，一个国家的货币与另一个国家的货币之间的汇率是怎么确定的呢？汇率的确定方法主要有两种，一种是浮动汇率，一种是固定汇率。

浮动汇率就是汇率由市场决定。在浮动汇率制度下，本国货币的汇率不是由政府决定，而是随着外汇市场供求关系的变化而自由浮动，而且在一般情况下，政府也不会去干涉外汇市场。货币也是商品，与其他商品一样，买的人多了，货币的价格就会上涨。例如，当全世界的人都去美国旅游或者去美国购物的话，大家都需要美元。于是，大家就都用本国的货币购买美元。中国人用人民币买美元，日本人用日元买美元，英国人用英镑买美元。市场上对美元的需求量增加，美元的价格自然就会上涨，美元对其他国家货币的汇率也就上升了。“9•11”恐怖事件发生后，大家觉得美国太不安全了，都不去美国旅游，也不去美国购物了。当然也就没有人要购买美元了，美元的价格就会下跌，美元对其他国家货币的汇率也就下降了。

现在，浮动汇率是美国、英国、日本等发达国家普遍实行的汇率制度。不过，在现实生活中，由于汇率的变化对一个国家甚至全球经济会产生重大影响，在汇率出现过度波动时，这些国家的政府也会出面干预，防止汇率的过度上涨或者下跌危害经济。

浮动汇率制度的好处就是，当国家经济状况发生变化时，汇率会自动地作出反应，并且作出相应的调整。但浮动汇率制度有一个缺点，就是汇率可能因为各种原因而发生剧烈的波动，而汇率的剧烈波动会对国内经济与国际贸易产生恶劣的影响，导致公司很难安排生产与销售。

在有些国家，汇率是由政府决定的，这就是固定汇率。在固定汇率制度下，政府为本国货币与其他国家货币之间确定了一个固定比率，并且，在必要的时候，政府会采取措施，对外汇市场进行干预，以保证汇率的稳定。例如，1994—2005 年间，中国实行的就是固定汇率制度，人民币对美元的汇率确定在 8.27：1。

固定汇率容易导致经济失衡

固定汇率制度的优点是汇率不会出现剧烈的波动。但它的缺点也很明显。

首先，要维持固定汇率，政府就必须拥有大量的外汇储备，以能够随时对市场进行干预，这会造成资源的浪费。

中国曾经将人民币对美元的汇率确定在 8.27：1。但是，我们说过，人民币也是商品，它的价格受到市场对人民币需求量的影响。如果在中国办公司的美国人都离开中国，回到美国，他们就要把在中国赚到的人民币换成美元。他们怎么把人民币换成美元呢？当然是到国际外汇市场中，把手中的人民币卖掉。这样，市场上人民币的供应量就会增加，人民币的价格就会下跌。这就有可能导致人民币对美元的汇率下跌到 10：1。这时，中国人民银行就要采取措施，进行干预，将人民币对美元的汇率维持在 8.27：1。那么，中国人民银行怎么干预呢？中国人民银行到外汇市场上去用美元大量购买人民币。这会造成对人民币需求量的增加，从而将人民币的价格抬高，让它恢复到 8.27 : 1。但是，要做到能够随时进行这样的干预，中国人民银行的保险柜里就必须随时存放大量的美元现钞。大家都知道，把大量的现金放在家里，是一种很大的浪费。如果是浮动汇率的话，中国人民银行不需要对市场进行干预，也就不需要在保险柜里存放大量的美元现钞，就可以避免浪费。

其次，固定汇率会导致贸易不平衡，这在中国与美国的贸易中也表现得很突出。

2007 年，中国对美国的贸易顺差高达 1 600 亿美元，也就是说，出口与进口相抵，中国从美国净挣了 1 600 亿美元的外汇。中国与美国之间贸易的这种巨大不平衡对中国和美国都不好。很多人认为，我们不是要“出口创汇”吗，中国每年从美国手中挣这么多的外汇对我们是件很好的事情啊。其实不是。第一，全球经济发展也是需要“和谐”的，和谐就是要平衡，中国与美国之间贸易的巨大不平衡就不是和谐发展。如果每年这么多的美元流入中国，美国经济迟早会出问题。美国经济出了问题，中国经济也必然受到不好的影响。第二，这些外汇是我们花了很大代价才换来的。我们花了什么代价呢？这些外汇是我们把生产出来的产品卖到美国赚来的。但是，我们生产产品就要消耗大量的水、矿产、石油、电力、木材等资源。生产过程中，还会排放废水、废气、废物，污染我们的环境。所以，外汇是我们消耗珍贵的自然资源、新鲜空气、纯洁的水等换来的，而现在的中国虽然还是“地大”，可是早已不“物博”了。所以，我们把衣服、食品等产品出口到美国等于是在把我们本来就已经非常有限的自然资源、新鲜空气、纯洁的水出口到美国。举个例子来说。早些年，中国在“出口创汇”的口号下，大量砍伐树木制造成一次性筷子，出口到日本，换取外汇。后来，我们发现这样不行，把我们的树木砍得太多了。于是，我们很多人说日本人自私，质问日本人为什么不砍自己的树木制造一次性筷子？其实，这不能怪日本，而是我们自己片面强调“出口创汇”的结果。总之，无论是对哪个国家，片面强调“出口创汇”与持有过多的外汇都不是件好事。

那么，中国与美国之间的贸易为什么会出现如此巨大的不平衡呢？原因当然很多，而且很多是美国自己的问题。但是，中国实行的固定汇率制也是原因之一。

自从改革开放以来，中国经济迅速发展，外国人越来越看好中国经济，到中国来投资的外国公司越来越多。到中国来投资就需要人民币，外国公司都用美元来购买人民币，这样人民币就越来越贵。如果中国实行的是浮动汇率的话，随着中国经济的发展，市场对人民币的巨大需求会导致人民币相应地变得越来越贵。例如，原来 1 美元可以买到 8 元人民币，变成现在只能买到 6 元人民币。但是，中国实行的是固定汇率，将人民币对美元的汇率固定在 8.27：1，这样，人民币就显得很便宜，中国企业制造的商品出口到美国也就跟着变得很便宜。例如，在浮动汇率制度下，人民币对美元的汇率从 8.27：1 上涨到 6：1 的话，定价 8.27 元人民币的商品在美国的售价应该从 1 美元上涨到 1.38 美元。但是，在固定汇率制度下，汇率固定在 8.27：1，售价就还是 1 美元。本来应该卖 1.38 美元的东西，还是卖 1 美元，美国人就会觉得中国生产的东西太便宜了，也就大量进口并消费中国制造的产品，导致"中国制造"在美国铺天盖地，造成中美贸易的不平衡。

最后，固定汇率制导致国家外汇太多，从而可能在国内形成通货膨胀。

例如，中国的一个企业通过出口赚了 10 亿美元。但是，这个企业要用人民币购买原材料从事生产，它就要把这 10 亿美元卖掉，换成人民币。当它到市场上去用这 10 亿美元买人民币时，市场对人民币的需求就增加了，人民币的价格就会上涨。为了阻止人民币升值，中国人民银行就要动用手中的人民币，购买美元。这样，市场上人民币的数量就会增加。人民币数量增多会有什么结果？当然是出现通货膨胀。因此，如果中国人民银行在用人民币购买美元的时候，不采取相应的措施来抵消人民币数量增加对物价的影响，中国国内就可能出现通货膨胀。如果是浮动汇率的话，中国人民银行就不用动用人民币来购买美元了，人民币的数量就不会增加，也就不会有通货膨胀的压力。

从固定汇率到浮动汇率的转变

现在，美国、日本等发达国家实行的都是浮动汇率制度，但它们都是从固定汇率制度转变为浮动汇率制度的。在历史上，从1717年到1931年，西方国家实行“金本位制”，这是一种固定汇率制度。

在使用黄金、白银等金属铸造的铸币时代，以及后来的“金本位”纸币时代，不同货币之间的汇率是根据货币中的金属含量来确定的。要改变汇率，就要调整货币中的金属含量。否则，汇率就会保持不变。

1817年，英国正式施行金本位制，规定1英镑可以兑换7.322克黄金；1900年，美国正式施行金本位制，规定1美元可以兑换1.505克黄金。因为1英镑能够兑换到的黄金量是1美元能够兑换到的黄金量的4.86倍，美元对英镑的汇率就是4.86：1。美元与英镑的这一汇率保持了30年，直到1931年9月21日，“大萧条”中的英国放弃了金本位制，并将英镑贬值25%。

从1944年到1971年，西方国家实行“布雷顿森林体系”，这也是一种固定汇率制度。

那么，什么是“布雷顿森林体系”呢？就是美元与黄金挂钩，而其他国家的货币与美元挂钩。第一，美元与黄金挂钩，即这44个国家同意，将黄金的官方价格固定在35美元一盎司黄金。而且，美国保证，其他国家的政府或中央银行拿美元到美国来，要求换成黄金的话，美国都按这一官方价格把美元换成黄金。这样，黄金就有两个价格，一个是官方价格，另一个就是自由市场的价格。市场价格很可能冲击官方价格。为了保证黄金的官方价格不受自由市场价格的冲击，各国政府同意与美国政府一起在国际金融市场上维持黄金的这一官方价格。第二，美国以外其他国家的货币与美元挂钩，即其他国家确定各自货币的含金量，通过含金量的比例确定同美元的汇率。同美元的汇率一旦得到IMF的确认，未经IMF同意，各国不得随意更改。例如，英国确定英镑的含金量为一盎司黄金等于12.5英镑，而美国确定美元的含金量是一盎司黄金等于 35 美元，这样，英镑的含金量是美元的含金量的 2.8 倍，那么，美元与英镑的官方汇率就是 2.8 : 1。英国政府确定的这一汇率一旦得到 IMF 的确认，英国政府就不得随意更改。

这样，在“布雷顿森林体系”下，美元与黄金的比价固定下来，而其他各国货币与美元的比价也固定下来。因此，“布雷顿森林体系”是一个固定汇率制度。

“布雷顿森林体系”一直维持到 1971 年，然后就坚持不下去了。那么，为什么坚持不下去了呢？在“布雷顿森林体系”中，美国承担随时按照 35 美元兑一盎司黄金的价格将各国政府与中央银行手中的美元兑换成黄金的责任，因此，美国必须拥有大量的黄金储备。但是，美国的黄金储备在迅速减少。1945 年第二次世界大战结束的时候，美国手中的黄金高达 245 亿美元，而当时全球黄金总共大约为 400 亿美元，美国手中的黄金占全球所有黄金的 60%。但是，到 1971 年，美国手中的黄金已经减少到 102 亿美元。这样，美国开始失去将黄金兑换成美元的能力。

到 1971 年，美国不仅已经没有能力维持 35 美元一盎司黄金的官方价格，也没有那么多的黄金让其他国家拿美元来换了。1971 年 8 月 15 日，美国总统尼克松突然宣布，第一，美元与黄金脱钩，也就是从此以后，外国政府或中央银行再拿美元来美国换黄金的话，美国不干了；第二，将美元贬值，也就是把黄金的价格从 35 美元一盎司提高到 38 美元一盎司。这样，“布雷顿森林体系”这一固定汇率制度就结束了。

在二战后相当长的一段时间内，“布雷顿森林体系”保证了全球金融系统的稳定，并促进了国际贸易的发展。在维护“布雷顿森林体系”中，美国承担了巨大的责任，付出了巨大的代价。美国付出的代价之一，就是美国手中的黄金从二战结束时的 245 亿美元锐减到了 1971 年的 102 亿美元。这些黄金哪去了？都被其他国家用美元换走了。例如，法国总统戴高乐一直不愿意看到美国成为全球老大，于是将法国手中的美元全部拿到美国，换成了黄金。

当然，美国也从中获得了很大的利益，并且至今受益匪浅。“布雷顿森林体系”将美元同黄金挂钩，而其他国家的货币又同美元挂钩。这样，在全球所有的货币中，美元就处于中心地位，美元也因此而成为全球最主要的货币，这就造成了“美元霸权”。“美元霸权”让美国政府获得很大好处。美元成为全球最主要货币的表现在哪呢？一是各国的公司在销售产品的时候，常常要求买家用美元支付货款。二是每个国家手中都需要拿着一定数量的外汇。但是，中国的人民币、美国的美元、日本的日元、英国的英镑、俄罗斯的卢布等等这些货币，都可以作为外汇。那么，拿哪个国家的货币作为外汇好呢？各国都选择拿美元作为外汇。直到 2010 年，虽然因为金融危机，美元贬值得很厉害，大家不愿意要美元，但全球各国政府持有的外汇里面，还是有高达 60%是美元。到 2011 年 5 月，中国手中有相当于 3.2 万亿美元的外汇，其中大约 2.4 万亿是美元。

“美元霸权”能够给美国带来什么好处呢？“美元霸权”让美国政府每年以铸币税与通货膨胀税的方式从其他国家身上获得了巨额收入。中央银行拥有印刷钞票的特权，因此，中央银行能够从印刷钞票中得到收入，这种收入就叫铸币税。美国政府拥有印刷美元的特权，因此，它也就能够通过印刷美元而征收美元铸币税。美国每年能够获得数百亿美元的铸币税收入，这让美联储成为全球最赚钱的机构之一。2008 年、2009 年与 2010 年，美联储的年度净利润分别达到 355 亿美元、534 亿美元与 817 亿美元，其中大部分收入就是铸币收入。

四、什么导致汇率变动不停

1971 年，“布雷顿森林体系”这个固定汇率制度结束后，西方国家都实行了浮动汇率制。浮动汇率制下，汇率是由什么决定的呢？

当一个公司经营好、很赚钱的时候，很多人会购买它的股票，它的股价就会上涨。汇率就如同一个国家的股票：一个国家的货币对外国货币汇率的变化是由这个国家的经济发展状况与经济实力决定的。例如，如果中国的经济前景良好，投资机会很多，那么在中国进行投资就能够获得很好的回报。这样，美国公司就会到中国来投资，而来中国投资需要人民币。这样，美国公司就要用美元购买人民币，市场上对人民币的需求量就会增加。随着对人民币需求量的增加，人民币对美元的汇率就会升高，人民币就升值了。

同时，像股票一样，货币也是一种可以投资的金融资产。在股市中，当一个公司业绩改善、利润增加了，人们就会看好这个公司而购买这个公司的股票。随着越来越多的人购买这个公司的股票，这个公司的股票价格就会上涨。汇率也是同样的道理。中国的经济实力提高了，就如同上市公司的利润增加了一样。很多人就会购买人民币，作为一种投资。这样，对人民币需求量的增加就会导致人民币汇率升高。如果一个国家的经济状况不好，人们就会对这个国家的经济失去信心，于是大家就不会购买甚至会抛售这个国家的货币。这就会导致这个国家货币汇率的下跌。例如，最近这些年，美国经济情况很不好。2008 年，美国出现了巨额财政赤字，美国联邦政府入不敷出的金额达到 4 550 亿美元，债务高达 10 万美元，贸易逆差达到 7 000 亿美元。这让人们担心，美国政府会不会用大量印刷钞票的方式来弥补财政赤字、偿还债务。大量印刷美元将导致美元贬值。这样，大家就不愿意把美元拿在手里，而是抛售美元。这就导致美元对其他国家货币的贬值与美元汇率的下跌。

经济发展状况与经济实力是影响一个国家货币对其他货币汇率的长期走向的根本因素。但是，汇率每天都在变化，这是因为汇率还受到很多短期因素的影响。这与股票是一样的。从长远来看，决定股票价格是上涨还是下跌的是公司的经营状况，是公司能否赢利。但短期内，股票的价格受到利率变动等因素的影响，也受到投机的影响，甚至受到天气、人们的喜怒哀乐等心理因素的影响。

利率的变化就会导致汇率的变化。例如，美元与英镑的汇率是 2：1，英国的年利率是 5%，美国的年利率也是 5%。这时，无论你手里拿着的是英镑还是美元都是一样的。假如你年初在银行存入 100 英镑，到年底，就变成了 105 英镑。如果你在年初把这 100 英镑换成 200 美元，存入银行，到年底你有 210 美元，换成英镑的话，也是 105 英镑。但是，假如英国将利率从 5%提高到 6%，而美国的利率没有变化。那么，你年初在银行存入 100 英镑，到年底，就变成了 106 英镑。这样，很多人就会把美元卖掉，买英镑。结果，英镑的价格上涨，而美元的价格下跌。美元与英镑的汇率就可能变成 2.5：1 了。

国际外汇市场上，外汇投机交易也在推动汇率时刻不停地变化。今天，全球有一个由电子网络构成的庞大外汇市场，每天的外汇交易金额达到 4 万亿美元，而这 4 万亿美元的外汇交易中，90%是交易员们为了利用汇率的变动不定、不停地买卖各国货币来赚钱而进行的。他们的这些交易则反过来又导致汇率时刻发生变化。

国际投机家对汇率的攻击也常常会导致汇率的大幅度波动。如果一个国家的汇率体制存在弱点，它就可能遭受国际投机家的攻击。索罗斯对英镑的攻击是国际炒家攻击汇率的典型例子。

1990 年 10 月，英国政府宣布，将英镑对德国马克的汇率确定在 1：2.778，即 1 英镑比 2.778 德国马克。如果英镑对德国马克的汇率跌破这一水平，英国政府就会采取措施进行干预。怎么干预呢？当然是英国政府在外汇市场上购买英镑，将英镑的价格抬高。然而，当时大家都认为，英国政府将英镑的价格定得太高，英国没有能力将英镑的价格维持在这个高的水平。

索罗斯认为，英国政府犯了大错，他看到赚大钱的机会。他怎么赚大钱呢？就是攻击英镑。他向欧洲各家银行借英镑，然后按照 1 英镑比 2.778 德国马克的价格，在市场上抛售英镑，购买德国马克。这样，索罗斯每卖出 1 英镑，就获得 2.778 德国马克。面对索罗斯的抛售英镑，英国政府则动用政府的外汇储备在市场买进英镑，以将英镑对德国马克的汇率稳定在 1：2.778 之上。最终，索罗斯抛售了相当于 100 亿美元的英镑。1992 年 9 月 16 日（星期三），英国政府用完了外汇储备，已无力购买英镑，只好放弃努力，让英镑贬值。英镑对德国马克的汇率迅速跌到 1：2.20。英镑贬值之后，索罗斯在市场上用

2.20 德国马克就可以买到 1 英镑，并将英镑还给欧洲的那些银行。中间的 0.578 马克的差价就成了索罗斯的利润。在这次对英镑的攻击中，索罗斯净赚了 11 亿美元，而英国政府则总共损失了大约 34 亿英镑。1992 年 9 月 16 日，被英国媒体称为“黑色星期三”。[①]

当本国货币因为存在缺陷而被索罗斯这样的国际投机者所利用时，政府怎么办呢？一个办法就是像英国政府那样，动用政府手中的外汇，购买本国的货币，以稳定本国的汇率。但是，政府手中的外汇总是有限的。英国政府就是在用完了手中的外汇后，只能让英镑对马克的汇率下跌。另一个办法就是如同前面说的，急剧提高国内的利率，吸引外资进入本国。但是，利率的大幅度提高会导致国内企业的利润降低，它们会减少投资，结果是国内经济可能陷入衰退。

五、汇率之惑：稳定与公平之间的平衡

自 1971 年布雷顿森林体系崩溃以来，汇率问题就一直困扰各国。围绕汇率问题，大国之间时常发生争端。汇率问题之所以困扰全球各国数十年，是因为在汇率的相对稳定与相对公平之间找到平衡并不容易。

一方面，汇率要相对稳定，这是因为，首先，汇率的大幅度波动对谁都没有好处，它毫无必要地增加个人、企业与一国经济的风险；其次，如果一个国家的汇率持续上涨，就会加大这个国家的商品出口变得越来越困难，最终可能导致全球经济失衡。因此，要保证汇率的相对稳定，在必要的时候，各国都会干预汇率。1944 年，布雷顿森林会议就是为了创建一个稳定的全球性汇率体系而召开的。今天，即便是实行自由汇率的发达国家，也保留在极端情况下干预汇率的权力。

另一方面，汇率要公平，这是因为，如果一个国家不断干预汇率，以促

① 在 1992 年“黑色星期三”之后，英国有媒体称乔治·索罗斯为“让英格兰银行破产的人”。

进本国商品的出口，就会加大别国商品出口的困难，结果也会导致全球经济失衡。要保证汇率的相对公平，汇率就应该主要由市场来决定，政府不能进行过多的干预。

要在汇率的相对稳定与相对公平之间找到平衡，不是一件容易的事情。一些国家强调本国汇率的稳定，而另一些国家则更强调汇率的公平，这常常成为大国之间围绕汇率问题而发生争端的原因。

逻辑之九

非理性会影响人类的投资决策

人们并非总是理性的，喜怒哀乐这些日常的情感会影响人们在金融活动中的决策。

将心理学与金融学结合起来，研究贪婪、恐惧、过度自信与过度乐观这些人类心理对金融活动的影响是金融学中一个新的研究领域，叫做行为金融学。

同现代金融学相比，行为金融学为我们提供了不同的思考金融问题的方式。因此，在了解现代金融学的同时，我们大家也应该了解行为金融学的基本内容。

一、行为金融学

我们前面说过，1950 年，美国经济学家哈里・马科维茨创建了"现代资产组合理论"，这样，就有了现代金融学。1991 年，马科维茨因为创建这个理论而获得了诺贝尔经济学奖。

但是，在后来的几十年中，金融学家们发现了很多现代金融学解释不了的现象，或者与现代金融学理论相矛盾的现象。例如，现代金融学理论说，股市是没有规律可循的，是不可预测的。但是，金融学家发现，股市有时确实存在某些规律，是可以预测的。

于是，以美国普林斯顿大学的心理学家丹尼尔・卡耐曼为首的一些金融学家对现代金融学家说，你们研究金融的方法不对。怎么不对呢？卡耐曼等人说，你们做的那个关于人的假设是不对的；我们做的心理学研究告诉我们，人不像你们假设的那样。

卡耐曼本来是个心理学家，他和其他人把心理学与金融学结合起来，从心理学的角度来研究金融，于是，创建了行为金融学。2002 年，卡耐曼获得了诺贝尔经济学奖。

行为金融学：是人就会犯错

那么，行为金融学与现代金融学有什么区别呢？行为金融学与现代金融学的最大区别在于，它们对人的看法不一样。

现代金融学做了一个假设，这个假设就是，人是理性的，人不会犯错；现代金融学的所有理论与研究都是建立在这个假设之上的。行为金融学则认为，人不可能总是理性的，是人就会犯错。

为了研究的方便，经济学家们就要做一些假设。微观经济学主要是研究人类行为的，因此，经济学家们就对人到底是怎样的做了一些假设，其中一个假设就是："人是理性的"。"人是理性的"是微观经济学的一个基本假设。老师在微观经济学的第一堂课就会对学生讲这个假设。

现代金融学是以微观经济学为基础发展起来的，因此，它也就继承了微观经济学的这个假设。

那么，"人是理性的"是什么意思呢？简单地说，"人是理性的"包含两个方面的意思。

第一个意思是，不管我们做什么事情，我们总是想方设法最大限度地增加自己的财富，并且相信别人也会和我们自己一样，最大限度地增加他们自己的财富。当然，这里所说的财富不仅包括金钱等物质财富，而且包括精神财富。例如，从活动中，我们获得的心理上、精神上的满足感，也是财富。

第二个意思是，不管我们碰到什么问题，我们总是会尽力找到最好的解决办法，而且有能力找到最好的解决办法。这就是我们常说的"优化"。经济学家们认为，在遇到问题时，人们总是能够像每秒运算 60 亿次的超级计算机一样，在头脑中迅速地进行无数次的运算，然后找到最好的解决办法。而且，经济学家们还相信，人的心理运算能力是无比强大的，因此，能够在很短的时间内通过心理运算迅速地找到最好的解决办法，解决任何复杂的问题。

由于人们在从事各项活动时，都是以最大限度地增加自己的财富为目的，而且总是以最好的解决方案解决问题，因此，人们总是冷静、客观地从事各项活动，不会让自己的喜、怒、哀、乐这些个人感情影响自己的行动，人是不会犯错的。

与现代金融学相反，行为金融学认为，人不可能总是理性的，喜、怒、哀、乐这些人类与生俱来的感情会影响我们的行动，因此，是人就会犯错。行为金融学还认为，人的心理运算能力并不是无限的。例如，现在，每天来自报刊、电视、广播、网络、朋友、同事的新闻铺天盖地，我们不可能去研究所有这些新闻，因为我们没有这么多的时间、精力来仔细阅读并思考所有这些新闻。在阅读报纸的时候，我们常常就只看个标题。这就说明，我们的注意力、心理运算能力并不是无限的。由于我们的注意力、心理运算能力是有限的，因此，在遇到问题时，我们常常并不是去寻找最好的解决办法，而是依据我们以往的经验，找到一个大体上过得去的解决办法就满足了。

人们常犯什么错？

那么，根据行为金融学，我们会犯一些什么样的错误呢？我们会犯的错误很多。这里说些主要的。

第一，过度自信。

我们常常过高估计自己的能力，过高估计我们对事物的了解程度。例如，当我们认为自己在 90%的情况下是正确的时候，其实我们大概只有 70%的时候是正确的。

举个例子来说，在现代社会中，驾车是一项风险很高、需要技巧的活动。1981 年，国外的一位心理学家做了一个实验。这位心理学家先在瑞典的大街上随便拦下了 80 辆汽车，然后要求司机估计一下自己的驾驶技术与驾驶的安全性，是“高于一般水平”、“一般水平”，还是“低于一般水平”。结果，他发现，77%的瑞典司机认为自己驾驶的安全性“高于一般水平”，70%的瑞典司机认为自己的驾驶技巧“高于一般水平”。这位心理学家又在美国做了这个实验，结果发现，美国人比瑞典人还厉害，居然有高达 88%的美国司机认为自己驾驶的安全性“高于一般水平”，93%的美国司机认为自己的驾驶技巧“高于一般水平”。我们很容易就知道，怎么可能有这么多人“高于一般水平”呢？显然，很多人过高估计了自己的驾驶技术与驾驶安全性。

第二，过度乐观。

对工作与生活保持乐观的态度，当然很正常，也很好。但是，我们常常过度乐观。什么是过度乐观呢？就是我们常常毫无根据地非常乐观；或者大量的事实表明，结果不会像我们希望的那么好，但我们仍然很乐观。

例如，我们很多人有过创办公司的经历，有过这种经历的人都知道，要把一个企业创办成功，不是一件容易的事情。大量的研究显示，长远来看，新企业的存活率很低。在美国，大概只有 50%的企业在创建 5 年之后能够存活下来。因此，我们有理由相信，当企业家在创建新企业时，对自己的新企业能否存活下来，企业家们应该是谨慎的乐观。但是，经济学家们发现，有 95%的企业家认为他们成功的概率等于或者大于 50%，有 33%的人认为他们的企业 100%地会取得成功。而且，没有任何从商经历或者管理经历的初出茅庐的人与一个具有数十年管理经验的人一样，相信自己的企业会成功。

第三，相信专家。

人们通常非常相信专家的说法。例如，很多人一听说我是学投资的，就问我中国的股市会怎么样。其实，对于中国的股市，我知道的和大家知道的几乎一样多。还有，投资者非常相信股市分析师的分析。股民过于相信专家的一个例子就是，20 世纪 90 年代互联网泡沫时，美国 CNBC 著名财经节目主持人玛利亚·巴蒂洛莫在午间股评节目“Market Watch”中提到的股票，下午都会上涨。

那么，专家的判断是否真的比普通人准确呢？事实上，经济学家们的预测不准，是出了名的。其他领域的专家也不例外。英国著名经济刊物《经济学人》进行的一项试验表明，即使在专家们所擅长的领域，他们的预测有时比外行还差。1984年，《经济学人》邀请4名发达国家的前财政部长、4名跨国公司的CEO、4名英国牛津大学的在校生以及4名英国伦敦的清洁工人对未来10年全球的经济前景进行预测。这些经济前景包括发达国家的经济增长率、通货膨胀率以及全球石油价格等等。10年之后，到了1995年，《经济学人》将这些人的预测与实际结果进行对比，结果怎么样呢？总体来看，清洁工与跨国公司CEO的预测最准确，他们并列第一，其次是牛津大学的在校生，而最差的就是发达国家的前财政部长。

第四，羊群行为。

在日常生活中，我们常常是别人怎么做，我们也跟着怎么做。这就是羊群行为，也就是从众行为，或者说随大流。

图40 "大萧条"期间（1931年7月13日），德国柏林Mühlendamm Street大街上，由于羊群行为而引发的储户对一家银行的挤兑

图片来源：www.wikipedia.org。

这是一个羊群行为的例子。假定两个餐馆A、B都刚刚开始营业。两个餐馆面对面地坐落在街道两侧，A在街道的右面，B在街道的左面，外观装修也一样的漂亮。来吃饭的顾客必须在这两个餐馆之间作出选择。顾客们可以通过餐馆的窗户观察餐馆里面的情况，并以此来判断餐馆的质量。很显然，这种判断并不一定准确。因为刚刚开业，第一个来吃饭的客人看到的是两个餐馆里面都空无一人，但他得吃饭，必须选个餐馆。选哪个餐馆呢？这位客人平时比较习惯向右转。于是，他向右转身，走向餐馆A。第二个来吃饭的客人可以依据自己对餐馆本身的判断来决定去哪家餐馆吃饭，但他也可以根据第一位客人是在哪家餐馆就餐这一事实来决定自己去哪家餐馆。由于第二个客人根本不知道哪个餐馆好，他很可能会这么想：第一个客人在餐馆A吃饭，为什么他在餐馆A吃饭呢？肯定是因为第一位客人知道餐馆A比餐馆B好。这样，第二位客人很可能也会去餐馆A吃饭。第三位客人到来时，看到餐馆A中有两位客人在吃饭，而餐馆B里面一个人也没有。这样，第三位客人也会这么想：餐馆A里面有两个人在吃饭，肯定是因为这两个人知道餐馆A比餐馆B好。于是，第三位客人也会去餐馆A吃饭。这样做的结果会怎么样呢？结果是所有的客人都去餐馆A吃饭，而事实上餐馆A的质量可能比餐馆B差。

二、心理如何影响金融活动

行为金融学认为，我们会受到喜、怒、哀、乐这些心理因素的影响，导致我们会犯上面的这些错误。那么，这些心理因素如何影响我们的金融活动呢？

举个例子来说吧。现在很多人喜欢进行短线交易，频繁地买卖股票。例如，我觉得中石油的股票明天会上涨，于是今天买进中石油的股票，几天后，觉得它会跌，就卖掉中石油的股票，买中国工商银行的股票。再过几天，觉得中国工商银行的股票要跌了，就卖掉中国工商银行的股票，买别的公司的股票。这就是短线交易。短线交易不是投资，而是投机。

为什么不应该做短线？

如果投资者是完全理性的话，就不应该这样频繁地买卖股票，做短线交易。为什么呢？有两个理由。

第一个理由是对投资者来说，短线交易的危害很大，它会给投资者带来很大的损失。首先，大家都知道，买卖股票是要缴纳佣金、印花税的。越频繁地买卖股票，缴纳佣金、印花税就越多，我们自己能拿到手的钱就越少。以前，中国证券经纪公司的交易佣金最高为千分之三，买股票时要交，卖股票时也要交。还有千分之一的印花税，也是买股票时要交，卖股票时也要交。其次，投资者可能因为判断错误而买高卖低。例如，中石油的股票涨到了 48 块钱一股的时候，我们认为它还会上涨，于是放手购买中石油的股票，结果，刚买到手，中石油的股票价格就下跌。然后，中石油的股票一路下跌到了 10 块钱一股。可是我们担心它还会下跌，于是在 10 块钱一股的时候把中石油的股票全部卖掉。结果呢，刚刚卖掉，中石油的股票就开始一路上涨。这两方面的损失对投资者的危害是显而易见的。

第二个理由是“信息不对称”。所谓“信息不对称”就是对于某件事，我知道的东西比你多，在我们的交易中，我占有优势。

美国一位名叫乔治·阿克劳夫的经济学家 1972 年在读博士研究生的时候发现了“信息不对称”这个现象，并且在 2001 年因为这个发现而获得诺贝尔经济学奖。他是怎么发现的呢？比如，我有一辆开了 5 年的汽车，现在要卖掉，我要价 50 000 元，而你呢，要买辆二手车。你肯定会这样想，这辆车是我的，我肯定了解车子的性能。我现在要卖掉车子，肯定是车子有问题，性能不好。但是，车子是不是有问题，你用眼睛是看不出来的。就算让你试开两天，你也不一定能发现它的毛病。你怎么办呢？当然是狠狠地杀价，你出价 10 000 元。可问题是，我的车子真的是好车子，因为要现金用，我才想卖掉它的。但你肯定不相信我的说法，坚持只出价 10 000 元。这样，如果我们都不让步的话，这个交易就做不成了。那么，这个交易为什么做不成呢？就是因为，你很清楚，对于这个车子的性能，我知道的比你多。因此，你担心我会利用这一点来欺骗你。

那么，怎么把“信息不对称”用到股市里面呢？很简单，如果我有中石油公司的内幕信息，而你没有。这样，对于中石油的股票，我知道的比你多，我们之间就存在“信息不对称”，我就可以从你身上赚钱。当然，如果我们两人是老朋友，你知道我也是普通小老百姓一个，对于中石油，我也什么都不知道，那我们之间就不存在信息不对称了。但问题是，在股市里面，大家都是匿名交易，谁知道谁是谁啊？我要买中石油的股票，证券经纪公司就会帮我买好，我根本不知道我是从谁手里买来的，也不用知道是从谁那里买来的。你要卖中石油的股票，也是一样。这样就有个很大的问题。假如，我要买 10 万股中石油的股票，你刚好想把中石油的股票卖掉。你根本不知道我是谁，你怎么知道我手里有没有中石油公司的内幕信息呢？也许我的一个大学室友刚好就是中石油公司的财务总监，昨天我和他吃饭时他告诉我说，下季度中石油的净利润会增长一倍，股票的价格肯定大涨，要我马上买中石油股票。因此，如果你是很理性的话，你会怎么想呢？你当然会想，这家伙要买中石油的股票，肯定是他知道些什么消息，没准他家什么亲戚就是中石油的大头头。这样一想，你就不应该把中石油的股票卖给我。同样，当我要卖掉中国工商银行的股票时，你会怎么想呢？你当然会这样想，好好的这家伙为什么要卖掉中国工商银行的股票？肯定是他知道什么关于中国工商银行很不好的内幕消息。这样一想，你也就不应该从我手里买中国工商银行的股票。问题还在于，即使在美国、中国香港这样法制比较健全的地方，股市里面也会有“信息不对称”，也存在内幕信息与内幕交易。因此，只要存在信息不对称，大家就不应该频繁地买卖股票。

为什么这么多人喜欢做短线？

那么，为什么很多人还是喜欢进行短线交易呢？

原因之一是人们的过度自信。过度自信是怎样导致人们从事频繁的短线交易呢？我们前面介绍了“效率市场假说”。这个假说的核心内容是什么呢？就是股市是不可预测的。但是，过度自信的人却会认为，别人预测不了股市的走向，自己可以预测股市的走向。别人会买高卖低，自己绝对不会。其次，对于同样一条消息，过度自信的人可能会认为，自己对这条消息的理解比别人更准确。此外，股市很多时候靠的是运气。但是，过度自信的人常常只是在口头上承认运气。当他们完全是由于撞上大运而赚了钱时，他们常常将赚钱归因于自己的能力。因此，过度自信的人往往会频繁地进行短线交易。

行为金融学的研究表明，总体而言，男性比女性更加自信。于是，在股市中，男性也就进行更多的短线交易，而结果就是，男性在炒股中赚的钱常常没有女性炒股赚的钱多。

原因之二是人们很容易犯的另一个错误，我们有个术语来形容这种错误，就是“幸存者偏差”。什么是“幸存者偏差”呢？ 就是对于某件事，我们往往只看到了少数成功者的成功，而没有看到成千上万的失败者的失败。例如，在股市里面，炒股的人成千上万，其中大部分人，甚至可以说绝大部分人并没有赚到多少钱，有一部分人甚至因为炒股而倾家荡产。但是，我们没有看到这成千上万的失败者，而只看到沃伦·巴菲特这样的少数几个成功者。

而且，人们常常把撞大运而取得的成功当作是靠能力取得的成功。假如我连续 3 年甚至连续 5 年都准确地预测了股市的走向，是不是我就是炒股奇才呢？其实，这很可能就是我运气好而已，而这一点可以简单地加以证明。然而，对于别人或者我们自己偶尔取得的成功，我们常常认为是由于别人或者我们自己有能力，而不是靠运气取得的。于是，很多人就会这么想，别人能成功，难道我就不能成功？别人炒股发家了，难道我就不能？或者这样想，我以前成功了，说明我确实有能力，以后肯定也会成功。于是，我们就会相信自己能够准确预测股市，也就不停地买卖股票。

为什么很少有人分散投资？

在逻辑之六的“现代资产组合理论”那一部分中，我们说过，根据资产组合理论，我们应该通过分散投资来控制自己的风险。所谓分散投资，就是将资金用来购买不同类型的资产，在股市里面，就是将资金用来购买不同公司、不同行业的股票。

然而，绝大部分投资者并没有这么做。美国有 50%的家庭在股市有投资。

根据美联储的调查，2007 年，美国股民中，36%的家庭只买了一只股票，48%的家庭只买了 2—9 只股票，而有 10 只及以上的家庭只占了 16%。甚至“现代资产组合理论”的创始人马科维茨在被媒体问及他是否按照自己的理论进行投资时，他说不是。

为什么人们没有分散投资，而是将资金集中在一只或者几只股票上呢？原因之一是人们的过度自信。很多人相信，自己对某个公司、某个行业很了解，知道该公司、行业是个好公司、好行业，买该公司或者该行业的股票肯定能赚钱。还有一个原因就是很多人过于相信小道消息、内幕消息等等。其实，几乎所有的小道消息、内幕消息都没有任何价值。经济学家们把这些小道消息、内幕消息叫做“杂音”。

公司管理中的心理因素

过度自信与过度乐观还会导致公司高管们也犯错，好心办坏事。心理学的研究表明，我们过去取得的成功会让我们更加自信、更加乐观，而公司的高管们就是所谓的“成功人士”。因此，公司的高管们往往比一般人更加自信、更加乐观。结果，他们也更可能犯错，犯更大的错。他们可能犯错的一个地方就是所谓的“做大做强”。最近这些年中，国内企业界流行一个叫“做大做强”的口号。在这个口号下，很多公司热衷于收购、兼并别的公司，希望通过把几家公司合并成一家公司而让公司成为“商业帝国”，变得“很好很强大”。结果呢，公司倒是变“大”了，却并没有变“好”，也没有变“强”。

很多这样的收购、兼并以失败而告终。一个很有名的例子是 2000 年“美国在线”与“时代华纳”这两个美国公司的合并。当时，这两个公司合并后的总价值高达 1 600 亿美元，是迄今为止规模最大的公司合并。合并的时候，“美国在线”的高管们说，这两个公司的合并是“天作之合”，通过合并，他们将创造人类历史上最成功的公司。结果怎么样呢？合并后的“美国在线-时代华纳公司”在 2003 年这一年中就亏损了 990 亿美元。这是美国历史上，单年度亏损最多的，创造了美国公司亏损的历史纪录。2009 年，这个公司实在经营不下去，就又被拆开为“美国在线”与“时代华纳”，并且把“美国在线”卖掉了。

另一个例子是美国电报电话公司（AT&T）。20 世纪初，AT&T 曾经是美国现代科技的象征。AT&T 当年也收购了很多的公司，结果经营不下去，又把这些收购过来的公司卖掉。后来在 1998 年，干脆把 AT&T 拆散，成为四家公司。

为什么收购、兼并大部分失败了，可是公司高管们仍然热衷于收购、兼并呢？仍然前仆后继地进行收购、兼并呢？原因之一就是这些高管们过度自信、过度乐观，认为别人失败了，但自己能成功，自己能让合并后的公司变得“很好很强大”。

三、股市的可预测性

这样，我们看到，行为金融学与现代金融学是很不一样的。那么，行为金融学怎么挑战现代金融学呢？

我们前面说过的“效率市场假说”是现代金融学的一个核心理论。行为金融学对现代金融学的挑战主要就是对“效率市场假说”的挑战，即质疑市场是不是一个效率市场。

效率市场假说认为，股市是不可预测的，原因很简单：股市的变动是由新闻推动的，而新闻之所以是新闻，就在于它们是我们事先无法知道的。因此，股市是不可预测的，也不可能存在什么变化规律。

但是，行为金融学认为，股市里面确实存在某些变化规律，我们可以根据这些变化规律来预测股市，并进行投资。例如，行为金融学家认为，股市存在一种季节性变化规律。他们发现，在一年的 12 个月中，每年 1 月份是最赚钱的月份，9 月份是亏损最厉害的月份，而 10 月份是股市特别动荡，并且是发生灾难最多、最严重的月份。例如，美国股市历史上两次最严重的股市崩溃就发生在 10 月份，一次是 1929 年 10 月 28—29 日这两天，另一次是 1987

年 10 月 19 日这一天。虽然 10 月份臭名昭著，但在一年的 12 个月中，亏损最严重的不是 10 月份，而是 9 月份。根据金融学家的计算，如果投资者在 1885 年用 1 美元购买股票，到 2001 年年底，这 1 美元将增长到 394 美元。如果将 1 美元投资于每年的 9 月份，也就是在 1885 年 9 月 1 日，用 1 美元购买股票，到 9 月 30 日卖掉它，并拿着现金，直到 1886 年 8 月底。在 1886 年 9 月 1 日将这笔现金购买股票，并持有该股票到 9 月 30 日，然后在 10 月 1 日卖掉它。如此不断重复下去。那么，到 2001 年年底，这 1 美元变成只有 0.25 美元。另一方面，如果投资在除 9 月份外的其他 11 个月，也就是投资者于每年的 8 月 31 日卖掉股票，拿着现金，然后 10 月 1 日将该现金购买股票，并拿着股票到 8 月 31 日，那么这 1 美元将变成 1 548 美元。这种“9 月份异常”现象不仅仅存在于美国股市，而且在全球范围内存在。

股市里面的另一种规律性现象是，股票价格会上涨一段时间，然后下跌到最初上涨的位置，然后再上涨，这样不断反复。具体一点说，假如某个股票今天的价格是 10 块钱，并且开始上涨。在未来的一段时间中，这个股票还会继续上涨。但是，从第 18—60 个月开始，它的价格就会开始回落，并且持续回落到 10 块钱的价位，然后又开始上涨。股票价格在经历一段时间的上涨后开始回落，然后又开始上涨，这种现象意味着股票的价格有规律可循的，是可以预测的。

“效率市场假说”还认为，股市的变动是由新闻推动的，因此在没有重大新闻发生的时候，股市不应该无缘无故地发生重大的波动。

然而，行为金融学家发现，股市经常无缘无故地发生大幅度波动。例如，1987 年 10 月 19 日星期一，美国股市早上一开盘就暴跌大约 22%，被称为“黑色星期一”，可是 10 月 19 日这一天以及前一个周末并没有发生任何事情。有经济学家说，股市在 1987 年 10 月 19 日这一天突然暴跌是因为当时的美联储主席格林斯潘刚上任不久，他感觉美国的通货膨胀率太高了，想治理通货膨胀，于是打算提高利率。这种说法是完全不对的。为什么完全不对呢？理由很多。例如，虽然 1987 年 10 月 19 日这一天，股市突然暴跌了 22%，但没过几天，股市又差不多全部反弹回来了。就算股市在 1987 年 10 月 19 日这一天的暴跌是格林斯潘要提高利率导致的，那没过几天全部反弹回来了又是什么导致的呢？格林斯潘可没说，他不准备提高利率啊。那为什么反弹回来了呢？这些经济学家回答不了这一问题。

美国耶鲁大学著名经济学家罗伯特·希勒说，在美国股市历史上单天涨跌幅度最大的 10 次涨跌中，只有 2 次可以找到明确相关的新闻事件，也就是说，可以为这 2 次股市的大幅度涨跌找到合理的解释，其他 8 次则都是无缘无故的暴涨暴跌。

同现代金融学相比，行为金融学为我们提供了不同的思考金融问题的方式。因此，在了解现代金融学的同时，我们大家也应该了解行为金融学的基本内容。

逻辑之十

金融也可能大规模地毁灭财富

金融能够创造财富，也能毁灭财富。通货膨胀、金融泡沫、金融危机等不仅会导致资源的浪费，而且会大规模地毁灭财富。

金融具有强大的创造财富的能力，但是，万一金融出了问题，也会造成巨大的破坏。

货币可能贬值。在国内，货币通货可能会因为膨胀而变得一文不值；在国外，本国货币的汇率可能会暴跌，引发货币危机。银行与股市都可能出问题。最严重的是银行、股市、货币等同时出问题，从而出现全面金融危机。在2008年金融危机中，美国家庭的财富损失了四分之一，而全球损失了数十万亿美元。

那么，金融为什么会出问题呢？在出现这些问题时，政府与老百姓该怎么办呢？我们应该如何利用金融的力量来创造财富，而同时又有效地约束金融的破坏力呢？

一、通货膨胀与通货紧缩

通货膨胀是经济中无法克服的顽症，世界上没有哪个国家没有经历过通货膨胀。很多国家的中央银行把控制通货膨胀当作头等大事来抓。例如，在英国，1998年6月实施的《英格兰银行法》规定，英格兰银行的目标就是将英国的通货膨胀率控制在2%左右。为此，英国政府给了英格兰银行决定利率的绝对权力，即所有与利率有关的问题，完全是英格兰银行说了算，英国国王、首相、议会都无权插手。

那么，什么是通货膨胀呢？为什么西方各国的中央银行如此重视控制通货膨胀呢？

很早以前就有了通货膨胀

在中国，比较早的通货膨胀发生在南宋时期。北宋时期，在今天的四川地区出现了被认为是世界上最早的纸币——“交子”。交子最初是商客们为了方便，由民间自由发行的。南宋时期，在今天浙江一带也有民间发行的纸币，叫“会子”。1160 年，当时担任临安（即今天的杭州）太守的钱端礼下令，会子由官府发行。在会子由南宋官府发行的初期，由于政府在发行会子的时候比较谨慎，没有滥发，所以会子的币值比较稳定，没有出现通货膨胀。南宋皇帝宋孝宗曾对大臣说过：“因为会子的发行问题，我差不多十年来都没睡好觉。”皇帝都因为纸币的发行而睡不好觉，可见当时的南宋朝廷对纸币发行的小心态度。

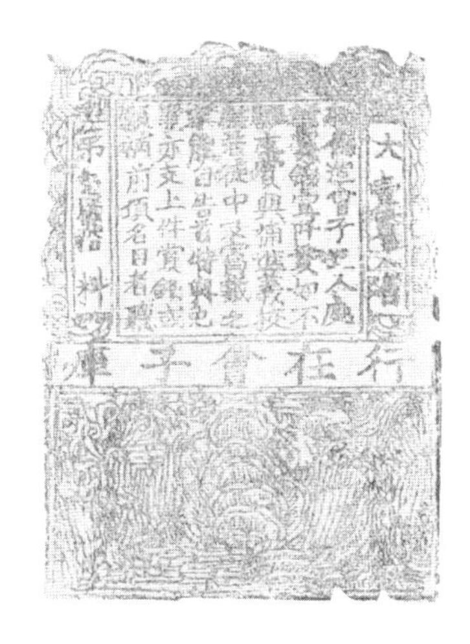

图 41　南宋时期临安地区出现的会子

但是，从 1205 年开始，南宋出兵讨伐北方的金国，由此开始了南宋与金国之间长达十多年的战争。在南宋与蒙古联手将金国消灭后，蒙古又发动了对南宋的统一战争。长期的战争导致南宋国库空虚，财政窘迫。为了筹措军费，南宋政府采取的一个措施就是滥发纸币，结果导致通货膨胀。南宋的灭亡与滥发钞票及其导致的通货膨胀不无关系。消灭南宋、统一中国的元朝并没有吸取南宋灭亡的教训。元世祖忽必烈的时候，元朝政府发行钞票还比较小心，但后来也走向滥发钞票的老路。滥发钞票而导致的通货膨胀最终也成为元朝建国不到 100 年就迅速灭亡的原因之一。

西方比较早的通货膨胀发生在 500 多年前。从 1470 年到 1620 年的 150 年中，从西班牙开始，西欧的物价普遍上涨了 6 倍。这场波及整个西欧的通货膨胀在历史上被称为“物价革命”。与中国南宋、元朝末年通货膨胀不同的是，西欧的“物价革命”不是政府滥发纸币造成的。西欧“物价革命”的重要原因之一是西班牙将大量的黄金与白银从墨西哥与南美洲的殖民地（特别是玻利维亚）运回西班牙。按官方记载，1556—1783 年间，仅在玻利维亚的波托西城这一个地方就开采出了 4.1 万吨白银，当时主宰着全球主要海上通道的西班牙舰队将其中至少 8 200 吨运到了西班牙。

通货膨胀就是物价全面性地持续上涨

通货膨胀是物价全面上涨，而且是不断地上涨。如果只是一种或者几种商品的价格上涨的话，那不能算是通货膨胀。

通货膨胀的结果就是钱越来越不值钱。假如在过去的一年中，通货膨胀率为 5%，那么，一年前的一张 100 块钱的钞票，现在只能买到价值 95 块钱的东西。

我们通常用“消费者物价指数（CPI）”来衡量通货膨胀的程度，虽然这并不是很准确（因为 CPI 只衡量消费品价格水平）。那么，我们怎么计算“消费者物价指数”呢？首先，我们确定一篮子一般老百姓常买的、具有代表性的生活必需品。例如，这一篮子的必需品可能包括食物、汽车、汽油以及衣服，等等。然后，我们选择一个年份作为起点。假如 2000 年，买这一篮子物品花了我们 100 块钱，而 2001 年花了 108 块钱，那么，通货膨胀率就是 8%。

温和的通货膨胀是通货膨胀率保持在 2%—3%，并且始终比较稳定的一种通货膨胀。有些经济学家甚至认为，如果每年的物价上涨率在 2.5%以下，可以认为是没有通货膨胀。温和的通货膨胀一般不会引起社会太大的动乱。

当通货膨胀变得不稳定，并且迅速恶化、加速上涨，通货膨胀率达到两位数时，人们对货币的信心开始动摇，经济社会产生动荡，这是一种较危险的通货膨胀。

恶性通货膨胀是通货膨胀率非常高（一般达到三位数以上），而且完全失去控制。恶性通货膨胀的结果是物价持续飞速上涨，货币大幅度贬值，人们对货币彻底失去信心。这时整个社会的金融体系处于一片混乱之中，正常的社会经济关系遭到破坏，最后是社会动乱、政府垮台。恶性通货膨胀通常发生于战争或社会大动乱之后。例如，德国在 1923 年曾发生过，当时第一次世界大战刚结束，德国的物价在一个月内上涨 2 500%。匈牙利在 1946 年也发生过，当时第二次世界大战刚结束，匈牙利的物价每 15.6 小时涨一倍。在 1948—1949 年国共内战期间，中国也发生过恶性通货膨胀。最近这几年，非洲国家津巴布韦也在发生恶性通货膨胀。2008 年，津巴布韦的物价每 24.7 小时涨一倍。

图 42　在 1923 年德国的恶性通货膨胀中，钞票变得一文不值，人们用它们来做墙纸

图片来源：德国联邦档案馆（German Federal Archives），Georg Pahl 摄。

图 43　在 1946 年匈牙利的恶性通货膨胀中，钞票变得一文不值，人们把它们当垃圾清扫掉

图片来源：http://mek.oszk.hu，Mizerák István 摄。

为什么会发生通货膨胀？

获得1976年诺贝尔经济学奖的已故美国芝加哥大学经济学家米尔顿·弗里德曼说，无论在任何时候，无论在任何地方，通货膨胀都是一个货币现象。弗里德曼的言下之意是，通货膨胀只有一个原因，就是货币供应量过多，也就是政府印发的钞票太多了。

为什么政府会大量印刷钞票呢？一是政府财政开支太多。例如，政府到处大兴土木，今天要花1 000亿元修个大水坝，明天要花2 000亿元建高速铁路，后天要花3 000亿元派人上月球。政府从哪弄这么多钱呢？一个方法是多收税，特别是对富人多收税。如果政府不愿意用多收税的方法的话，就只好要它的中央银行多印刷钞票了。二是政府要促进经济增长，提高就业率。例如，在2008年金融危机后，各国的经济陷入衰退，大量公司倒闭，很多人失业。为了刺激经济增长，让更多人的有工作，中央银行于是增加货币的供应量，让更多的钞票进入市场。中央银行通过降低利率、降低商业银行存款准备金率与公开市场操作这三大措施增加货币的供应量。例如，中央银行降低了利率，商业银行的贷款利率就跟着降低。于是，很多公司就会到商业银行去贷款，增加生产与投资。这样，公司就会雇用更多的员工。但是，这样做的结果是，货币的供应量就增多了，物价就会随着上涨。

当然，有些经济学家认为，除了钞票印发过多外，通货膨胀还可能有其他原因。

原因之一是公司与政府增加开支，大量采购商品，可是商品的供应跟不上。公司与政府增加开支，大把大把地花钱，当然是要购买商品。如果商品的供应赶不上的话，物价就会上涨。僧多粥少，粥当然就更值钱了。这次金融危机后，各国政府都增加开支，中国政府增加了4万亿元的开支。这4万亿元的开支当然是用来采购商品的。例如，这4万亿元的一部分是用来修建高速公路的。修建公路当然需要水泥、钢筋。如果水泥、钢筋的供应量赶不上，它们的价格就会上涨。水泥、钢筋的价格上涨了，就可能带动其他东西的价格跟着上涨。

原因之二是厂家的生产成本增加了。例如，中石油与中石化这两个公司串通起来，哄抬石油、天然气的价格。结果，所有与石油、天然气有关的生产厂家的原料价格都上涨，厂家的生产成本随着提高。厂家当然不傻。羊毛出在羊身上。厂家会怎么做呢？厂家提高产品出厂价，让消费者来承担原料价格上涨的损失。于是，石化产品的价格上涨，并最终可能导致物价全面上涨。

此外，假如中石油与中石化这两个公司串通起来，哄抬石油、天然气的价格，从而导致物价全面上涨。于是，中国企业的员工们要求增加工资。工人的工资增加了，企业的生产成本也就增加。但是，我们刚说了，羊毛出在羊身上。厂家会提高产品出厂价，让消费者来承担工人工资上涨造成的损失。这会导致物价上涨。物价上涨又会反过来导致员工要求进一步提高工资。结果，形成一种“工资提高—物价上涨—工资再提高—物价再上涨”的恶性循环。

经常有一些人（包括一些经济学家）说，通货膨胀对经济发展有好处，因为通货膨胀可以提高就业率。这种说法非常危险。通货膨胀的确可能提高“就业率”，但这是公众受到通货膨胀的误导造成的。通货膨胀造成的经济繁荣、高就业率也是短暂而虚假的。真相很快就会大白，而社会迟早要付出更大的代价，花费漫长的时间来弥补通货膨胀造成的危害。

通货膨胀的危害

各国政府之所以重视通货膨胀，是因为通货膨胀会造成很大的危害。被称为无产阶级的伟大导师、苏联共产党领导人列宁曾经说，“摧毁资本主义的最好办法就是制造通货膨胀，使货币贬值。”

那么，通货膨胀会造成什么样的危害呢？

第一，通货膨胀会误导公众，导致厂家在生产过程中作出错误的决定。

我们前面说了，在市场中，商品的生产与销售等活动都是由物价来调节的。厂家把价格当作一个信号，根据这个信号来决定生产。价格上涨了，厂家就会增加生产；价格下跌，厂家就减少生产。通货膨胀的危害之一就在于它会歪曲物价，从而导致生产与销售活动的混乱。例如，通货膨胀悄悄发生了，但是，大家还不知道。这时，一家中餐快餐店的老板发现，自己的营业收入忽然增加了。老板当然很高兴，认为自己长本事了，把快餐店经营得越来越好了，并且打败了对面的麦当劳、肯德基等国外的快餐店。于是，他扩大规模，在北京增开 10 个店，每个店聘用 20 个员工，给全北京增加了 200 个就业机会，并且准备把店开到上海、广州去。但是，他很快发现，快餐店的各项成本都涨上来了，自己的净利润并没有增加多少。最后，他发现，最近增开的店并不怎么赚钱，不得不关闭。增开新店、又关闭，这样的折腾不仅让老板浪费了很多钱，而且白费了很多时间与精力。通货膨胀的危害就在这里：它歪曲了价格这个信号，使厂家作出错误决定，并浪费了很多资源。

第二，通货膨胀会给企业的生产规划造成困难。例如，企业在投资时，要进行预算，估计需要多少资金，然后根据预算筹集资金。在物价稳定的情况下，企业能够比较准确地估算明年或者未来 3—5 年的资金需求量，从而相应地筹集资金。在存在通货膨胀的情况下，企业就很难准确估算到底需要多少资金。

第三，通货膨胀会使中低收入人群的生活水平不断下降，导致贫富差距越来越大。中低收入人群的收入主要来自工资，工资通常是一年才上涨一次，而在通货膨胀中，物价几乎天天上涨。这样，依靠工资的中低收入人群的收入增长速度远远落后于物价上涨的速度，他们的购买力会越来越低，生活水平不断下降。高收入人群的收入除了工资，还有很多其他财产性收入。例如，他们还有股票投资、房地产投资等方面的收入，而这方面收入的增长通常会与物价上涨速度保持同步。

第四，通货膨胀会导致财富的不公平分配：在存款人与借款人之间，通货膨胀会将财富从存款人手里转移到借款人手里；在老板与工人之间，通货膨胀会将财富从工人手里转移到老板手里；在政府与老百姓之间，通货膨胀会将财富从老百姓手里转移到政府手里。

第五，通货膨胀会造成资源的大量浪费。经济学家们用一个叫“菜单成本”的词语来形容通货膨胀造成的资源浪费。为什么叫“菜单成本”呢？我们大家都去餐馆吃过饭，知道餐馆都制作了很漂亮的菜单，制作漂亮的菜单当然是要花钱的。在没有通货膨胀的情况下，餐馆的菜价比较稳定，一本菜单也就可以用上很长的时间。但是，在通货膨胀的情况下，物价不断地在变动，餐馆的菜价也得跟着变动，而菜价不停地在变的话，餐馆就不得不经常重新制作菜单。上月刚刚制作的漂亮菜单，这个月就没有用了，就要扔掉。这不是浪费吗？“菜单成本”虽然看起来是日常生活中的小事，却说明了通货膨胀如何造成资源的浪费这个大问题。

如何控制通货膨胀？

措施之一：中央银行要独立

要控制通货膨胀，就要严格控制钞票的发行量，因此，拥有钞票发行权的中央银行就必须独立于政府。否则，政府就会命令中央银行以滥发钞票的方式来促进经济增长、提高就业率。

美国经济学家、哈佛大学前校长劳伦斯·萨默斯等人的研究发现，一个国家的中央银行越独立于政府，该国的通货膨胀率就越低。在西方各国的中央银行中，德国的德意志联邦银行独立性是最强的。德意志联邦银行的独立性由《德意志联邦银行法》第12条作出了明确规定：在货币政策问题上，德意志联邦银行可以不接受德国政府的任何指令。德意志联邦银行几乎完全独立于德国政府，德国的通货膨胀率也非常低，德国马克的币值也相应地非常稳定。

同德国、英国、美国等西方国家的央行相比，中国人民银行的独立性比较弱。这首先表现在，中国人民银行在行政上隶属于国务院，是国务院的一个部门。其次，也是更重要的是，中国人民银行实际上没有独立地制定、执行货币政策的权力，而是要听从国务院的指令。这一点，在《中国人民银行法》中，很明显地反映出来。《中国人民银行法》第 2 条规定，“中国人民银行在国务院领导下，制定和执行货币政策，防范和化解金融风险，维护金融稳定”。第 5 条规定，“中国人民银行就年度货币供应量、利率、汇率和国务院规定的其他重要事项作出的决定，报国务院批准后执行”。

措施之二：中央银行应该明确表示反通货膨胀立场

在控制通货膨胀方面，中央银行应该以实际行动向公众明确表明：中央银行绝对不会放任通货膨胀，更不会以通货膨胀的方式来制造虚假的经济增长。

对于控制通货膨胀，中央银行明确而坚定的反通货膨胀态度至关重要，这是因为现在各国的货币都是法币，法币没有任何的黄金含量，与废纸差不多。公众之所以愿意使用法币，关键原因在于公众相信中央银行不会滥发钞票，会保证币值的稳定。因此，对于控制通货膨胀，中央银行在公众中的信誉非常重要。

在反通货膨胀上，中央银行立场暧昧可能导致通货膨胀的原因之一，是公众的通货膨胀预期会导致公众为了应对即将到来的通货膨胀而抢购资产，从而造成物价上涨。

原因之二，是中央银行的这种态度可能导致货币流通速度发生变化。在一般情况下，货币的流通速度是比较稳定的，不会大起大落。其中一个重要的原因是，总体来说，公众的消费习惯是比较稳定的。但是，如果中央银行在反通货膨胀上立场暧昧，公众就会担心中央银行将放任通货膨胀。这样，因为担心发生通货膨胀，公众可能会改变消费习惯，在领到工资后，就可能马上把工资全部花掉。如果很多人都这么做的话，货币就会快速转手，货币的流通速度就会加快，而流通速度加快就会导致货币供应量增加。这样，本来没有的通货膨胀就可能真的发生，而本来就有的通货膨胀则会更加严重。

这样的事情，1923 年在德国、1948 年在中国就发生过。1923 年的德国已经出现了恶性通货膨胀，于是，德国公司的员工们要求老板在上班前发给他们工资，然后给他们半小时时间，让他们去购物，因为下班后，工资就会大幅度贬值。结果，德国的恶性通货膨胀更加严重。1948 年国共两党内战的时候，这样的事情在国民党统治区也发生过，当时，职员们下班后的第一件事情就是去购物。

在控制通货膨胀问题上，西方各国中央银行的态度非常明确：央行的目的只有一个，即维持币值的稳定。例如，德国于 1957 年通过的《德意志联邦银行法》第 3 条明确规定，德意志联邦银行的目标只有一个，即保证币值的稳定。在控制通货膨胀可能导致经济减速的情况下，德意志联邦银行可以不管经济会不会减速。德意志联邦银行这一明确而坚定的反通货膨胀态度成为战后德国马克稳定而坚挺的关键原因之一。

《中国人民银行法》第 3 条规定，中国人民银行“货币政策目标是保持货币币值的稳定，并以此促进经济的增长”。因此，中国人民银行的货币政策目标有两个，即控制通货膨胀与促进经济增长。从字面来看，控制通货膨胀应该是中国人民银行的首要目标。在实施过程中，当这两个目标发生冲突的时候，中国人民银行也应该以控制通货膨胀为首要目标。

措施之三：弗里德曼与哈耶克

获得 1976 年诺贝尔经济学奖的米尔顿·弗里德曼认为，要控制通货膨胀，中央银行必须严格按照经济增长率来发行钞票。在通常情况下，货币供应增长率与经济增长率、通货膨胀率三者间的关系如下：货币供应增长率＝经济增长率＋通货膨胀率。按照弗里德曼的观点，要控制通货膨胀，货币供应增长率应该等于经济增长率。

获得 1974 年诺贝尔经济学奖的弗里德里希·哈耶克属于奥地利学派。这一学派认为，只有恢复金本位，才能防止政府滥发钞票，才能控制通货膨胀。

通货紧缩就是物价全面性地不断下跌

通货紧缩是通货膨胀的反面，就是物价不断地下跌。通货紧缩发生时，物价不断下跌，老百姓用 100 块钱可以买到越来越多的东西，老百姓当然很高兴。那么，通货紧缩是不是就是一件好事呢？

与通货膨胀一样，通货紧缩对企业、消费者也都不好。怎么不好呢？

通货紧缩会导致公司很难筹集到资金。通货紧缩会导致公司利润减少，公司的利润减少了，股票的价格就会下跌，股市也就会下跌。股市下跌了，大家不买股票，公司想通过发行股票来筹集生产资金就更困难了。

通货紧缩会导致工厂推迟投资，导致就业率下降。如果工厂有一个项目可以投资，但是 2010 年开工的话，需要 1 000 万元的资金。由于物价不断下跌，工厂把项目开工日期推迟到 2011 年的话，只要 800 万元的资金就够了；再推迟到 2012 年的话，更只要 500 万元就够了。这样，工厂就会推迟投资。结果，当然是经济增长率下降，很多人找不到工作。

日本就遭受了通货紧缩的困扰。1989 年泡沫经济破裂后不久，日本就出现了通货紧缩。为了刺激经济增长，日本银行不断降低利率，结果贷款利率降低到只有 0.1%，但公司就是不愿意贷款投资，老百姓也就是不愿意贷款消费。为什么呢？因为物价不断下跌，公司和老百姓都顾虑重重。公司担心的是，就算利率只有 0.1%，但如果贷款来生产，结果因为物价不断下跌，公司还是赚不到钱。老百姓担心什么呢？老百姓担心的是，物价不断下跌，公司会越来越不赚钱，倒闭的公司可能会越来越多，没准哪天我就失业了，没有收入了。因此，老百姓也不敢贷款消费。这样，从 20 世纪 90 年代初到 21 世纪初的十多年中，日本经济始终没有起色。

总之，通货膨胀不好，通货紧缩也不好，稳定的物价才能保证经济与社会的和谐发展。这就需要中央银行有高超的技巧，根据经济发展的需要，控制好货币的供应量，维持物价的稳定，从而保证经济的健康发展。

二、金融泡沫

我们经常听说金融泡沫。事实上，在最近的几百年中，金融泡沫一再出现。那么，什么是金融泡沫呢？它是如何形成的呢？

最早的金融泡沫：郁金香泡沫与南海泡沫

荷兰的郁金香是出了名的，很多人到荷兰旅游就是为了去看郁金香。然而，历史上，郁金香却给荷兰留下过沉痛的教训。

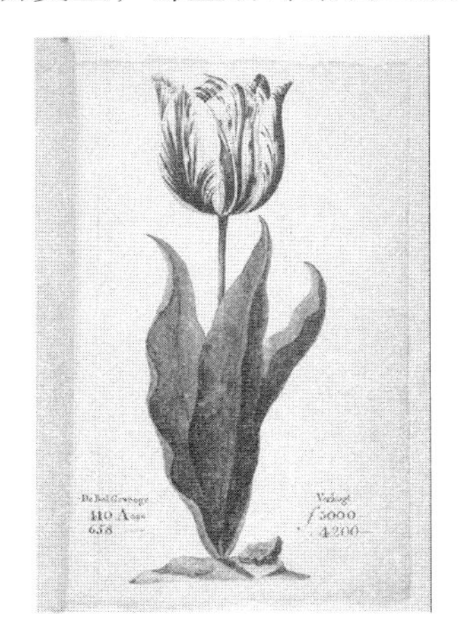

图 44　1637 年荷兰郁金香泡沫期间，图中这株名为“The Viceroy”的郁金香售价为 3 000—4 200 荷兰盾，而当时一个熟练手艺工的年收入为大约 300 盾

图片来源：Tulip Book of P. Cos。

图 45　1637 年荷兰郁金香泡沫期间，图中这株名为“Admirael van der Eijck”的郁金香售价为 1 045 荷兰盾，而当时一个熟练手艺工的年收入为大约 300 盾

图片来源：Tulip Book of P. Cos。

1593 年，一位来自维也纳的植物学教授将一种原产于土耳其的植物带到荷兰，这种植物后来被叫做郁金香。荷兰人立即就迷上了郁金香。在随后的数十年中，郁金香的价格也越来越高。有些郁金香受到病毒的影响，它们的花瓣上出现对照鲜明的花纹，恰恰就是这种受到病毒影响的郁金香让荷兰人如醉如痴，这种郁金香的价格因此狂涨。例如，1625 年，一种名叫 Semper

Augustus 的郁金香球茎的市场价格高达 2 000 荷兰盾，而当时一个熟练工人的年收入大约只有 300 荷兰盾。按 400 美元每盎司黄金计算，这一价格相当于 16 000 美元。

郁金香的价格从 1636 年 11 月开始飙升，并持续到 1637 年 1 月。在 1637 年 1 月，一些普通郁金香的价格也狂涨了 25 倍。整个荷兰都沉醉在郁金香狂热中。一位记载郁金香狂热的人士说，“贵族、市民、农民、商人、海员、脚夫、家庭佣人，甚至清扫烟囱的人与年迈的女缝纫工都在谈论郁金香”。人们不惜卖掉土地、珠宝、家具、房屋等来购买郁金香。

1637 年 2 月，郁金香的价格上涨到顶点，然后，突然下跌，导致郁金香的市场价格不到其最高时的十分之一，郁金香泡沫破裂。郁金香泡沫的破裂导致荷兰在随后的数年陷入经济衰退中。

发生在荷兰的这个“郁金香泡沫”大概是金融史上第一个著名的金融泡沫。几十年之后，类似的一幕又发生在英吉利海峡对面的英国。而且同荷兰人的疯狂相比，英国人有过之而无不及。

17 世纪末，长期的经济繁荣给英国人带来了大量的储蓄。他们缺的不是钱，而是投资机会。这种状况造就了人类历史上著名的金融泡沫之一，即南海公司泡沫（South Sea Bubble）。

图 46　1722 年英国南海公司泡沫期间人们认购股票的场面

图片来源：Edward Matthew Ward 作。

南海公司成立于 1711 年。公司成立后，南海公司的高管们对英国政府说，你们政府不是欠了别人的钱吗，我们公司帮你还了。不过，你们政府要给我们公司一个特权。什么特权呢？就是让南海公司垄断英国同南海地区的所有贸易。英国议会同意了。南海是什么地方呢？南海就是现在的南美洲。当时，南美洲是西班牙的殖民地。南海公司的高管们中，没有任何人具有同南美洲进行过贸易的经验，他们很快组建船队同南美进行当时利润丰厚的黑奴贸易。由于在横渡大西洋过程中黑奴死亡率很高，南海公司的黑奴贸易也没有怎么赚钱。

1720 年，南海公司的管理者又对英国政府说，政府的 3 100 万英镑债务全部由南海公司来偿还。英国议会又同意了。事实上，靠黑奴贸易收入，南海公司根本无法偿还这笔债务。但是英国公众相信，南海公司从英国政府得到的贸易垄断特权将会使他们赚大钱，南海公司的股票从 130 英镑/股迅速涨到 300 英镑/股。

南海公司于 1720 年 4 月 12 日发行新股票，价格是 300 英镑/股。甚至英国国王也抵制不住南海股票的吸引力而购买了 10 万英镑的股票。数天之内，南海公司的股票上涨到 340 英镑/股。南海公司的股票供不应求，于是，南海公司很快又发行新股，价格为 400 英镑/股。一个月内，南海公司的股票价格上涨到 550 英镑/股。6 月 15 日，南海公司再次发行新股，价格为 800 英镑/股。这次，英国议会有超过一半的议员认购了新股。南海公司的股票价格很快上涨到 1 000 英镑/股。

这时，一个南海公司已经满足不了英国公众狂热的需求。如同 20 世纪 90 年代美国的互联网泡沫中，人们疯狂地寻找下一个“英特尔”与“微软”一样，当时的英国人到处寻找下一个“南海公司”。人们提出了各种各样荒唐的商业计划。例如，从西班牙大量进口西班牙公驴来对海水进行淡化处理，虽然英格兰本地就有大量这种公驴。

有一个例子反映了当时的英国公众疯狂到了什么程度。有个家伙说，他将创建一个“很赚钱很赚钱的公司，但不会告诉任何人这个公司怎么赚钱”。在他发行股票的当天早上 9 点，购买股票的英国人在他的办公室门前挤得水泄不通。5 个小时之内，就有 1 000 人交钱购买了他的股票。可是，这个家伙并没有拿这些钱来办他那个“很赚钱”的公司，而是关闭办公室，去了欧洲大陆，从此杳无音信。

对于南海公司到底能不能赚钱，南海公司的高管们心里很清楚。他们知道，南海公司根本就不赚钱，公司的股票价格同公司的赢利状况毫无关系，完全是炒起来的。1720 年夏天，这些高管们就开始抛售自己的股票。这一消息走漏之后，南海公司的股票急剧下跌，从 8 月 31 日的 750 英镑/股下跌到 10 月 1 日的 290 英镑/股。南海公司泡沫破裂了。

在南海公司泡沫中遭受过损失的包括大物理学家艾萨克·牛顿。在遭受 2 万英镑的损失后，牛顿很无奈地说，“我可以计算天体的运行，但计算不了人们的疯狂”。据牛顿的侄女说，牛顿此后一辈子也不愿提及炒股亏损这件事。

什么是金融泡沫？

我们为什么把荷兰郁金香狂热、南海公司狂热叫做泡沫呢？

我们前面已经说过，资产值多少钱是由它能够给我们赚多少钱决定的。例如，股票是不是值钱、到底值多少钱是由公司的经营效益决定的。如果公司的效益好，能够给股东赚钱，能够给股东分红，那它的股票就值钱；如果公司不怎么赚钱，或者是亏损的，那它的股票就不值钱。南海公司根本不赚钱，而它的股票价格却高得离谱。它的股票价格里面，有很大部分是水分，所以它的股票价格就是一个泡沫。当股票、房地产等资产的价格远远高于它们的真实价值，而我们又没有合理的理由来解释时，我们认为，出现了金融泡沫。

那么，我们怎么知道股票的价格太高了呢？我们衡量金融泡沫的一个常用指标是市盈率，也就是我们通常说的PE比。

市盈率就是股票的市场价格（P）与每股收益（E）的比率。例如，我在2012年购买了中石油的股票，价格是每股25元。2012年，中石油在市场上的股票总共是200亿股，总共盈利100亿元，每股收益就是0.5元，也就是说，每股股票可以分到0.5元。那么，它的市盈率就是50(每股25元/每股0.5元)。这个市盈率是什么意思呢？我们可以这么解释，假如中石油未来每年给每股股票分0.5元，我买了中石油的1股股票，我就有权力每年得到这0.5元。现在，我没有耐心等中石油每年给我0.5元，我想把这个权力一次性卖给别人，我的要价是这个0.5元的50倍，即25元。

根据这个比率，我们怎么知道中石油的股票价格是不是太高了呢？我们要进行比较。首先，我们把它与中石油自己比。假如，中石油以前的市盈率一直是在15左右，而最近中石油的经营业绩并没有明显的改善，但市盈率上涨到了50，那么中石油股票现在的价格就太高了。其次，我们把它与别的股票比，如果别的股票的市盈率是20左右，而中石油的经营业绩并不比别的公司好多少，那么中石油的股票价格就太高了。

我们也可以用市盈率来衡量整个股市是否存在泡沫。例如，纽约证券交易所已经创建了200年左右，在过去的200年历史上，纽约证券交易所的平均市盈率大约在15左右，这个长达200年历史的平均市盈率应该能够比较准确地反映纽约证券交易所股票的价格状况。但在1995—2000年间，这个市盈率上涨到了30左右。很明显，在1995—2000年间，纽约证券交易所的市盈率远远高于它的历史平均水平。这说明，总体来看，纽约证券交易所股票的价格太高了。

判断股市、楼市是不是泡沫的一个简单办法，是当电视、报刊上铺天盖地在讨论股市、楼市，大街小巷里我们到处听到人们在谈论股票、房地产的时候，这个股市、楼市肯定就不正常了，就已经是泡沫了。

日本、美国与中国的金融泡沫

郁金香泡沫、南海公司泡沫破裂之后，金融泡沫从此不断地在全球各地上演。

20 世纪后期全球最大的泡沫之一是日本的房地产与股市泡沫。在 1955—1990 年中，日本房地产价格上涨了 75 倍。到 1990 年，日本房地产的价值估计达到 20 万亿日元，这占整个世界财富的 20%多，并且大约是全球股市市值总和的 2 倍。美国的土地面积是日本土地面积的 25 倍，但在 1990 年，日本房地产的总值是美国房地产总值的 5 倍。这意味着日本只要将东京的房地产卖掉，就足以收购美国所有的房地产；卖掉位于东京的日本皇宫及其土地就可以收购美国最大的州加利福尼亚州的所有房产。当时，大部分人认为，在人多地少的日本，房价不可能下跌。

1955—1990 年，日本股市上涨了 100 倍。1989 年 12 月，日本股市市值达到顶峰时，日本股市市值总额为大约 4 万亿日元，这是美国股市市值的 1.5 倍，或者全球股市市值总额的 45%。日本股市市盈率高达 60，而美国股市的市盈率为 15，英国则只有 12。

将美国公司同日本公司进行个别比较更能显示出日本股市的泡沫状况。日本的巨型电话公司 NTT 的市值超过美国的 AT&T、IBM、Exxon、通用电气与通用汽车等巨型公司市值的总和。日本的第一劝业银行的市盈率为 65，而规模相当的美国的花旗银行的市盈率只有 5.6。日本证券经纪公司野村证券的市值超过美国所有证券经纪公司市值的总和。

1989 年 12 月 29 日，日经 225 指数达到 38 950 点。此后，日本股市、房地产泡沫破裂。到 1992 年 8 月中旬，该指数下跌到只有 14 309 点，下跌了大约 63%。日本房地产下跌的程度与股市大致差不多。在股市、房地产泡沫破裂后的十多年中，日本经济都没有能够恢复过来。

在日本还没有从金融泡沫破裂中恢复过来，美国又出现了一个大泡沫。这就是互联网泡沫。图 47 描绘的是 20 世纪 90 年代美国纳斯达克综合指数走向。

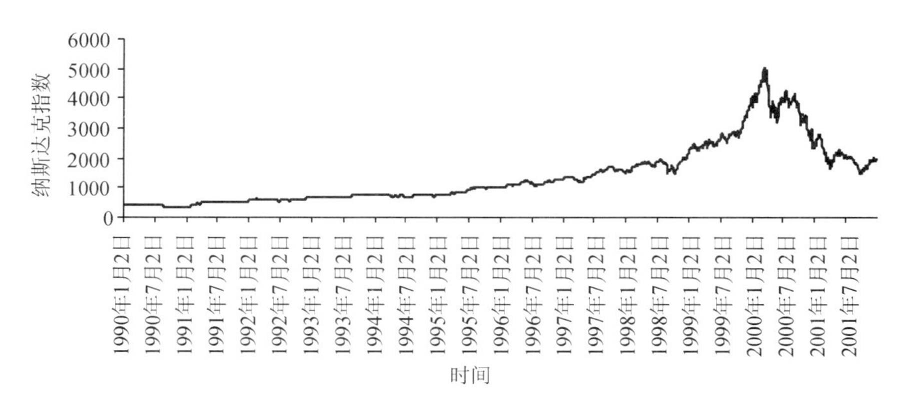

图 47　20 世纪 90 年代美国纳斯达克综合指数走向

20 世纪 90 年代，美国股市飙升到令人难以置信的高度。道琼斯工业指数在 1994 年年初的时候为 3 600 点，到 2000 年年初，上涨到 11 700 点，即在 6 年之内上涨了超过 3 倍。但是，在这一段时间中，美国的经济状况并没有出现这么大的提高。例如，美国个人收入与国内生产总值增长了不到 30%，而且其中大约一半的增长是通货膨胀导致的。美国公司的利润增长了大约不到 60%，而且这一增长还是在 1990—1991 年经济衰退基础上的增长结果。

同互联网有关的高科技股的泡沫则更加明显，主要是由高科技股组成的美国纳斯达克综合指数从 1996 年开始，一路走高。在 1998 年年底至 2000 年 3 月中，它上涨了超过 3 倍，而平均市盈率超过 100。在网络泡沫中，网络公司的股票价格远远超出同类非网络公司的股票价格。例如，网上书店亚马逊长期亏损，但它的市值是包括美国最大的传统书店 Barnes & Noble 在内的美国股市中所有上市交易的传统书店市值的总和。通过网络销售机票的公司 Priceline.com 也长期亏损，但它的市值是美国联合航空公司、德尔塔航空公司、美洲航空公司这三大主要传统航空公司市值的总和。

2000 年 3 月美国股市大幅度下跌，网络泡沫破裂，到 2002 年，纳斯达克只有 1 000 点左右。随着股市泡沫的破裂，8 万亿美元的股市资产一时化为乌有。

中国也没有幸免于金融泡沫。

中国股市从 1990 年创建，到 2009 年，只有不到 20 年的历史。但是，在这短短的 20 年中，中国股市已经经历了几次泡沫。其中，最大的就是 2006—2007 年的泡沫。

2006 年 1 月底，上海证券交易所的综合指数只有 1 300 点，但到 2007 年 10 月，该指数达到 6 200 点，是 2006 年 1 月底的 4.8 倍。股票价格是由发行股票的公司的业绩决定的，公司经营好，赚钱多，股票价格才会上涨。中国上市公司的业绩没有、也不可能在 2006 年 1 月到 2007 年 10 月这样不到两年的时间里出现如此巨大的改善。图 48 描绘的是上海证券交易所综合指数走向。

当然，如同所有的金融泡沫必将破裂一样，中国股市的泡沫也破裂了。上海证券交易所 A 股综合指数在 2007 年 10 月上涨到 6 200 点后，开始暴跌，到 2008 年年初，只剩下了 1 800 点。

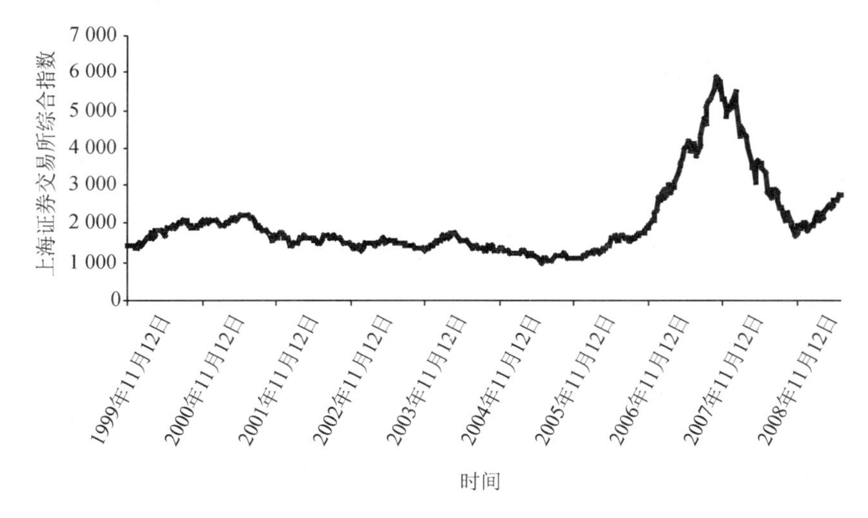

图 48　上海证券交易所综合指数走向

金融泡沫为什么一再出现？

那么，金融泡沫是怎么形成的？为什么金融泡沫会一再出现呢？

公众的投机可能导致金融泡沫。公众的投机如何导致泡沫呢？

假如中石油的股票其实只值 15 块钱一股，但我用 48 块钱一股的价格买了中石油的股票，显然我买得太贵了，我是一个“傻瓜”。不过，这并不重要。重要的是，是不是有一个比我更“傻”的“大傻瓜”愿意以更高的价格从我手中购买中石油的股票。如果我知道肯定有“大傻瓜”愿意用60块钱的价格购买中石油的股票，那么，就算我用48块钱的价格买只值15块钱的中石油股票“很傻很天真”，我还是可以赚12块钱。如果别人也像我这么想，就肯定有个比我“更傻更天真”的“大傻瓜”用60块钱从我手里购买中石油的股票。然后有比这个“大傻瓜”更傻的“大大傻瓜”用80块钱从“大傻瓜”手里买走中石油的股票。这样，一直持续下去，股票的价格就越涨越高。当然，最后，当股票的价格涨到一定的程度后，肯定就没有“更傻”的“傻瓜”愿意买了。这时，股票价格就会暴跌。例如，当中石油的股票价格上涨到500块钱一股的时候，很可能就不会有人愿意花更高的价钱买中石油的股票了。这时，中石油的股票价格肯定就会下跌了。而最后以500块钱的价格买中石油股票的人就成了真正的“傻瓜”。

因此，在股市里，大家根本就不考虑股票到底值多少钱这个问题，更不会花时间与精力去计算股票到底值多少钱。大家都在赌，赌有没有比自己“更傻更天真”的“大傻瓜”。如果股市进入到了赌“谁是大傻瓜”的阶段，也就是我们通常说的“博傻”阶段，那么这个股市肯定就已经不正常，已经是一个泡沫了。

公众的盲目乐观也可能导致金融泡沫。在逻辑之九中我们说过，人们不仅容易对事物持过度乐观的看法，而且相信这种乐观的前景真的会变成现实。

一个很有意思的现象是，在出现重大的技术创新、制度创新与市场改革的时候，人们很容易对这些新技术、新制度的前景变得非常乐观，相信这些新技术、新制度能够带来长期的经济繁荣，于是就会出现股市的持续上涨。

20世纪美国的历次股市繁荣，或者说股市泡沫，几乎都同新技术与新制度的出现、市场的新发展有关，也都与公众的过度乐观联系在一起。

美国股市的第一个大泡沫在1901年6月达到顶峰，恰恰是新旧世纪更迭之际，而且，也正是铁路运输等技术方兴未艾的时候。人们对这些技术进步充满了乐观。在媒体中，人们在谈论“火车将以每小时150英里的速度运行……报纸出版商只要按一下按钮就可以了，其他工作都将由机器自动完成……商店中留声机可以代替售货员销售商品，机械手将为顾客找钱”。在意大利发明家马可尼于1901年成功地在大西洋两岸进行了无线电传送之后，人们纷纷预测很快人类就可以同火星进行无线通信了。导致人们在1901年过度乐观的另一个原因是商业领域中新出现的组建联合公司的浪潮。例如，约翰·摩根合并几家公司而组建的“美国钢铁公司”成了美国历史上第一个价值10亿美元的公司，“美国钢铁公司”成为新闻中不断出现的话题。媒体认为，这种联合公司创建起来后，各个公司有了共同的利益，彼此之间就不会出现价格竞争这种恶劣行为了，这样不仅可以避免资源的浪费，而且能提高公司的利润。

1929年股市泡沫破裂前的美国也处在一片乐观情绪四处洋溢的氛围中。20世纪20年代，美国经济快速增长，新技术开始普遍得到应用。曾经是富有家庭才能拥有的汽车进入了寻常百姓家——1914年，全美国只有170万辆汽车，到1929年，达到2 310万辆。汽车给人们带来了一种前所未有的自由感。1920年全美国只有3家无线电台，到1923年，已超过500家。1923年，有声电影取代了无声电影。电器也从美国主要城市发展到乡村——到1929年，美国2 000万家庭通了电灯，而在使用电的美国家庭中，超过一半的家庭有了真空吸尘器、洗衣机等电器。所有这些技术进步影响的是公众的日常生活与家庭，它们让人们看到了一个前所未有的经济新纪元的到来。例如早在1925年，美国媒体就说，“没有任何东西能够阻止美国迎来一个商业史上无与伦比的繁荣时代”。

20世纪90年代，又一个新的技术横空出世，这就是互联网技术。互联网技术似乎在一夜之间把整个世界变成了一个村子，给人们“天涯若比邻”的感觉。互联网技术的诞生带来了一个新的乐观、自信的时代。1994年、1995年、1996年美国公司实际赢利分别增长了36%、8%、10%。互联网于1993年11月首次在新闻中出现，在1994年2月正式同公众见面，但是实际上，1994—1996年间美国公司赢利的增长同互联网没有什么关系。那时，羽翼未丰的互联网公司在大把大把地烧钱做广告，根本没有能力赢利，亚马逊网上书店这些网络公司几乎都是亏损的。但是，公众却认为，1994—1996 年美国经济的增长是互联网技术带来的，互联网技术带来的将是一场革命，它将保持美国经济长期繁荣。

金融泡沫的危害

我们都知道金融泡沫不好。金融泡沫为什么不好，它有什么危害呢?

资金是稀缺资源。虽然中国现在的居民储蓄高达 30 万亿元之多，但同全国所有企业对资金的需求量来说，还是远远不够。很多企业，特别是民营中小企业仍然很难得到资金，只好到地下黑市去借“高利贷”。金融市场本来就是为公司筹集资金提供方便的，而金融泡沫的危害就在于，它会把本来已经稀缺的资金引导到错误的地方，从而造成资金的巨大浪费。

例如，在中国 2006—2007 年的股市泡沫中，很多 ST 公司的股票价格狂涨不止，有些 ST 公司的股票价格连续十几个涨停。涨停是中国政府规定，任何股票在一天内的上涨幅度最高为 10%，如果一个股票在一天内上涨了 10%，那么这个股票当天就被停止交易。短短的时间内，这些 ST 公司的股票价格连续翻倍。ST 公司就是经营状况不好、遭受亏损的公司，这些公司本来应该被取消上市资格的。然而，在股市泡沫里，很多人购买这种股票，大量的资金投入了这些亏损的企业中，而很多经营良好的民营企业却得不到资金。

又如，在互联网泡沫的时候，美国大大小小的城市都想成为下一个“硅谷”，于是大量建造网络设备完整的商务楼，以吸引互联网公司。而通讯公司则相信，未来经济需要无所不在的高速宽带网络，于是大举借债，用来建造高速网络与光纤电缆。投资者也看好这些通讯公司，购买这些通讯公司的股票，银行也把大量的贷款发放给它们，这样，大量的资金投入了这些公司。然而，通讯公司大兴土木建造的网络远远超过了经济发展的实际需要。大量的资金浪费在这些网络上。美国大大小小的城市建造的高级商务楼与这些通讯公司建造的网络很多被闲置起来。

图 49　2008 年金融危机后，美国公众于 2011 年 9 月 11 日发起“占领华尔街”抗议运动，运动随后扩展到其他一些大城市。运动的口号是“我们属于 99%（We are the 99%）”，指 1%的美国富人与 99%的美国普通人之间日益扩大的贫富差距

图片来源：Carwil Bjork-James 摄。

图 50　2008 年金融危机后，美国公众于 2011 年 9 月 11 日发起“占领华尔街”抗议运动。图为 2011 年 10 月 25 日，人们在美国银行前抗议金融机构“Too Big to Fail（大到不能倒）”。“大到不能倒”指因为金融机构规模极大，一旦倒闭将危及整个金融系统，因此，它们发生危机时，政府不会让它们倒闭，只能进行救援

图片来源：www.wikipedia.org，David Shankbone 摄。

金融泡沫还会影响消费者的消费习惯，从而危害经济的正常运行。当股市狂涨的时候，很多人因为自己股票的价格上涨，而觉得自己变富了，于是

开始大手大脚地消费。消费者的大手大脚消费又会让厂家觉得有钱可赚，于是，厂家会筹集资金，盲目地扩大生产规模。这会造成经济的虚假繁荣。金融泡沫的破裂会引发连锁反应。泡沫破裂后，大家觉得自己突然变穷了，不敢消费。很多人在股市里甚至倾家荡产。先前盲目扩大生产规模的企业很多遭受亏损，并因此而倒闭。这些企业很多是向银行贷款扩大生产规模，它们的倒闭会造成银行的呆账，致使银行倒闭，形成经济危机。

2008 年的美国经济危机就是由美国的房地产泡沫导致的。在房地产泡沫中，房地产的价格一路上涨，导致很多人觉得自己变富了，于是到银行申请更多的住房抵押贷款购买第二栋、第三栋住房，而银行看到房价不断上涨，也愿意给他们发放更多的住房抵押贷款。结果，在美联储提高了利率之后，很多人无力偿还住房抵押贷款，这些贷款成了银行的呆账。银行纷纷倒闭，引发了 2008 年金融危机。

金融泡沫还会从很多方面对老百姓造成沉重打击。泡沫破裂后，老百姓不仅会在股市中遭受亏损，而且可能会因为经济的崩溃而失业。例如，加拿大有个著名的通讯公司，叫 Nortel Networks。这个公司在互联网泡沫中大量投资于建造网络，结果这些网络根本没有为公司赚到钱，公司遭受巨亏，并于 2009 年宣布破产。在互联网泡沫最严重的时候，这个公司在全球的员工高达 94 500 人，仅在加拿大就有 25 900 人，公司的市值在 2000 年高达 3 980 亿加元，很多加拿大股民与养老金买了这个公司的股票。但是，互联网泡沫破裂后，这个公司的市值跌到了只有 50 亿加元，股票价格从 124 加元跌到了 2002 年 8 月的 0.47 加元，公司裁减了 60 000 名员工，那些加拿大股民与养老金也遭受了巨额亏损。

无论是对于我们个人，还是对于一个国家的经济来说，金融泡沫的危害都很大。作为投资者，如果我们不指望在股市、楼市中一夜暴富，而是选择一些前景比较好的公司的股票，认真地投资，而不是投机，那我们就可以避免在股市泡沫中吃亏。而政府呢，则应该制定完善的法律，规范股市的发展，严禁上市公司弄虚作假，严禁违法炒作股市、楼市，那么金融泡沫就不容易形成。

三、金融危机

2008 年金融危机从美国的房贷业开始，迅速蔓延到美国整个金融业，又从美国的金融业蔓延到美国的实业界，然后从美国蔓延到全世界。金融危机导致美国的失业率达到了 10%，几百万人失业。华尔街上著名的投资银行和商业银行中，贝尔斯登公司、雷曼兄弟公司、美林公司、美联银行、华盛顿互惠银行这些“《财富》500 强”中的企业不是倒闭了，就是被人家收购了。在“《财富》500 强”里面排名第 35 位的美国国际集团的股票跌到了每股不到 1 美元，要不是美国政府花了 1 800 亿美元挽救它，它早就破产了。2008 年的这场金融危机是 1929 年“大萧条”以来，全球经历过的最严重的金融危机。

其实，金融业出问题是司空见惯的事情。司空见惯到什么程度呢？据世界银行的估计，在国际货币基金组织的 180 多个成员国中，在 1980—1996 年间，就有 133 个成员国发生过各种形式的金融危机。在发展中国家中，没有发生过金融危机的国家更是寥寥无几。

图 51　1929 年 10 月美国股市暴跌后，聚集在纽约股票交易所外面的人群

图片来源：www.wikipedia.org。

自 20 世纪 80 年代以来，随着经济和金融全球化的加快，金融危机变得日益经常化与全球化。在 2008 年全球金融危机发生以前，1994 年的墨西哥比索危机、1997 年的亚洲金融危机都是影响很大的金融危机。

可见，金融业很容易出问题，而金融危机则是金融业出了很严重的问题。

货币、银行、股市都可能出问题

我们先看看，金融业会出什么样问题？

我们前面说过，金融就是大规模的资金融通，凡是涉及大规模资金流动的地方都属于金融，所以，金融包括货币、银行、股市、汇率等等。货币、银行、股市、汇率这些地方都可能出问题。

大家都知道，银行可能倒闭。虽然银行倒闭在中国很少发生，但在国外是很常见的事情。例如，在 1929 年的“大萧条”中，美国有 9 000 多家银行倒闭。1986—1995 年，美国的银行又出了问题，有 2 300 多家储蓄贷款银行倒闭了。其中，最严重的时候是在 1988—1989 年，在这两年中，倒闭了 1 004 家银行，平均每天倒闭 1.38 家银行。

图 52 Bonnie Parker（左）与 Clyde Barrow（右）[1]

图片来源：www.wikipedia.org，此图片藏于美国国会图书馆。

① Bonnie Parker 与 Clyde Barrow 在 1932—1934 年间在美国阿肯色州连续抢劫银行、绑架银行家。“大萧条”中，人们对银行的不满让这对劫匪情侣成为很多人眼中的英雄。

货币会出什么问题呢？首先，我们自然会想到，货币会贬值，也就是说，会发生通货膨胀。我们前面说过，通货膨胀是经济中无法克服的顽症，世界上没有哪个国家没有经历过通货膨胀，很多国家还经历过恶性通货膨胀。通货膨胀是指货币在国内贬值。货币在国外也可能贬值，就是汇率下跌。例如，美元这些年一直在贬值，对人民币汇率一直在下跌。这说明，美元在国外出了问题。

股市与房地产市场可能首先暴涨，形成泡沫，然后暴跌。这就是股市与房地产出了问题。金融泡沫我们已经经历了不计其数。在美国，差不多每十年就要出现一个金融泡沫。中国也出现了很多次，比如 1991 年前后的华北和东北地区的“君子兰泡沫”、1994 年前后的海南房地产泡沫、2006—2007 年全国性的股市泡沫。

此外，政府的财务状况也可能出问题。出什么问题呢？就是国家还不起债，不管国家欠的债是国内老百姓的，还是国外的。最近的 30 年中，非洲、拉丁美洲、东欧等很多发展中国家陷入了沉重的债务负担中。1981 年 3 月，波兰宣布无力偿还债务；1982 年 8 月，墨西哥宣布无力偿还债务，随后，巴西、阿根廷等国家纷纷宣布无力还债。1998 年夏天，俄罗斯宣布无力还债。俄罗斯无力还债直接导致了著名的对冲基金“美国长期资本管理公司”的破产。此外，很多非洲国家也还不起债，美国、中国等国家已经减免了它们很多的债务，反正这些非洲国家也还不起，美国、中国干脆不要它们还了。

什么是金融危机？

金融危机是金融出了很严重的问题。那么，什么是金融危机呢？

有人说，这个问题好像“什么是美女”一样。我们很难准确地说，长什么样才算美女，但是，一旦我们见到美女了，却很容易判断谁是美女。对什么是“金融危机”，我们也很难准确地下个定义，但金融危机一旦发生，我们很容易就知道了。

在一个国家中，货币、银行、股市、汇率等一起构成了这个国家的金融状况。一般来说，如果一个国家或几个国家的金融状况急剧性地恶化，我们就可以说，金融危机发生了。金融状况的恶化包括货币大幅度贬值、股市或者房地产暴跌、公司与银行大量倒闭，等等。

当然，货币、银行、股市、汇率等各个方面同时全面性恶化的时候并不多。通常的情况是，某个方面或者几个方面出现恶化。例如，有时候只是银行大量倒闭，我们把它叫做银行危机；有时候只是政府还不起债务，我们把它叫做债务危机；有时候只是货币大幅度贬值，在国内出现恶性通货膨胀，在国外汇率暴跌，我们把它叫做货币危机；有时候则只是股市与房地产市场暴跌，我们把它叫做金融泡沫。

图 53　2007 年 9 月 14 日，英国储户对 Northern Rock 银行的挤兑

图片来源：www.wikipedia.org，Dominic Alves 摄。

当货币危机、银行危机、股市崩溃或者债务危机等同时发生，或者接连发生的时候，金融系统出现了全面性的危机，我们把它叫做全面金融危机。1997 年的亚洲金融危机就是一场全面金融危机。首先，是东南亚国家的货币在投机者的攻击下，急剧贬值，出现货币危机；其次，外资迅速逃离这些国家，这些国家的股市出现暴跌；最后，大量银行因为呆账迅速增加而倒闭，企业也大量破产。

金融危机为什么会频繁发生？

金融为什么很容易出问题呢？为什么会如此频繁地发生金融危机呢？

如果一个人从出生那天起，身体就比较弱，他还不注意身体，例如，不加强锻炼，也不注意饮食健康，那他当然很容易生病。金融出问题也是同样的道理。

金融危机之所以经常发生，首先在于金融业本身就是一个非常脆弱的行业。在金融业以外的其他行业中，公司使用的资金，大部分是自己的。但是，在商业银行、投资银行、基金等的资金中，绝大部分是借来的，是别人的钱，这就是金融业的脆弱之处。例如，商业银行自己的资金通常只占银行总资本的8%—10%，也就是说，商业银行所有的资本中，超过90%的资本是借来的，是别人的。投资银行的资金中，它们自己的资金所占的比例就更低了。投资银行自己的资金与借来的资金的比例一般为1∶30。也就是说，投资银行用于投资的31块钱中，有30块是借来的，只有1块钱是投资银行自己的。

这种状况导致金融业非常脆弱。怎么脆弱呢？在市场上涨的情况下，借别人的钱来赚钱，会让投资银行这些金融机构赚大钱。但是，在市场下跌的情况下，这种做法就非常危险，它们会亏损得很厉害，自己的资金很容易全部赔光。

举个例子来说明吧。假如我自己只有10万块钱，但我借来290万块钱，这样我总共就有300万块钱，全部用来买股票。2012年8月10日，股票价格上涨1%，我一天之内就赚了3万块钱。我只用了自己10万块钱的资金，在一天之内就赚了3万块钱，回报率高达30%，这可以说是暴利，而股票价格一天内上涨1%一点也不稀奇。但是，股市在2012年8月11日只要下跌3.33%，我自己的10万块钱就全赔了，我就破产了。问题是，股市一天内下跌3.33%也绝对不是什么千年等一回的稀罕事。美国著名的对冲基金LTCM就是大量使用借来的资金，在1994—1997年的最初3年中，给投资者每年带来的回报高达 40%；但在 1998 年，LTCM 亏损得就非常厉害，最严重的时候一天亏损高达将近 5 亿美元。如果不是美联储出手救援，LTCM 肯定破产。

当然，金融业本身的脆弱性并不意味着金融一定就会出问题，也并不意味着金融危机一定会发生。金融危机常常是其他因素诱发的。那么，哪些因素可能诱发金融危机呢？一个国家经济中的缺陷、政府的宏观政策失误以及对金融系统的监管不严都可能诱发金融危机。

在亚洲金融危机爆发前，亚洲各国的经济每年以平均 8%—12%的速度增长，被称为“亚洲经济奇迹”。那么为什么被称为“奇迹”的亚洲经济突然会爆发金融危机呢？

1997 年 9 月，亚洲金融危机爆发不久，在香港举行的世界银行年会上，当时的马来西亚总理马哈蒂尔和乔治·索罗斯碰到一起。有人认为亚洲金融危机是索罗斯等人攻击泰国货币而引发的，马哈蒂尔因此怒不可遏地骂索罗斯劫贫济富，是一个虚伪的慈善家。索罗斯反驳说，是你们自己国家的经济有问题，才会让人利用，才会发生金融危机。

“奇迹”的背后，亚洲各国的经济存在什么样的问题，让索罗斯这些人抓住了机会呢？

一个重要的问题就是亚洲国家的高速经济增长是以不计代价的大量投资换来的，而投资的效率却很低。因此，为了保持经济的高速增长，就必须投入更多的资金。金融危机爆发前的 5—10 年中，马来西亚、印度尼西亚、菲律宾和泰国等国的银行每年发放给企业的贷款平均以 20%—30%的速度增长，远远超过经济的增长速度，也超过了这些国家国内储蓄的增长速度。在贷款的增长速度超过储蓄的增长速度情况下，亚洲国家的很多银行甚至向国外借钱，然后拿来发放给国内企业。这样，大量的资金进入股市、房地产，造成股市泡沫与房地产泡沫。例如，在泰国，银行的贷款有超过 50%都发给了房地产行业，房地产泡沫越来越大。到 1996 年，仅在泰国首都曼谷就有超过 200 亿美元的房子卖不出去，房地产泡沫破裂已经不可避免。银行借给房地产公司的贷款有超过一半成了收不回来的呆账，银行也岌岌可危了。亚洲这些国家只讲增长、不讲效益的经济增长方式导致金融系统存在严重的问题，并给了索罗斯等人机会。

政府的政策失误也可能诱发金融危机。

例如，错误的汇率政策可能导致货币危机。汇率暴跌就是货币危机。1992年9月，英镑对德国马克的汇率从1∶2.778暴跌到1∶2.20，就是货币危机。货币危机往往发生在实行固定汇率制度的国家，因为同浮动汇率相比，固定汇率很容易遭到国际炒家的攻击。这就好像敌人驻扎在一座城市里，并且一定要守住这座城市，你就知道敌人在哪，也就可以调动千军万马，围攻这座城市。但是，如果敌人是游击队，它打一枪换一个地方，你连敌人在哪都弄不明白，你就更不可能围攻它。在1992年的英镑危机中，英国政府非得要把英镑与德国马克的汇率固定在 1∶2.778，这才遭到索罗斯的围攻。在浮动汇率制度下，由市场决定的汇率是不断变化的，因此很难对它发动有效的攻击。在现代社会中，资金可以闪电般的速度大规模地从一个国家转移到另一个国家。一个电话或者在互联网上按下一个键，国际炒家就可以调动几十亿甚至几百亿美元的资金，对一个国家的货币发动攻击。因此，要维持固定汇率制度已经非常困难。虽然中国实行固定汇率，但是中国有 1.95 万亿美元的外汇储备，没有那个国际炒家能够调动这么多资金，敢冒险来攻击人民币。

一个国家在对外开放的过程中，如果把国内的金融业对外开放得过快，也可能导致金融危机。这种情况在发展中国家很常见。本来，发展中国家自己的金融业并不发达，如果在国内条件还不具备的情况下，就全面开放国内金融市场，就可能导致金融危机。

例如，发展中国家的股市规模一般很小。中国股市从1990年创建到2009年，已经将近20年，上市公司的数量总共还不到2 000个。在2007年10月，中国股市涨到最高点时，上海、深圳两个股票交易所的总市值也只有4.7万亿美元，越南、印度、马来西亚等国家的股市就更小了。而美国呢，仅纽约证券交易所一个交易所的市值就是 21 万亿美元。大家可能会问，这和金融危机有什么关系啊？我们简单地算算数。假如我是一个国际炒家，我准备把中国的股市炒起来，让中国股市上涨 10%，需要多少钱呢？大约 4 700 亿美元。假如我要炒美国股市，让美国股市上涨 10%，需要多少钱呢？21 000 亿美元。

显然，同美国股市相比，炒中国股市容易很多，炒越南、印度、马来西亚的股市就更容易了，甚至只要几百亿美元就能把它们的股市炒起来。所以，如果我们在国内的条件还不成熟的情况下，就完全开放金融业，让外资想来就来、想走就走，就可能吸引大量的“热钱”。所谓“热钱”，就是从事投机的短期资本，它们来到一个国家，不是要来建造工厂，进行长期投资的，而是来炒股、炒楼盘，在很短的时间内赚一笔就走的。“热钱”将国内股市、房地产价格迅速抬高，形成泡沫。然后，它们可能在一夜之间全部撤离，引发股市、房地产泡沫的破裂，形成金融危机。

此外，政府对金融业的监管不严也可能导致金融危机。例如，2008 年金融危机在一定程度上就是美国政府监管不严造成的。我们前面已经说了，大量使用别人的资金正是金融业的脆弱性，而美国政府监管不严的一个地方就是让投资银行这些金融机构无限制地借用别人的资金。

如何防止金融危机的发生？

金融危机会造成很大的危害。1997 年亚洲金融危机导致亚洲各国经济陷入衰退。1998 年，东南亚各国的 GDP 同 1997 年相比，下降了大约 33%；其中，泰国股市下跌了大约 75%。2008 年全球金融危机导致美国的失业率达到了 10%，几百万人失业，在全球造成几万亿美元的损失。

此外，金融危机导致的社会动荡与经济萧条可能引发各国政治上的动荡。在 1997 年亚洲金融危机中，泰国总理差瓦立·永猜裕下台，印度尼西亚总统苏哈托领导的政府被推翻，日本首相桥本龙太郎下台，俄罗斯一年之内换了好几届总理。2011 年 8 月初，英国伦敦爆发骚乱，很多商店被砸、商品被抢。

很多人认为，伦敦的这场骚乱与金融危机后英国经济一直没能够复苏有关。

在 1997 年亚洲金融危机中，国际炒家对中国香港地区也发动了攻击，但是，在香港特区政府的反击之下，他们在香港损失惨重，并最终不得不撤退。在港元遭到攻击之后，香港特区政府迅速采取措施，保卫港元。特区政府大幅提高利率，隔夜利率一度高达 300%。这让国际炒家要在香港借钱来攻击港元的话已经变得很困难了，因为借 1 块钱，要还 3 块钱。虽然在国际炒家的攻击下，香港股市出现了下跌，但特区政府迅速动用了大约 150 亿美元的外汇储备，大量购买港股，促使香港股市迅速反弹回来。当时，特区政府有 880 亿美元的外汇储备，内地还有 1 400 亿美元的外汇储备，因此，香港有足够的外汇储备来对抗国际炒家的攻击。

国际炒家在香港没有得手的另一个原因就是香港的金融管理制度在全世界都是比较完备的。香港对金融市场中违法行动的打击非常严厉。香港各家银行的自有资本比较充足，而且银行的呆账比例很低，只有不到 2%。因此，在国际炒家攻击香港的时候，在香港营业的 180 多家银行中，没有哪家银行在储户取钱的时候，没钱给储户。所以，大家对银行都有信心。

从香港成功击退国际炒家的攻击中，我们看到，在金融危机中，健康完备的金融管理制度和强大的经济力量是防止金融危机蔓延的重要工具。

在 1997 年亚洲金融危机与 2008 年全球金融危机中，中国内地没有受到什么影响。其中一个关键的原因是中国的金融市场没有对外开放。

例如，在改革开放过程中，中国没有像东南亚国家那样，迫不及待地把国内金融市场全面对外开放，让外资可以自由来去。中国不允许外资自由地在中国进进出出，不允许外国人来中国购买 A 股，也不允许把人民币自由换成美元等外汇，或者将美元等外汇换成人民币。这样，“热钱”就很难进到国内来，制造股市泡沫、房地产泡沫，然后一夜之间全部撤走，引发泡沫破裂。

虽然中国躲过了这两次金融危机，但是，中国金融市场不可能永远不对外开放。不实现金融的对外开放，中国的金融业就难以进一步发展起来，中国也就很难成为全球性金融强国。事实上，中国的银行业在 2006 年年底已经完全对外开放，人民币汇率也在2005年7月开始调整。将来，人民币与美元等外汇之间必将实行自由兑换，银行利率也要市场化，股市也要对外开放。那么，中国应该怎么办呢?

在过去的几年中，通过国有商业银行的改制上市，中国银行业的安全状况已经有了很大的改善，风险降低了很多。但是，中国的银行业仍然存在严重问题，股市也有很多不规范的地方。更关键的是，与1997年金融危机前的亚洲国家一样，中国经济增长的模式也存在严重问题，就是过度强调经济增长率，而没有充分注意投资效率。因此，在中国金融市场必将进一步对外开放的情况下，加强银行监管，健全金融监管的法律法规，控制金融风险，真正转变经济增长模式，是中国政府面临的重要任务。

逻辑之十一

金融监管让资金的流动安全而有效

资金在流动中才能创造财富，而资金的流动是通过由股市、银行等构成的金融系统进行的；为了让资金能够安全、高效的流动，就必须对银行、股市进行监管，以建立健全的金融系统。

长期以来，香港保持着亚洲金融中心的地位，每天在香港进进出出的资金数以百亿美元计。一个国家与地区的金融业是否运行良好、金融业是否发达的标准之一就是要看资金的流动是否畅通无阻，是否既安全又有效率。能够长期保持亚洲金融中心的地位，香港金融业必然具备能够良好运行的能力。

2009 年 8 月，刘青云、古乐天、吴彦祖等明星们联袂出演了香港影片《窃听风云》。在这部影片中，香港商业罪案调查科怀疑一个公司的大股东跟几宗内幕交易以及股市坐庄案有关，于是命令情报组对该大股东进行监听。该大股东是以慈善家面目出现的社会名流。行动中，一位家境极为困难的监听小组成员偶然得知该大股东计划炒高公司股价的消息，于是，在监听小组组长的默许下，该成员利用这一内幕消息进行股市交易。

在这个影片中，我们可以看到香港执法当局对股市坐庄、内幕交易这种非法金融活动的打击非常严厉。那位公司的大股东，以及执法过程中知法犯法的执法人员，最后都被绳之以法。

对于金融业的严格监管正是香港金融业能够长期良好运行，香港能够一直保持亚洲金融中心地位的重要原因之一。

一、为什么要进行金融监管

2008 年美国金融危机爆发后，很多人认为，金融危机是对金融业缺乏监管的结果。2010 年 7 月 15 日，美国国会通过金融监管改革法案。新法案被认为是“大萧条”以来最严厉的金融改革法案。根据该法案，美国成立金融稳定监管委员会，负责监测和处理威胁国家金融稳定的系统性风险。

什么是金融监管？金融监管是政府（通过金融监管机构）依据金融法律、法规，运用行政手段和法律手段对金融市场、金融机构与金融活动进行管理与监督。金融监管的目的是建立和维护一个稳定、健全和高效的金融体系，保证金融机构和金融市场的健康发展，从而保护金融活动各方的利益，并且推动经济和金融发展。

金融业的特殊性要求金融监管

对石油、煤炭等其他行业，政府都很少干预。为什么要对金融业进行严格的监管呢？

需要对金融业进行监管的原因之一自然是金融业的极端重要性。金融业的重要性体现之一在于金融是现代经济的核心，所有企业的生产经营活动都需要资金，而资金就是由金融系统提供的。一旦金融系统出现问题，企业的资金链就会断裂，整个国家的经济就可能陷入瘫痪。因此，金融稳定对社会经济的运行和发展起着至关重要的作用。金融业的重要性体现之二是资金是稀缺资源，而金融市场的作用就是将资金配置到最能高效使用它的地方去。因此，金融系统出问题，就会导致资源配置效率的下降。

需要对金融业进行监管的原因之二是金融体系的脆弱性。在逻辑之四关于“银行为什么会倒闭”以及逻辑之十关于“金融危机”那一部分中，我们说过，金融危机之所以经常发生，首先在于金融业本身就是一个非常脆弱的行业，而金融业的脆弱性在于商业银行、投资银行、基金等的金融机构的资金绝大部分是借来的，是别人的钱，只有极少一部分资金是银行自有的。例如，商业银行自己的资金通常只占银行总资本的8%—10%，超过90%的资本是借来的，是别人的钱。一旦银行没有控制好呆账，银行自有的资金很容易就会全部亏损，银行也就倒闭了。

需要对金融业进行监管的原因之三是信息不对称会导致交易的不公平，使投资者的利益受到损害。在逻辑之九“心理如何影响金融活动”那一部分中，我们说过什么是信息不对称。在金融市场中，储户与银行之间、银行与借款人之间、上市公司与投资者之间都存在着严重的信息不对称。金融市场中的信息不对称不仅会降低金融效率，而且会增加金融风险。例如，对于公司的经营状况，只有公司高管们清楚，普通公司职员也不知道，更不用说与公司没有任何关系的局外人了。因此，如果不要求公司在上市时披露信息，那么投资者就无法判断公司的好坏，公司就可能将本来只值 1 美元的股票按 10 美元的价格卖给投资者，而投资者则可能将大量资金用来购买业绩很差的公司的股票。这会导致资金这一稀缺资源的浪费。

金融业的发展需要监管，需要对金融市场中的违法行为进行严厉的制裁，同时让因为别人造假而遭受损失的投资者能够挽回损失，这样，人们才会放心地进入金融市场，从事金融活动。

20 世纪 70 年代以来，西方各国先后进行了金融开放与金融自由化，资本可以在全球范围内自由流动，从而出现了金融全球化。金融全球化导致金融危机具有强烈的感染性，一国的金融危机可能迅速扩散到全球各地。例如，2010 年希腊债务危机迅速扩散，导致整个欧元区 17 个国家的经济前景变得十分黯淡；2011 年 8 月 5 日，标准普尔将美国联邦政府的信用等级从 AAA 下降到 AA+，结果全球股市下跌。金融危机的全球化不仅要求各国强化金融监管，而且要求各国加强在金融监管上的合作。

监管什么？

对金融市场的监管主要包括三个方面。

一是对信息披露的监管。前面说过，金融市场需要监管的一个关键原因是金融市场中存在严重的信息不对称。因此，金融监管的一个重要方面就是要求所有在金融市场公开筹资的公司（例如上市公司）尽可能多地披露公司的重大信息，并且要求披露的信息是完整、准确、真实的，以减少公司与投资者之间的信息不对称。

信息披露能够保护投资者，让他们免受欺诈。信息披露也能保护公司，避免金融市场中出现“劣币驱逐良币”现象。假如有A、B两家公司，都想公开发行股票。A公司经营很好，它的股票每股可以卖到100美元，而B公司经营很差，它的股票每股只能卖20美元。两家公司的管理人员知道公司经营的好坏，但是投资者并不知道，也就是管理人员与投资者之间存在严重的信息不对称。假如没有信息披露的要求，在A、B两家公司都公开发行股票的时候，投资者会怎么办呢？因为投资者不知道A、B谁好谁坏，最好的做法就是给两个公司的股票价格取个平均数。也就是不管A、B两家公司的股票值多少钱，投资者都只愿意花60美元一股来购买它们的股票。这样，我们就可以看到，A、B两家公司都发行股票的话，A公司会每股亏损40美元，而B公司会每股赚40美元。结果，像A公司这样经营好的公司就没有谁愿意发行股票，发行股票的都是经营不好的公司。这就是“劣币驱逐良币”。所以，严格的信息披露也能保护经营好的公司。

二是对金融活动的监管。对金融活动的监管主要是严禁任何人、机构在金融市场中从事欺诈、内幕交易、操作市场等违法行为。在金融市场中，很多人与机构拥有信息、资金上的优势，他们可以利用这些优势进行内幕交易、操纵市场等违法行为，损害其他投资者的利益。

三是对金融机构的监管。金融机构与汽车制造商、IT企业等企业不一样，因为它关系到资金的流动。一旦金融机构出现问题，资金就无法流动起来，整个国家的经济就会出问题。2008年的金融危机就是华尔街的金融机构倒闭造成的。因此，各国政府一般对汽车制造、IT等企业的活动不闻不问，但都对金融机构有特殊的规定。对金融机构的监管包括创建金融机构要具备哪些条件，金融机构不能从事哪些经营活动，等等。例如，大部分国家对商业银行从事对冲基金投资这样的高风险活动都有一定的限制。

如何进行金融监管？

金融监管的第一种方式是公告监管。公告监管就是政府并不直接对金融业的经营进行监督，而是规定各金融企业必须依照政府规定的格式及内容定期将企业的经营结果呈报给政府的相关部门，并向全社会予以公布。例如，上市的银行必须按照规定，按季度发布季度财务报表，按年份发布年度财务报表。至于金融业的组织形式、金融资金的运用，都由金融企业自我管理，政府不多加干预。

在公告监管下，金融企业将自己的经营状况在季度、年度财务报表中公布出来，至于经营业绩的好坏则由公众自己判断。这一监管方式有利于金融机构在较为宽松的市场环境中自由发展。但是，由于信息不对称的存在，公众难以评判金融企业经营的优劣，因而承担很大的风险。公告监管是金融监管中最宽松的监管方式。

金融监管的第二种方式是规范监管，又称准则监管。在规范监管下，政府对金融企业经营的若干重大事项制定一定的准则，并要求金融企业遵守。例如，政府对金融企业的最低资本金、资产负债表的审核、资本金的运用等等作出明确的规定。但是，政府对金融企业具体的业务经营、财务管理、人事等方面不加干预。

金融监管的第三种方式是实体监管。在实体监管下，政府订立有完善的金融监督管理规则，金融监管机构根据法律赋予的权力，对金融市场，尤其是金融企业进行全方位、全过程的监督和管理。甚至是银行聘请谁当行长、行长的年薪多少这样的具体事情，监管机构也要过问。实体监管是最为严格、最为具体的监管方式。

金融监管并非越严格越好，原因之一是过于严格的监管会导致金融企业缺乏自主经营的环境，金融企业的创新能力会被抑制；原因之二是过于严格的监管会大幅度增加监管成本。例如，如果中国银监会对银行采取实体监管的话，那么银监会可能需要向每家银行长期派驻一位监察员，这些监察员的工资就是监管成本。

同西方国家相比，中国对银行业的监管更为严格、具体。例如，中国对银行实行特许经营制度，即要创办银行，必须得到中国银监会的批准，必须获得银监会颁发的牌照。而对于一般公众来说，获得银监会的牌照难度之大，犹如上青天。中国对银行业的这一监管制度的后果之一就是，一方面，中国很少发生银行倒闭的事情；另一方面，中国银行业也因此成为一个垄断行业，虽然中国有13亿人口，却只有300多家银行，银行靠吃利差就能活得很舒服，比任何行业都赚钱，根本不用考虑改善服务态度、创新产品，或者为风险比较高的中小企业提供贷款。中小企业很难获得银行贷款，只好在地下金融市场借高利贷。

二、法律监管

金融包括银行、证券、保险、信托等很多方面。在有些国家，是由一家监管机关对金融的各个方面统一进行监管。中国实行的是分业监管，并且成立了银监会、证监会与保监会分别监管银行、证券与保险等金融的各个行业。

对银行的监管

可以说，在金融监管中，对银行业的监管是最重要的。一是因为银行业是最传统、最基本的金融行业。虽然越来越多的企业通过发行股票、债券等直接融资的方式筹集资金，但在很多国家，例如中国，企业的绝大部分资金仍然来自银行贷款，银行业仍然是整个经济的枢纽。

二是因为银行危机的传染性。在逻辑之四“银行为什么会倒闭”那一部分中，我们说过，银行的运行是建立在储户对银行的信任，一家银行的倒闭可能导致储户丧失对所有银行的信任，从而引发对整个银行系统的“挤兑”。

防止银行倒闭的核心措施之一，是要求银行必须具备一定的资本充足率。商业银行的资本充足率是指商业银行从事经营所使用的资金中，银行自有资金所占的比例。如果商业银行自有资金比较多，那么它就有足够的资金来冲销呆账，也就可以避免因为呆账过多遭受损失而倒闭。

1974年以前，对商业银行的资本充足率，各国政府并没有作出规定。1974年西方国家成立了“巴塞尔银行监管委员会”，并颁布了一系列金融监管的重要协议，指导各国的金融监管。1988 年，该委员会通过了《巴塞尔资本协议 I》，要求银行的资本充足率不得低于 8%。随后，各国政府都接受了 8%的资本充足率这一要求。目前，全世界银行通行的资本充足率是 8%，也就是银行的自有资本与银行风险资产总额的比率不得低于 8%。2001 年与 2010 年，巴塞尔银行监管委员会又先后颁布了《巴塞尔资本协议 II》与《巴塞尔资本协议 III》，提高了对银行资本金的要求，完善了对银行的监管。

对股市的监管

现在各个国家都制定了法律法规，并建立了专门的机构，对证券市场进行监管。在对股市的监管中，监管部门有两大职责：一是确保申请发行股票、上市交易时，公司提供的信息是完整、准确、真实的，让投资者自己能够根据这些信息判断公司的好坏；二是打击证券交易中的欺诈、内幕交易、股价操纵等各种违法行为，从而保护投资者利益。

如果一个国家的法律不健全、监管缺乏，有人在股市里面违法违规、坑害股东，政府撒手不管的话，公司就可能首先选择以发行股票的方式来筹集资金。例如，我的公司其实一直是亏损的，如果发行股票的话，每股本来只值 1 美元。但是，如果我用伪造账目的方法把公司变成一个看起来很赚钱的公司，然后发行股票，而政府又撒手不管的话，每股就能卖到 10 美元。我拿到你们购买股票的钱之后，这个公司就是你们的了，公司以后亏损或者破产都跟我没有关系了。这就是我们大家经常听说的公司通过上市来“圈钱”。

法律不健全、监管不严格危害的不仅仅是投资者，还包括那些诚实经营的好公司。假如你们三番五次地在股市里面受到欺骗，你们会怎么办？当然是再也不购买股票了。这样，那些诚实经营的公司也跟着吃亏，它们发行股票的时候，也没有人购买，或者它们的股票本来值 50 美元一股，但投资者并不知道这是个诚实经营的公司，会担心又被骗而可能拒绝购买这个公司的股票，这个公司的股票就只好降价到 10 美元一股。

所以，政府应该制定完善的法律，对股市进行严格的监管，这样，投资者才会放心购买股票，公司也就可以通过发行股票或者债券来筹集生产经营所必需的资金。

美国是当今全球经济最发达的国家，而美国经济的发达又在于美国有着全球最发达的证券市场。美国证券市场之所以发达，原因之一就是美国的法律法规比较完善、对股市的监管比较严格。例如，美国早在 1933 年就制定了《证券法》，对股票等的发行进行监管。1934 年，美国又制定了《证券交易法》，对股票等有价证券的交易进行监管；成立了美国证券交易监督管理委员会（SEC），作为专门机构负责对证券市场进行监管。SEC 直接对美国国会负责，权力非常大，可以对任何人进行调查。

图 54　SEC 在华盛顿特区的总部[①]

图片来源：www.wikipedia.org，AgnosticPreachersKid 摄。

2003 年，美国股市曾发生了一件很有名的案件，在美国家喻户晓的女名人、拥有超过 10 亿美元家产的玛莎・斯图尔特被法院判决入狱 5 个月，外加在家里服刑 5 个月。为什么呢？因为她违反了《证券交易法》。通过美林公司的证券经纪人，斯图尔特买了一个制药公司的 3 900 股股票。2001 年 12 月，

① SEC 是美国对股市进行监管的主要机构。

这个公司的 CEO 提前得知自己公司开发的一种抗癌新药没有通过美国食品药品管理局（FDA）的审查，不能销售。如果这个消息公布出来，公司的股票价格肯定下跌。于是，这个 CEO 就告诉自己的妻子、女儿，把公司的股票全部卖掉。美林公司的证券经纪人发现这个 CEO 的家人在抛售股票，就告诉了正在墨西哥度假的斯图尔特。知道消息后，她马上让这个证券经纪人帮自己把 3 900 股股票全部卖掉。第二天，消息公布后，这个公司股票的价格果然下跌，她避免了大约 4.5 万美元的损失。不久，美林公司法律部的人发现她刚好在消息公布前一天卖掉了所有股票，觉得很不正常，怀疑是内部交易。于是，把这件事报告给 SEC。SEC 马上对她进行调查。最后，法院判她入狱 5 个月，外加在家里服刑 5 个月。在这个案件的审理过程中，美国媒体进行了大量的报道。当然，那个 CEO 及其家人也都被判了刑。从这个案件中我们可以看到，美国对金融市场中的违法违规行为，打击相当严厉，SEC 与法院没有因为斯图尔特是家喻户晓的名人、女富翁就放她一马；而且，虽然斯图尔特的交易金额只有 4.5 万美元，但美林公司法律部仍然按规定上报了 SEC。

图 55　玛莎·斯图尔特（中）因涉嫌内幕交易、妨碍司法调查而受到指控，图为她从法院出来

图片来源：美联社。

2008 年美国发生金融危机后，很多人说，既然美国的法律与监管好的话，怎么还会发生这么大的金融危机呢?

图 56　2011 年 9 月 11 日开始，美国公众发起“占领华尔街”运动，
抗议华尔街的金融机构过度追究自己的利益而引发金融危机

图片来源：nbcnews.com，John Makely 摄。

对于这个问题，我们可以从两个方面来看。首先，并不是因为美国现有的法律与监管不好，而是因为美国金融业太发达、发展太快，金融业的新发展让现有的法律与监管开始落后了，所以，法律与监管就出了漏洞。其次，美国监管当局不会因为某件事情难监管，就干脆下令谁也不许做，而是允许大家去做。凡是法律没有明文禁止的，谁都可以去做，捅了娄子也不犯法。但是，在出了问题后，监管当局会想办法尽快去规范它，堵住可能出娄子的地方。这种监管思路的结果是，市场可能会出问题，甚至可能出金融危机这样的大问题，但是，市场不仅会很发达，而且会具有很强的创造力。这也是美国有着世界上最发达金融市场的原因。

现在美国等很多国家对公司发行股票、上市交易实行的是注册制，即只要申请发行股票、上市交易的公司提供的信息是完整、准确、真实的，业绩达到一定的要求，只要在监管部门登记注册，几乎所有公司都可以发行股票。但是，如果公司以后被监管机构发现有违法违规行为，公司将受到严厉的处罚；或者公司以后业绩很差，会被勒令退市。例如，在美国纳斯达克交易所，如果某个公司股票的价格连续 30 天低于 1 美元，那么，该公司就会被取消上市交易的资格。1999 年，纳斯达克的上市公司曾经多达 6 000 多家，现在只有 3 000 家左右，即有大约 3 000 家公司因为各种原因已经退市。

在注册制下，发行股票并上市交易的门槛很低，但一旦发行股票并上市交易后，要受到严格的监管。中国表面上实行的是核准制，但实际上是审批制，结果与注册制刚好相反。中国证监会对申请上市的公司实行审批，批准谁可以发行股票并上市交易、谁不可以发行股票。因此，在中国，一方面，证监会拥有极大的权力；另一方面，公司要获得发行股票并上市交易的资格很不容易。但是，一旦获得发行股票并上市交易的资格后，上市公司就几乎不受什么监管。这也是中国股市中，很多上市公司胡作非为的原因。

三、市场约束

仅仅依靠政府设立的专门监管机构对金融业进行监管当然不够，因为监管机构的人力、物力是有限的。因此，在政府设立的专门监管机构之外，还需要市场约束，即媒体、信用评级机构等市场中的各种力量对金融业的监督。市场约束包括银行、证券、保险等行业自律性组织对行业内各机构的约束，媒体与社会中介组织的监督等内容。

在西方发达国家，新闻媒体是对金融业进行监督的重要力量。很多公司的违法违规行为首先是由新闻媒体揭露出来的。例如，2002 年美国最大的能源公司安然公司因为财务弄虚作假被揭露而倒闭，而安然的造假行为首先就是媒体揭露出来的。要发挥新闻媒体的监督作用，就需要法律赋予媒体以充分的言论自由。有研究表明，新闻自由度越高、言论自由度越高的国家，金融业也越发达。

市场约束的另一个重要方面就是会计师事务所、律师事务所、信用等级评定机构等中介机构的监督等等。

例如，政府、公司常常要借债，那么它们有没有偿还债务的能力呢？信用等级评定机构就是专门评估政府、公司偿债能力的。通过上调或者下调政府、公司的信用等级，信用评级公司告诉投资者政府、公司偿债能力的变化。

2011 年 8 月 5 日，标准普尔公司将美国联邦政府的信用等级从最高等级 AAA 下降半级到 AA+，这是自 1917 年美国获得 AAA 以来，首次被下降信用等级。通过对美国联邦政府的信用降级，标准普尔告诉美国联邦政府与全世界的投资者，美国联邦政府欠债多了点，虽然还远不至于还不起债，但已经不像以前那样几乎没有还不起债的可能了。这样，美国联邦政府以后要借债的话，债主就要向它收取更高的利息。这一降级就是警告美国联邦政府，不要继续大手大脚毫无节制地借钱花了，要么削减开支，要么采取措施促进经济增长，从而让政府获得更多的税收收入。

上市公司必须按照规定，定期发布财务报表。如果公司的高管们在这些财务报表里面弄虚作假，一般投资者是发现不了的。这时，会计师事务所就起作用了。会计师事务所精通会计与审计，能够发现上市公司的弄虚作假行为。因此，政府规定，上市公司的财务报表必须经过会计师事务所的审查，以保证报表里面的内容是真实、完整、准确的。独立的会计师事务所也就成了金融监管的一部分。如果会计师事务所与上市公司勾结起来，股东就会受到欺骗。美国最大的能源公司安然公司就曾经与一个叫做安达信的会计师事务所勾结起来，坑害投资者。2000 年，安然破产了。在发现安达信会计师事务所与安然公司勾结起来坑害投资者后，美国政府与投资者把安达信告上了法院。不久，这个会计师事务所也破产了。安达信曾经是全球最大的五个会计师事务所之一，它们被合称为“五大”。在安达信破产后，就只剩下“四大”了。

后　记

在中国的大学里，金融学多年来一直是一个炙手可热的专业。作为一个专业，金融学研究的自然是与金融相关的东西。但是，西方国家大学中的金融学与中国大学中的金融学有着很大的差别。

在西方，金融学通常包括四大主要领域，即公司金融、资产定价与投资、国际金融以及金融市场、金融机构与金融工具。金融学属于微观经济学的范围，它研究的是在金融市场与金融活动中，个人或者公司是如何作出决策的。因此，在西方各国的大学里，金融学专业通常是设在商学院中。研究货币发行以及利率等问题的货币银行学与研究汇率问题的国际金融等属于经济学的研究内容。

在中国，传统上，金融学指的就是货币银行学。货币银行学属于宏观经济学的范围，它研究的是货币供应、利率与汇率等宏观经济变量，以及一个国家的政府是如何作出决策的，而它的决策将影响到一个国家的总体经济甚至整个世界经济。

随着对外开放之后中外交流的增加，资产定价、公司金融等方面的课程从西方引入中国，并在中国发展起来。但是，对金融学的定义和研究领域，中国学术界仍有争议。国内有人将金融学分为宏观金融学与微观金融学，即中国传统金融学中的货币银行学与国际金融这两大领域被称为宏观金融学，而上述西方金融学所研究的领域则被称为微观金融学。

本书的内容包含宏观金融学与微观金融学。同时，从心理学角度研究个人与公司如何在金融市场与金融活动中决策的行为金融学是最近十数年西方金融学的重点研究领域。本书将行为金融学包括在内，不仅有助于我们了解行为金融学的研究内容，也有助于我们在金融活动中作出更好的决策。

李国平

2012 年 12 月